U0522852

浙江省哲学社会科学规划后期资助课题

浙江省哲学社会科学规划
后期资助课题成果文库

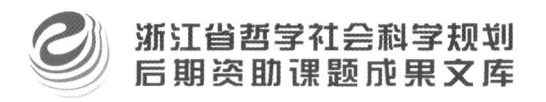

金融司法的因变
——剩余立法视角的探索

朱飞 著

中国社会科学出版社

图书在版编目(CIP)数据

金融司法的因变：剩余立法视角的探索 / 朱飞著 . —北京：中国社会科学出版社，2022.12

（浙江省哲学社会科学规划后期资助课题成果文库）

ISBN 978-7-5227-1373-1

Ⅰ.①金… Ⅱ.①朱… Ⅲ.①金融法—研究—中国 Ⅳ.①D922.280.4

中国国家版本馆 CIP 数据核字（2023）第 026203 号

出 版 人	赵剑英
责任编辑	宫京蕾
特约编辑	郭 佳
责任校对	秦 婵
责任印制	李寡寡

出　　版	中国社会科学出版社
社　　址	北京鼓楼西大街甲 158 号
邮　　编	100720
网　　址	http://www.csspw.cn
发 行 部	010-84083685
门 市 部	010-84029450
经　　销	新华书店及其他书店
印刷装订	北京君升印刷有限公司
版　　次	2022 年 12 月第 1 版
印　　次	2022 年 12 月第 1 次印刷
开　　本	710×1000　1/16
印　　张	14.75
插　　页	2
字　　数	252 千字
定　　价	88.00 元

凡购买中国社会科学出版社图书，如有质量问题请与本社营销中心联系调换
电话：010-84083683
版权所有　侵权必究

序　言

　　社会加速发展、经济起伏上升叠加法律自身所固有的不完美等多重因素的共同作用，成文法体系下的法律文本漏洞自始存在并且随着时间推移和特定社会领域运行复杂化程度加深表现得愈益明显，因此而暴露出来的法律不完备性之弊端不可避免。这一现象在不同部门法律规范中表现可能有所差异，但鲜有例外，而将这一问题投射到现今的金融法领域中，其表现则相对突出。金融创新促使金融呈现技术性依赖愈益明显，金融深化又使得金融发展不断超越传统，特别是在金融由准入性开放向制度性开放转变的背景下，这一趋势会加速发展。金融活动中表现出的"常"与"变"强烈特征要求金融法治必须作出适应性的变革，才能保证其应有的旺盛生命力，以对时代发展和科技进步加持下的金融领域作出有效的回应。梳理我国金融法律制度变革的历程可以发现，尽管金融领域的立法也处于不断更新和积极完善过程中，但显然无法事先形成巨细靡遗的规定，成文法律规范涵摄的有限性与唯"变"不变的金融领域不断发展的无限性之间所产生的矛盾可以从金融类法律纠纷疑难案件数量的不断攀升中窥见一斑。目光回转到金融法本身，其在我国还属于新兴的法律领域，这也决定了金融法与金融实践之间还处于不断适应和磨合阶段。从立法角度而言，2020年5月28日全国人民代表大会通过了《中华人民共和国民法典》，其被誉为"社会生活的百科全书"，毫无疑问，这在我国法治进程中具有里程碑意义。由于我国采用民商合一的立法体例，法典内容也涉及金融领域相关内容，但也只是为金融活动提供了一些基本的法律框架，很多金融交易活动和组织行为的规范依然需要通过具体的法律规则予以进一步细化和应用。还需要特别予以关注的是，法律在积极应对常态问题的同时，还需要对非常态的突发事件予以观照，就金融领域而言，比较典型的包括金融突发事件和其他突发事件引发的金融领域次生灾害所造成的相应法律适用等问题。这一命题并不只是在逻辑推演中得到证实，在人类社会发展实践运行中同样也得到了证实，特别是新冠肺炎疫情引发金融应急管理法律适用所出现的困境，为此作出了有力的注脚。事实上金融非常态状况下的法律适用问题并不局限于公共卫生事件，自然灾害、事故灾难、社会安全事件等都可能触发金融应急管理的法律适用问题，只是最近的历史形成了人们最新的记忆。金融法律规则在应对不断变化流动的金融现象过程中，局限频频出现，在此语境下，金融法当然不能无所作为。但在这一过程中又应作何为？能作何为？这是金融法律生成与金融法律供给需要直面的问题。

金融法中所产生的这一问题是否必须只能通过同样的立法行为或者立法途径予以补正？朱飞博士对此问题展开了深入的思考，他尝试将剩余立法权理论应用到这一具体问题的研究上，同时尝试从司法主张的角度进行深化并寻求实践路径。金融立法相较于其他领域的部门法制定具有其自身的特殊性，根据《中华人民共和国立法法》的规定，涉及金融基本制度的事项必须要通过立法的方式予以制定，显然这是剩余立法权所不能到达的地方，也从这一角度说明在金融领域立法之"剩余"应具有其明确的边界，同时也为剩余立法可能作为的领域划定了空间。探源剩余立法权的演进历程，这一概念并不陌生，但不属于独创，事实上它也不是由我国法学理论首创。实然状态中的剩余立法权不只是局限于理论层面的探讨和研究，国外相关法律领域已经步入了实践阶段。就本质而言，剩余立法权在我国也不属于新鲜事物，除立法机关以外的相关行政机关等都在其特定的权限范围内或多或少地行使剩余立法权，这在法律实然运行状态中属于一个不争的事实。现今将其明确地提出来并加以专门研究，其目的和意义当然不是简单重述法律现实运行中业已存在的剩余立法现象，更重要的是从新的视角赋予其新的意义和价值，构建一个完整的法律生成体系以为推动金融法治化进程提供活力和动能。

朱飞博士在其博士学位论文基础上进行系统梳理和持续完善，对金融法的相关命题进行了有益的探索和研究，尝试突破传统的思维进路，从剩余立法权司法主张的视角提出了相关构想并进行系统论证。此中除了需要运用法学知识和思维，还多处涉及法经济学、金融学等诸多学科的理论和方法，即使以法学自身为视角，这其中既包括理论法学，也涉及到应用法学，通过跨学科思维方式对此问题进行系统性阐述并加以有机整合。在研究过程中，朱飞博士对金融领域发生的变革特别是以互联网金融、智能金融和数字金融为代表的科技金融发展保持紧密跟踪和潜心学习，既立足于现实的回应，也观照到未来的发展，以动态的思维模式应对动态发展的社会实践，与其论著主题的精神内核形成了内在的统一和形式上的呼应。朱飞博士在研究过程中大胆假设，反复求证，积极尝试，努力进取，这是值得肯定的地方。但不得不说，有关金融法剩余立法权行使的问题，其中涉及到立法、司法、法律体系乃至法系等诸多内容，特别是还要结合具体的实践领域，因此需要回应的问题繁多，也不免挂一漏万，就此而言，在行文过程中依然存在一些可商榷、待深化的观点和内容，需要继续予以深化研究。希望他能怀揣梦想，砥砺前行，无论前路是否充满艰辛，都能够持续激发自身内生原动力，以法律人的理性不断耕耘和进取，围绕这一问题将研究逐步推向深入。

我为他坚持不懈的努力和乐于不断挑战自我的勇气感到高兴，欣然为序。

华东政法大学党委副书记　教授　博士生导师　唐波
2021年8月于上海

目 录

导言 …………………………………………………………………（1）
 一 研究背景与研究意义 …………………………………………（1）
 二 文献综述 ………………………………………………………（9）
 三 研究的思路与方法 ……………………………………………（18）
 四 本书的特点与不足 ……………………………………………（22）

第一章 剩余立法权生成逻辑与司法主张意蕴 ……………………（25）
 第一节 剩余立法权基本释义 ……………………………………（25）
  一 立法权基本概念 ……………………………………………（25）
  二 何为剩余立法权 ……………………………………………（28）
 第二节 剩余立法权何以生成 ……………………………………（37）
  一 立法不作为中的剩余立法权的产生 ………………………（38）
  二 立法转型过程中剩余立法权的产生 ………………………（42）
  三 统一法律适用中剩余立法权的产生 ………………………（43）
 第三节 两大法系剩余立法权运行的镜鉴 ………………………（45）
  一 普通法系剩余立法权运行概述 ……………………………（45）
  二 大陆法系剩余立法权运行概述 ……………………………（48）
 第四节 剩余立法权的边界及其约束 ……………………………（50）
  一 剩余立法权与原生性立法权的界分 ………………………（51）
  二 剩余立法权权力行使的约束及监督 ………………………（53）
 第五节 剩余立法权司法主张的意蕴 ……………………………（54）
  一 剩余立法权司法主张的内涵 ………………………………（54）
  二 剩余立法权司法主张的进路 ………………………………（56）

第二章 金融法剩余立法权的分配与运行 …………………………（59）
 第一节 监管立法行使金融法剩余立法权的运行实践 …………（60）

一　金融监管立法的概述 …………………………………… (61)
　　二　金融监管立法的运行 …………………………………… (63)
　　三　金融监管立法的评价 …………………………………… (65)
第二节　自律管理行使金融法剩余立法权的运行实践 ………… (68)
　　一　金融行业自律规则的概述 ……………………………… (68)
　　二　金融行业自律规则的运行 ……………………………… (70)
　　三　金融行业自律规则的评价 ……………………………… (71)
第三节　政策制定行使金融法剩余立法权的运行实践 ………… (73)
　　一　金融政策的概述 ………………………………………… (73)
　　二　金融政策的运行 ………………………………………… (74)
　　三　金融政策的评价 ………………………………………… (76)
第四节　司法主张行使金融法剩余立法权的运行实践 ………… (78)
　　一　司法机关行使金融法剩余立法权的理据 ……………… (79)
　　二　司法机关行使金融法剩余立法权的描绘 ……………… (80)
　　三　司法机关行使金融法剩余立法权的评价 ……………… (84)

第三章　金融变革语境下剩余立法权的司法主张转向 …… (92)

第一节　金融的深化与创新 ……………………………………… (93)
　　一　行政性金融向普惠性金融的转变 ……………………… (94)
　　二　传统型金融向创新型金融的转变 ……………………… (95)
　　三　资本不足向透明度不彰风险转变 ……………………… (98)
　　四　资金融通向财富管理的功能转变 ……………………… (99)
　　五　金融抑制向金融深化的理念转变 ……………………… (101)
　　六　间接融资向直接融资的模式转变 ……………………… (103)
第二节　金融变革中的金融法律关系更新 ……………………… (104)
　　一　金融法律纠纷类型的变化 ……………………………… (104)
　　二　金融法律关系主体的扩大 ……………………………… (107)
　　三　金融交易权义结构的更新 ……………………………… (110)
　　四　金融交易对象范围的发展 ……………………………… (111)
　　五　金融法律规范技术性增强 ……………………………… (113)
第三节　实定法视域下金融法运行的追问 ……………………… (114)
　　一　金融立法真的已经逻辑自足了吗？ …………………… (114)
　　二　法官适用金融法真的没有续造吗？ …………………… (117)

三　金融立法与金融司法真的无涉吗？……………………（121）
　　四　适用创新真的打破成文法体系吗？……………………（123）
第四节　金融法剩余立法权司法主张的理论基础………………（125）
　　一　金融法剩余立法权司法主张是针对法律建构主义的
　　　　修正 …………………………………………………（125）
　　二　金融法剩余立法权司法主张是对立法实践不完美的
　　　　确认 …………………………………………………（127）
　　三　金融法剩余立法权司法主张是维护法律实质公平的
　　　　选择 …………………………………………………（129）
　　四　金融法剩余立法权司法主张是满足经济基础巩固的
　　　　需要 …………………………………………………（130）
第五节　金融法剩余立法权司法主张的现实动因………………（132）
　　一　金融的开放性与广域性致使法律难以实现无缝规范……（133）
　　二　法律运行中人化努力不足与人际差别对金融法误解……（134）
　　三　"不得拒绝裁判"形成了剩余立法权司法主张时机……（136）
　　四　金融法的渊源为司法主张其剩余立法权生成了空间……（137）
第六节　金融法剩余立法权司法主张的悖论破解………………（139）
　　一　成文法体系中金融法剩余立法权司法主张的可能性……（139）
　　二　金融行为规则与金融司法裁判规则的逻辑关系梳理……（142）
　　三　金融立法强制保留与剩余立法权行使的合法性辨正……（146）
　　四　金融法剩余立法权司法主张的民意基础扩张性阐释……（147）
第四章　金融法剩余立法权司法主张的持法达变理念…………（152）
第一节　金融领域发展之变 ………………………………………（152）
　　一　金融交易领域的创新之变 ………………………………（153）
　　二　金融交易领域的人性之变 ………………………………（154）
　　三　金融交易领域的未来之变 ………………………………（156）
第二节　金融领域之变的法律依归 ………………………………（158）
　　一　金融领域不能脱法治理 …………………………………（158）
　　二　金融领域不能守法不变 …………………………………（159）
　　三　金融领域不能屈法而行 …………………………………（161）
第三节　金融法剩余立法权司法主张的持法达变基因…………（161）
　　一　金融变法之现实不可能 …………………………………（162）

二　金融深化之现实不可逆 …………………………………（162）
　　三　持法达变之现实不可缺 …………………………………（163）
第四节　持法达变理念下金融法剩余立法权司法主张正当性 …（164）
　　一　司法主张金融法剩余立法权不可替代 …………………（164）
　　二　持法达变对简单依法办事观念的完善 …………………（166）
　　三　持法达变理念之于司法主张的契合性 …………………（168）
第五章　金融法剩余立法权司法主张的实现机制 ………………（170）
　第一节　利益衡量视角下的金融法剩余立法权的司法实现 …（171）
　　一　金融司法裁判中利益衡量运用基础 ……………………（171）
　　二　金融司法裁判利益衡量运用之调适 ……………………（176）
　　三　金融司法裁判利益衡量之具体展开 ……………………（182）
　第二节　金融领域指导案例的优化与发展 ……………………（192）
　　一　拓展金融指导案例功能，明确金融指导案例的法律
　　　　地位 …………………………………………………………（192）
　　二　以金融指导案例为试点，法定化金融指导案例基本
　　　　效力 …………………………………………………………（194）
　　三　赋予金融法院相应权力，优化金融指导案例的生成
　　　　机制 …………………………………………………………（195）
　　四　明确法律纠纷参照规则，提升金融指导案例适用的
　　　　刚性 …………………………………………………………（196）
　　五　建立案例偏离报告制度，完善金融指导案例的适用
　　　　规范 …………………………………………………………（197）
　第三节　金融法造法性司法解释的发展与应用 ………………（199）
　　一　金融法造法性司法解释的发展进路 ……………………（200）
　　二　金融法造法性司法解释的生成原则 ……………………（202）
　　三　金融法造法性司法解释的权力配置 ……………………（204）
　　四　金融法造法性司法解释的权力约束 ……………………（206）
余论 …………………………………………………………………（211）
参考文献 ……………………………………………………………（217）
后记 …………………………………………………………………（226）

导　　言

一　研究背景与研究意义

透过经济发展史可以发现，近500年来，金融作为经济发展的推动因素，不论其作用是处于早期的适应性阶段、中期的主动性阶段还是当下的先导性阶段，① 其重要性都是在不断增强并为世人所共识的。"将目光转向与当今时代最为临近的一个世纪，20世纪人类的历史，经历了从前50年的世界性战争向后50年的全球理性化社会的转型。"② 而正是在20世纪下半叶，一部分对资本金融高度敏感的国家和地区开始探索智能化资本运作工具创新并以此作为全球战略，21世纪的世界于是就逐步走向金融化的世纪。③ 金融逐步成为现代经济的血液并演化为经济命脉，直至跃升为现代国家的核心竞争力之一，已经发展为经济安全乃至国家安全的重要组成部分，其在现代经济社会中地位的核心价值和重要性自不待言。"位"重需要"法"予以保障，金融业是典型的制度供给型行业，法律规则是金融行业得以有序健康发展的基础和保障。难以想象，如果离开了明确的条款、精密的规则、规范的程序、严格的责任，④ 金融将会如何运行？又将会向何方发展？金融立法与金融运行之间总是会或多或少存在各种积极的或者消极的相互作用，而金融的发展和变化也会推动不断变法，要求金融立法能够适应新的社会发展格局和新的生产力发展变化要求。成文法的价值观通常认为通过至高无上的立法来规范解决所有社会交往行为

---

① 王广谦：《经济发展中金融的贡献与效率》，中国人民大学出版社1997年版，第47—49页。
② 张雄：《历史转折论》，上海社会科学院出版社1994年版，第28页。
③ 张雄：《金融化世界与精神世界的二律背反》，《中国社会科学》2016年第1期。
④ 吴高庆、巩固：《金融改革的法律障碍与司法破解》，《浙江经济》2012年第19期。

的具体细节问题,而这种宏大的理想及其设计,是欧陆建构主义理性观在制度预设上的突出体现。① 然而事实并非完全如此,立法者根本无法或者很难通过未卜先知的方式抑或是根据先验对金融领域可能出现的矛盾和纠纷作出尽数规定。尤根·埃利希认为:"为什么法律永远处于一种流动的状态,理由是人们——他们的法律关系受到调整——不断提出新的问题,需要用法律来解决。"② 因之,当金融法所调整的对象和范围产生变化,金融法律关系的变革也就在所难免,但是相对静止的金融法律制度和显著动态发展的金融活动之间常常会出现一种"时滞"现象或者时延结果,也就是二者演进的速度并非处于同步状态。金融立法对金融变迁的作用主要表现在:产生的良法将会带来积极的经济社会变迁;而产生的劣法只能带来消极的经济社会变迁,阻碍金融的发展。③ 当然,劣法的表现形式并不局限于其理念与历史潮流相悖、立法技术和立法程序存在缺陷、法律规则无法实现公平正义等情形,还包括法律规定本身存在缺漏导致司法实践等环节适用的困境。追根溯源,现代金融是发轫于市场经济,市场经济本身就应是法治经济,毫无疑问,作为市场经济产物的现代金融当然应在健全的法治环境下运行。因此现代金融必须与法相伴而行,金融法律制度是法治社会背景下金融得以健康、有效、规范运行的重要基础。

(一) 研究的背景

长期以来,我国金融法研究的"主旋律"重点是围绕着立法活动而展开的,研究的热点也基本追随着立法者的立法成果。④ 事实上,已经有学者意识到过度关注文本法律对于法学研究形成的弊端,并主张法学研究和法学教育应从立法主义转向法律适用主义。⑤ 比如有学者指出,普遍偏重于对立法结果的研究,轻视对立法运作过程的研究,注重对立法程序规

---

① 谢晖:《论司法方法的复杂适用》,《法律科学》2012年第6期。
② [奥] 尤根·埃利希:《法律社会学基本原理》(第三卷),叶名怡、袁震译,九州出版社2007年版,第883页。
③ 王爱声:《立法过程:制度选择的进路》,中国人民大学出版社2009年版,第5页。
④ 黄韬:《公共政策法院——中国金融法治变迁的司法维度》,法律出版社2013版,第1页。
⑤ 黄卉:《"一切意外都源于各就各位"——从立法主义到法律适用主义》,《读书》2008年第1期。

范的分析，轻视对立法行为本身的研究，局限于平面的、静态的分析模式，而缺少立体思维和动态的分析角度；习惯于抽象的逻辑推导而疏于务实求证，因而有些观点总是玄虚失当，导致研究问题缺乏整体性和基础性。① 进而言之，金融领域的立法与执法乃至司法各环节之间并不是孤立或者是彼此绝缘的，相互之间是存在互动且彼此紧密关联的浑然一体。立法当然是一个持久连续的过程，但立法只是法治进程中一个重要的环节，如果采用系统论的观点将立法置于更为宏观的视角下予以推进，则应该更加有利于深化理解法治的价值，也更有利于推动法治的完善。

我国的金融体系和金融结构正处在一个敏感变革期，尚未形成相对稳定的格局，近年来金融创新发展的态势给出了生动而有力诠释。这种变革的力量既来自实体经济发展的内在需求，也来自全球化进程中外部竞争的压力。内部需求和外部压力共同作用下推动金融创新，推动金融结构的升级和金融功能的完善。② 而实体经济结构性产能过剩、杠杆过度以及资产错配等一系列问题，都会向金融领域进行传递和集聚，就此而言，金融风险在一定程度上是实体经济风险集聚和演化的镜像反映。而从某种意义上而言，金融创新并没有消除或者降低金融风险，反而可能使金融风险呈现出异化乃至更为复杂化倾向。此外，各行各业的"泛金融化"趋势明显，生成的风险点也因此更加密集，而且还使得其突发性、隐蔽性、普遍性和分散性等特征凸显，特别是其不再固守于传统的市场、业态和区域的边界，进一步加剧了其防范和后续治理的复杂性。同时，一个不应该被忽略的事实是，新冠肺炎卫生领域灾难性事件对金融领域也产生了不可估量的影响：疫情暴发之后，金融领域的问题也相对密集出现，不仅表现为金融类法律纠纷集中井喷式出现，而且在社会运行非常态状况下金融法如何有效适用也引起了理论界和实务界广泛的关注。在疫情防控过程中，金融自身也在不断发展和变革，特别是在大数据应用和数字技术的加持下，交易模式和交易工具不断开拓创新，比如金融机构通过加速优化手机 APP 等"非接触式"服务，保证了金融基本业务的有序运行。基于现代金融风险的传染性、金融功能的发展性、金融创新的持续性和金融渗透的广泛性等因素考量，在金融进阶发展的同时需要对金融法律制度作出相应调整，并

---

① 王爱声：《立法过程：制度选择的进路》，中国人民大学出版社 2009 年版，第 9 页。
② 吴晓求：《中国金融监管改革：逻辑与选择》，《财贸经济》2017 年第 7 期。

从其生成与再造等环节作出系统性优化。而此系统化不仅体现为不同金融领域之间的关联、协同与互动，还要观照金融法的生成与运行环节之间的互动，努力构建金融运行法律规范的完整体系，其意旨不是形成或者强化金融法律规范的封闭性，而是从金融法自身特性为出发，以革新的视角将金融法律规范的构建与生成放在更加宽宏的视野中进行考察，并激发各个环节之间的互动作用。而在此过程中，显然又不能囿于法律自身已有的框架，还需要引入金融法生成的语境和需要考量的背景，这些都会对金融法的生成及其效力的发挥产生重大的影响。但以上因素终究都是人化的产物，尤为重要的是要透过这些现象背后，还应去观察人居于其中所发挥的能动性作用，探索人在寻求法律的利益平衡中所可能作出的努力和运用的精巧修辞，以为金融法的完善提供更加具有智慧和能动的视角。

正如梅因所言，"社会的需要和社会的意见常常是或多或少地走在法律的前面，我们可能非常接近达到它们之间缺口的结合处，但是永远的趋势是要把这缺口重新打开，因为法律是稳定的，而我们所谈到的社会是进步的"。① 成文法的局限性形如阳光下的影子，与生俱来并且始终相伴，包括法律语言的限制、立法者理性的限制以及行为主体理性的限制，还有诸如法律功能的限制、环境的限制等，这些因素都可能是成文法律规范无法达到完备状态的重要影响因子，也因此形成了需要深入讨论的剩余立法权主张的依据。博登海默在谈到法律弊端时表示："法律的缺陷部分源于其保守的倾向，部分源于其形式结构中所固有的僵化呆板因素，还有一部分是源于与其控制作用有关的限制方面。"② 因此，要坚守法治理念，守护法治精神，维护社会正义，就必须在坚持法治的同时，还要与时俱进、不断创新，切不可因循守旧，故步自封，需要以开放的思想与发展理念去探寻法律的真谛，以更加包容的学术思想重新审视已然被定性的观点和结论，从中汲取营养并对新的学术灵感和理论创新形成滋养。

一个不容忽视的问题是，在金融深化和创新实践过程中，历史经验表明，在弱司法的情境下，法律不仅仅是一种不受欢迎的解决已发生违约和已出现纠纷的手段，而且它在防止未来的违约与纠纷中也起着微弱的作

---

① ［英］梅因：《古代法》，沈景一译，商务印书馆1959年版，第15页。
② ［美］E. 博登海默：《法理学——法律哲学与法律方法》，邓正来等译，华夏出版社1987年版，第388页。

用,当名誉、信任和非正式的私人关系在筛选潜在商机的过程中是驱动因素时,正式法律制度只不过是一种后备选项。① 一个与此类似的、不容否认的事实是,20世纪80年代以来,由于信息技术、自由理念、经济一体化因素的影响,特别是金融创新的持续推进,世界范围内的金融业已经发生了飞跃式的发展,金融法律也作出了适时应变,世界上不少国家和地区的金融立法也在不断变革,金融法创设、修订和更新一直处于持续状态并且没有间断。通过对比分析,不难发现在2008年金融危机发生前后,这一现象表现得更为突出。可以说,金融法进入了一个相对活跃的变革时期,进入新时代的中国金融法这一特征也变得尤为明显。② 无论是主动变革,还是被动完善,金融领域在事实上都已经发生了很大的变化并且还将发生巨大的变化。还需要引起重视的是,金融法该作如何定位;除了调整金融交易关系、金融监管关系和金融调控关系之外,是否需要基于金融的功能和时间维度融入发展法、激励法和未来法之理念。尽管现在金融发展与金融规范都得到更大的重视,但是从成效上进行考量,规范和发展混同在一起容易产生矛盾和冲突等很多现实问题,金融监管的滞后性等特点显而易见,激励监管以及面向未来的金融法律规则设计则相对短缺。鉴于上述种种因素,服务和保障金融的改革与发展,不仅需要增强立法的针对性、实效性,也要推动金融监管的全面性、合法性,还需要有权威、专业、高效的专业化金融司法予以保障。在此需要追问的是,金融法律是源自何处,又是因何而生。这些问题恰恰是在金融法律发展和功能发挥过程中不可或缺的思考聚焦点。

当然,在研究推进之前,还需要厘清一系列问题,比如金融法的法律构造与立法过程是否相较于其他领域法或部门法有什么不同之处?金融立法有无自身的特殊性?如果存在特殊性,又主要体现在哪些方面?需要破解的问题有哪些?为何时至今日会对金融法的剩余立法权问题进行再思考?其创新性与新颖性根植于何处?如果依然依循传统的法律生成路径,那么命题探讨的突破点在哪里?是金融自身发展而产生对法律需求的呼

---

① [美]巴里·温加斯特:《为什么发展中国家如此抵制法治》,载自[美]詹姆斯·J.赫克曼、罗伯特·L.尼尔森、李·卡巴廷根等《全球视野下的法治》,高鸿钧、鲁楠等译,清华大学出版社2014年版,第17—28页。

② 张忠军:《金融立法的趋势与前瞻》,《法学》2006年第10期。

唤，还是金融法自身体系建设的需要？目的是要探寻金融法形成的内在机理，还是要在其运行机理基础上重塑金融法的发展进路？究竟是发现了金融法还是塑造了金融法……如此一系列追问，都应该有明确的答案。按照哈耶克的社会演化学说的理论，真正的法律是自发生成的法律，那种在强行性行为规则意义上的法律，无疑是与社会相伴而生的，[①] 法律的产生和发展不是立法者发明和设计的结果，说到底它只是发现和行动的产物。因此应完整地突出法律的真正作者……基于诸如以上一系列思考和相关论断，需要立足于金融领域，聚焦于金融法特性探讨金融法剩余立法权司法主张的价值与推进的方向。在探讨金融立法的剩余立法权现象的时候，还需要注重对剩余立法权司法主张的正当性以及法律控制等问题予以回应，以金融发展的现实需求为动因，以在法律基本框架内的探索为方向，对金融法剩余立法权通过司法主张的可能实现路径和运行机制进行分析和求索。

（二）研究的意义

从金融法运行实践来看，法律不完备之现象即使不至于俯拾皆是，也是踪迹常显。究其原因，从金融行业本身来审视，金融产品和服务相较于其他产品和服务具有其自身的特殊性，比如金融交易属于一种信用货币交易，不同于以物易物或者是银货两清的商业交易，大多数交易以货币为直接交易对象，这就决定了有其所产生风险的直接性，为此防范、转移和配置相应的金融风险，保护金融消费者的合法权益，维护金融市场秩序就具有更为紧迫的需求，而这需要依赖于突破传统的法律思维模式对金融法律制度形成更为有效、直接的供给。从立法环节来分析，在金融立法方面还缺少系统有效的规划，规划执行的刚性还有待进一步加强；从具有被动性立法的迹象中可窥见一斑，而具有前瞻性的立法成果尚显不足；立法的参与主体差异性明显并且没有形成合理有效的体系化分工，各类金融法律制度之间缺少紧密的协调和统一的架构，金融法律规范调整范围的覆盖面不全，法律规则对错综复杂的金融关系涵摄能力不足……立法环节的问题导致了在法治其他环节也就自然出现了脱节的现象。在金融监管的执法环节，执法依据、执法标准、执法力度、执法主体都有需要不断完善的内容，

[①] 周德伟：《周德伟论哈耶克》，北京大学出版社2005年版，第54页。

而在金融监管权力的有效监督、监管的举措进一步科学化、监管的责任进一步明确等方面也有需要有法律予以规范；在司法领域，这一现象也展露无遗，金融法不完备性最直接的体现，同时也是最易于感知的领域，就是在司法过程中的法律适用的环节，这源于司法对金融法律纠纷解决的终局性，也源于司法居中裁判的定位，因而在司法过程中对金融法不完备性的感知和体会会更为直接，并且鉴于不能拒绝裁判的要求，对于法律不完备之填补的愿望也相对比较迫切，事实上，这也是金融法不断适应经济社会发展需要的重要驱动因素和外源力量。

成文法系国家法律成效应该体现在何处？此处之"效"并非法律所被赋予的效力，而应是法律运行应该发挥的效果。法律效果之完美发挥显然是难以企及的理想状态，法律的不完备性决定了这一客观事实。在此语境之下，金融法如何最大效用地实现其应有的功能？是放任法律的不完整性听之任之，还是另觅他法来填补其不完备之处？金融法的漏洞或者不完备的源头更多是存在于立法环节，因此名曰"剩余立法权"。从理论上分析，剩余立法权当为立法权所包含，因此应具有立法之基本属性。可是金融法律漏洞（Gap in law，德语 Gesetzeslücke）应当属于立法行为自身所滋生的缺陷，是否依然可以借助于立法环节予以完善？这似乎在逻辑上难以自洽。如果在立法环节能够解决上述问题，那么就不会反复出现法律不完备的情形并成为一种常态化的现象。故而需要深入探析法律不完备之根源，把握法律不完备现象背后的实质，以为问题解决的路径、对策以及机制的形成提供理据。

就金融法治而言，除了注重金融立法环节，金融监管也频频出现在人们的视野中，这其实也在某种程度上应验了金融领域所奉行的强监管这一重要特征。但一个不容否定的事实是，强监管并未能改变金融法的不完备性，因此，对于金融法剩余立法权行使的思考是否应该另辟蹊径？目光继而转向司法环节，面对变动不安的金融领域，如果司法主体在司法过程中过于执着于金融实定法规则而对处于流动特别是近年来急剧流动状态中的金融活动进行调整，要么是金融法律规范生硬地改变金融活动关系，要么是金融活动竭力地排斥金融法律规范的调整。在此需要思考的是，作为金融法律纠纷案件的裁判者，司法主体是否只是法律规则的完全接受者，而注定在金融法律制度建设方面毫无作为。提出这样的反思并不是质疑我国现有的权力配置格局，重点在于关注到司法与立法之间的互动状况，并以司法推动立法的重要主张得以认同并获得不断完善为立足点。实际上，司法本身也属于一种创造性活动，司法裁判并不是简单地将法律与事实进行对接并形成涵摄，特别是对于疑难复杂案件，亦即在案件事实与法律规则之间出现了模糊、冲突或者空缺等情形下，面对有法难依乃至无法可依状况，不能拒绝裁判，而要在此过程中创造性地发现法律并解决相关争议。综观国内外法律的生成模式，尽管在不同的法系表现不一，但司法主体居于其中享有重要的地位，以实然中的应然角度进行审视，英美法系国家或地区的司法主体造法自不待言；而以实然中的实然角度进行分析，大陆法系国家或地区司法主体进行法律续造也并不鲜见；即使将视线投向国内，法院在司法裁判中进行释法或者利益衡量以为法律赋予新的内涵的努力也不曾停息。因此，以司法主张金融法剩余立法权具有特定的实践基础，并不是空中楼阁抑或是异想天开。

基于以上分析，面对金融法不完备的现象，试图并不从最高国家权力机关立法或者金融监管立法这一传统思维路径予以展开，而是尝试思路转向，从司法主张的角度予以推进。成文法的不完备性本身属于一个传统的命题，并不是新近产生的问题。但将这一命题与金融法律规范相结合，则凸显出了时代性与特殊性。因此在论证金融法不完备这一成文法律规范的固有属性时，还结合金融深化和金融创新的背景，探究金融法因此而作出的回应，分析金融法不完备本身所独具的特性，以为金融法不完备之成因提供更为深刻的理据。论证剩余立法权之出现与运行不只是对金融法现状的描述，关键在于如何结合金融法之特性分析金融法律漏洞形成的根源，并梳理法律漏洞填补之途径。概而言之，研究的意义主要包括：一是将法律不完备现象之理论应用到具体部门法领域，探究金融法律规范中不完备的问题，是将法律的普遍性原理应用于具体的法律实践之中，而在此之前，对于金融法不完备现象的系统性研究还显不足，抑或是金融领域的新近发展对金融法律规范完备性提出了新的要求，因此，对此作一尝试和探索。二是鉴于金融属于强监管领域，金融领域的监管行为与变革所吸引的关注更为集中，而监管立法事实上也在一定程度上弥补了金融法之不完备性。然而历史上自有金融监管以来，金融风险和金融危机依然频发，并且呈现周期化状态周而复始未曾停息，监管俘获和监管失灵等问题也已为社会所共识,既然如此,事实表明仅仅通过金融监管立法弥补金融法之不完备显然还是不充分的,因而在此试图通过司法主张来探索金融法剩余立法权之行使,它不是替代金融法剩余立法权行使的其他路径,只是期冀新辟路径,与现有并应得到不断完善的路径形成有效协同,继而在有规律性的动态发展中最大限度地发挥金融法的功能。三是通过司法主张的提出,系统构建司法途径弥补金融法剩余立法权的思路和方法,并回应在多具成文法特色的法律体系中我国金融法完善的路径和可能,通过持法达变的法律理念构造、利益衡量法律方法应用、造法性金融司法解释的发展以及金融指导案例的优化,突出基于金融法自身属性可以在有限范围内推行金融法剩余立法权行使的创新模式,并且观照上海、北京等地金融法院等专业司法机构相继成立,发挥其专业性化优势,强化其在弥补金融法之漏洞上应有的作为。

二 文献综述

(一) 国内文献综述

国内对剩余立法现象的研究有所涉猎,但所积累的成果还算不上丰硕,在部分法律领域中已经出现一些有关剩余立法权方面研究的观点和见解,但是针对金融法剩余立法权的研究则比较稀少,当然将视野进一步拓展,以金融立法作为观察视角,有关金融立法方面的研究成果则相对比较丰富。

现有的剩余立法权的研究多见于中央与地方立法权的划分上。在划分中央和地方的立法权时,中央和地方除了各自专属立法权及共有立法权之外,还有一部分是权力归属待定的立法权,它可能被配置给中央,也可能被配置给地方。以此进路而言,是不是剩余立法权必然是权力归属待定而无法予以明确分配的权力呢?学者冯洋根据地方分权理论,分析了在联邦制国家,地方立法权一般由地方专属立法权、中央与地方共享立法权和剩余立法权等几部分组成。通过与联邦制国家相比较,冯洋指出我国调整中央与地方立法权限的方式具有更大的灵活性,并将有助于实现国家的现代化转型,并从中央和地方立法权分配维度分析了剩余立法权行使的可能和进路。[1]

---

[1] 冯洋:《论地方立法权的范围——地方分权理论与比较分析的双重视角》,《行政法学研究》2017年第2期。

将视线转向到剩余立法现象在部门法中或者领域法中的研究的现状，现存成果并不是非常普遍，但也有一部分学者论及这一问题。比如钱玉林教授就对商法漏洞的特别法属性及其填补规则进行了分析和探究，他将商法漏洞区分为法内漏洞和法外漏洞，面对法内漏洞，司法裁判者需要依靠运用法律方法论等途径进行有效弥补，而面对法外漏洞则要依靠法官根据法律生活的需要、事理、优位之法律伦理性原则等进行填补。① 税法领域中也有学者针对剩余立法权问题进行了专门研究和分析，比如叶姗教授在《税收剩余立法权的界限——以成品油消费课税规则的演进为样本》一文中指出，基于国务院转授权或者税法规范所具有的内在不完备性而需要由财税执法机关行使的创制课税规则的权力可称为税收剩余立法权，主要目的是解决因税收立法使用不确定的法律概念和抽象性条款所造成的法律适用难题，同时还明确行使税收剩余立法权应当以补充法律的不完备为限，承认财税执法机关享有这种立法权，主要是为了规范其行使而不是为了赋权。② 董学智教授则认为，在税权理论和法律的不完备性理论的视域下，几乎在任何国家，剩余立法权和执法权往往都被赋予征税机关，权力配置的特殊结构因此而产生，权力运行具体化过程中的行政主导也由此得以形塑，他还以英美学界提出的"部门主义"（Departmentalism）学说作为证据，以证明在相关国家支持政府部门享有解释宪法与法律权力的宪制安排。③ 此外，在国内的知识产权法领域也有针对剩余立法权行使的相应理论研究成果，因此可以说学者们已经关注到了在相关部门法领域中有关剩余立法权的现象并对此开展了针对性研究。

回到金融法领域，集中梳理与司法主张金融法剩余立法权有关的代表性研究成果主要包括以下几个方面。冯果教授结合金融创新等具体案件分析了金融创新背景下各类融资交易的定性以及具体的法律适用问题，他指出要认识到成文法自身所存在的局限性，承认立法滞后于金融实践运行这一不争的事实，进而在此基础上提出了剩余立法权的有效分配的问题，即在既有法律没有为金融创新和发展提供有效的法律规范框架和行为规则的

---

① 钱玉林：《商法漏洞的特别法属性及其填补规则》，《中国社会科学》2018 年第 12 期。
② 叶姗：《税收剩余立法权的界限——以成品油消费课税规则的演进为样本》，《北京大学学报》（哲学社会科学版）2013 年第 6 期。
③ 董学智：《论税法上的不确定法律概念》，《交大法学》2018 年第 2 期。

情况下，金融法律的缺失容易造成金融交易失据进而导致出现法律风险，为此需要探讨如何将剩余立法权有效地分配于行政机关和司法机关这一问题；他还针对金融监管的实际状况，着重分析了金融创新的司法审查所面临的现实挑战和困难，在此基础上认为对金融创新的司法审查应当首先做到正确理解立法精神，确保同类案件不致出现不同判决的情形，损害司法的公信力，同时应当具备商人的智慧，充分理解商业实践和商人的经营逻辑，在充分尊重市场自发创造力的基础上，通过高质量的司法判决有效地引导金融创新的发展。[1]

　　王奕和李安安两位学者通过研究提出，司法是推动金融法律制度变迁的重要动力，但我国法院因为恪守成文法思维而在发展金融法方面乏善可陈，在金融创新背景下，法院必须打破"法条主义"的束缚，从"排斥性司法"走向"包容性司法"，通过创造性的司法活动扩展金融创新的制度空间，激励和保障金融创新的活力，提出要赋予最高人民法院行使金融创新的剩余立法权，赋予地方法院审理金融创新纠纷的"试错权"，不是通过直接修法这种颠覆性变革，而是通过个案的方式进行路径寻找，这是通过司法发展金融法的重要方向。研究还归纳总结了法院对于金融发展及金融法发展的意义：一是司法介入金融纠纷能够弥补市场机制的不足，在事实上承担起金融法律资源的一部分配置功能；二是当事人将金融纠纷诉诸法院，意味着当事人已经不再囿于道德伦理的局限，突破了乡土社会的人情风俗，亦即将双方的信用转化为互相信任法院，此时的法院承担了弥补道德、风俗、习惯甚至宗教等退却带来的真空地带进而提供异常情况下金融信用的角色；三是法院承担着将纸面上的法律转换为行动中的法律的重要功能，司法介入金融纠纷能够弥补成文法的局限，起到拾遗补阙的作用，进而通过维护金融个案正义实现整体的金融公平；四是法院作为宏观经济的"审查者"、微观经济的"校正器"和制度经济的"助推器"，通过司法审查、法律适用和司法决策构成了金融制度变迁的重要动力；五是通过公平正义的判决，法院能够发挥"定分止争"的作用，使得产权得到真正意义的保护，进而激发投资者的热情；六是随着现代政治的发展，法院已经不再拘泥于美国政治家所描述的"最小危险部门"所限定的角

---

[1] 冯果：《金融创新的司法审查》，http://www.financialservicelaw.com.cn/article/default.asp?id=6308，2019年1月2日。

色形象，尤其是随着司法能动主义的兴起，法院在现代社会生活中早已经突破了固有的特征，趋向于政策化，在金融运行中发挥着日趋重要的作用；七是现代国家的最高法院很大程度上是一个公共政策法院，在规制经济方面具有"规则治理"的意义，不仅涉及与其他国家机关在规制金融领域的权力界定，更会影响到金融市场主体的利益。[①] 这些思考问题的方向和研究成果的结论在事实上为司法主张金融法剩余立法权提供了重要的理据。

黄韬教授在其专著《公共政策法院——中国金融法制变迁的司法维度》以及其论文《为什么法院不那么重要——中国证券市场的一个观察》中指出，法律的不完备性是由其自身属性所决定的。既然是一种适用于不特定个体的游戏规则，那法律的抽象性就决定了它天生的不完备性。他以证券市场为例，指出一国或一地区的证券立法往往带有很大的原则性和宏观性，在具体微观操作层面实际上依据的是相对低位阶的制度，这种出自立法机关之外的制度安排其实就是一种剩余立法权行使的结果。由法律的不完备带来的剩余立法权的归属原则上在大陆法系国家由获得法定授权的行政部门来行使，而在普通法国家，则由行政部门与司法部门分享这一剩余立法权力，在此法院的作用与行政性监管部门相比较绝不是无足轻重的。他还指出，作为多具成文法特色的国家，我国对于剩余立法权的配置向来秉承行政主导模式。在立法不足的情况下，不可避免的一个情况是大量发生实际作用的制度规范位阶很低，包括部门规章、地方法规和规章等，甚至是行政部门的红头文件，而不是最高立法机关颁布的全国性法律在引导私人部门和公共部门的行为方式。他认为，作为法治后发国家，我国面临各种复杂的经济社会问题，而有限的立法资源总量无法满足对法律制度的需求；更重要的原因在于，在立法资源的分配上出现了行政化的导向，大多数事项的立法则由行政部门通过行政立法权的行使来完成。比如，我国证监会以其所颁布并具有普遍适用性的规章、通知、指引等作为行使大量监管权力的依据，并不是具有广泛共识基础的法律。从证监会对自身监管权力的分类来看，除了行政处罚和行政许可之外，其他行政监管权力的行使均被归入"监管措施"这一大类，这种监管权力的授权来源

[①] 王奕、李安安：《法院如何发展金融法——以金融创新的司法审查为中心展开》，《证券法苑》第18卷，法律出版社2016年版。

即是证监会行使剩余立法权的结果。在我国的立法体制中,以最高人民法院为代表的司法机关也扮演了一定的角色,它通过制定并公布司法解释从而分享了一部分剩余立法权。不同于普通法国家和地区法官的法律解释权,我国的最高司法机关对法律的解释可以不必针对特定个案而作出,从而使司法解释具有了普遍适用的法律文本的性质。这种司法解释相较于全国人大的立法文本更加细化,也更具操作性,并要求全国各级法院在审理案件时予以适用,甚至有时候司法解释的颁布并不是对既有法律的阐明,而是全新地创设法律制度,"填补"现有法律结构的空白。此时司法解释的权力已经超越了法院司法权力本质属性的范畴,而是一种立法权力的体现,因此可以被视为其对剩余立法权的分享,这也是我国司法解释权属性模糊的重要原因。①

在与金融法剩余立法权相关的其他研究成果中,张忠军教授在《金融立法的趋势与前瞻》一文中指出,相关国家和地区自20世纪末以来,金融立法总体上呈现八个方面趋势,包括多方利益平衡与金融市场和谐的实现,金融效率与安全的兼顾,创新与规范的兼容,金融立法的专门化与综合化以及法律规则与非法律规则共存等。② 在对司法实现剩余立法权的途径上,洪浩教授提出了将司法解释区分为作为权力运行的司法解释与作为权力配置的司法解释,进而将两者分别界定为适法性司法解释和造法性司法解释,并对造法性司法解释的制度基础、运行逻辑和效力以及制度更新进行了论证,还对造法性司法解释的主体、类型以及权限作出了比较和界定,并予以系统的阐述;他建议我国应该实行二元多级的司法解释体制,即主张各级人民法院和检察院均有权进行司法解释,但除最高司法机关以外的其他各级司法机关所作出的司法解释只能针对具体案件而不具有普遍约束力;在此基础之上,还提出司法机关能够做出具有普遍约束力的造法性司法解释。③ 席月民教授则在其研究成果中指出,我国立法权高度集中于立法机关,只有最高法院和最高检察院享有部分剩余立法权,可以通过司法解释进行有限"造法",而个案中的法官则缺乏"造法"的主客观条

---

① 黄韬:《为什么法院不那么重要——中国证券市场的一个观察》,《法律和社会科学》第九卷(2012)。

② 张忠军:《金融立法的趋势与前瞻》,《法学》2006年第10期。

③ 洪浩:《法律解释的中国范式——造法性司法解释研究》,北京大学出版社2017年版,第1—301页。

件和内在动力,充其量只是对法律进行创造性的运用,当然这种创造性必须受到法律目的的支配以及法律价值的影响。在个案中,所谓法官的"创造",可能主要体现在如下几个方面:其一,创造性地从法律渊源中择取与特定案件相关的法律规定;其二,创造性地将它们组合成一个判决理由;其三,创造性地将它们与案件事实组合成一判决书。但这种"创造"显然与"造法"还存在比较大的差别。①杨东教授在其研究成果中指出,我国以"危机应对"为主要特征的传统金融法,侧重对政府与金融机构之间的管理关系进行规制,主体是金融监管法和调控法,着重强调监管和管制,对金融交易关系规制不足,尤其是未对金融消费者与金融机构之间的不平等交易关系的金融服务关系进行规制,而仅仅由调整平等交易关系的民商法调整,导致产生相应的法律漏洞和空白。②还有很多学者在不完备法律理论体系背景下分析中国金融市场国家权力配置的问题,并最终得出依然是推崇行政监管的主导型地位,比如刘亚研究了不完备的法律与证券市场监管的问题,③姜华东研究了法律不完备性与证券市场内幕交易管制的问题,④等等。⑤

(二)国外文献综述

国外理论研究在讨论剩余立法权时,聚焦于剩余立法权司法主张的论述相对比较少,但是针对剩余立法权的问题以及司法在金融立法中应有的作为等方面,则有一些学者对此进行了相应的阐述。

时任哥伦比亚大学教授的卡塔琳娜·皮斯托和伦敦政治经济学院教授的许成钢,共同提出了"法律的不完备性"理论(Incomplete Law Theory),事实上这一理论与美国学者哈特提出的"不完备合同"理论近似,但是"法律的不完备性"理论所引出的执法权和立法权的分配问题,对立法、执法以及司法领域的影响显然是深刻的。他们还在此基础上阐释

---

① 席月民:《民商事案件二审改判权的行使及其审视》,中国社会科学网,http://ex.cssn.cn/fx/201804/t20180404_3897654.shtml,2018年12月28日。
② 杨东:《论金融法的重构》,《清华法学》2013年第4期。
③ 刘亚:《不完备的法律与证券市场监管》,《市场周刊·理论研究》2007年1月。
④ 姜华东:《法律不完备性与证券市场内幕交易管制》,《生产力研究》2008年第15期。
⑤ 参见马洪雨《证券监管的法律与市场限度》,《学术论坛》2006年第3期;刘春彦、黄运成《不完备法律理论及对我国证券市场监管的启示》,《河北法学》2006年9月;刘华、许可《不完备法律框架下的金融机构破产立法模式》,《金融理论与实践》2007年第10期。

了金融监管的最优权力分配问题，认为法律的完备如同合同的完备一样，都是一种理论模型设计的抽象，与现实情况相去甚远，明确所谓完备法律是指面对任何一个案件，任何一个法官甚至是任何一个受过教育的人都能够按照其规定明确无误、没有偏差地推断出什么是犯法，以及犯法可能受到何种惩罚。① 而在实然状态中，既然法律通常被设计为要长期反复适用于大量所要调整的特定社会关系，并且要涵盖大量迥然不同的案件，那么它必然是不完备的。只有当经济社会发展或者技术变革的过程处于静止状态时，法律才可能趋于完备，这在高速发展的现代社会，显然是一个不切实际的幻想，所以不完备是必然状态。法律不完备的现实后果要么是阻吓不足，要么是过度阻吓。继而建构起相应的理论框架，试图论证对于金融市场活动的行政性监管相较于围绕法院展开的私人执法占据更加主要的现实地位，是一种符合效率原则的最优权力配置格局。一个不可忽略的事实是，金融市场的早期并没有政府监管，而是靠法庭执法，直到1933年，才引进系统的政府监管机制。为什么除了法庭执法之外，还要引进监管机制？不完备法律理论对此的解释是，当法律高度不完备时，法庭执法的阻吓作用会被削弱。他们认为，剩余立法权及执法权的分配方式会影响执法的有效性，而剩余立法权及执法权的最优分配取决于法律不完备的程度及性质、对导致损害的行为进行标准化的能力，以及此种行为产生的预期损害和外部性的大小。在法律高度不完备的情况下，如果损害行为能标准化，而且这样的行为持续发生会导致大量的外部性，监管就优于法庭执法，重大的证券欺诈导致投资者对金融市场丧失信心便是一例。同时他们还认为正是法律的不完备属性决定了各国的证券监管是以行政监管而不是依靠私人诉讼来建构制度框架的，并且还分析了法国、德国以及英国、美国、加拿大证券市场运行历史，他们都是赋权相关国家机关而非法院来弥补法律漏洞的。② 他们的理论研究对不完备法律的讨论具有重要意义，并

---

① 徐成钢：《法律、执法与金融监管——介绍"法律的不完备性"理论》，《经济社会体制比较》2001年第5期。

② 一系列论文可参见 Katharina Pistor & Chenggang Xu, "Incomplete Law—A Conceptual and Analytical Framework and its Application to the Evolution of Financial Market Regulatio", Journal of International Law and Politics, Vol. 35, No. 3, 2003. （中文译文参见卡塔琳娜·皮斯托、许成钢《不完备法律——一种概念性分析框架及其在金融市场监管发展中的应用》，吴敬琏主编《比较》第3—4期，中信出版社2002年版，第111—136页，第97—128页）以及 Katharina （转下页）

且对不完备法律理论在金融法律中的应用展开了探索,比较不完备金融法律中行政、司法以及市场机制的不同作用的可能。

哥伦比亚大学科菲教授在其论文"The Future as History:The Prospects for Global Convegence in Corporate Governance and Its Implications"中认为大陆法系国家和地区法院灵活性不足,在法律适用方面也无法达到预期的效果,为此建议要成立一些专门法院,授予其对某些案件的唯一管辖权,以作为相应的替代方案;并且还认为法律变革总是滞后于金融的发展,同时他还指出相较于普通法系国家法官,大陆法系法官在扩展解释权方面则受到比较大的限制。①

而拉·波特、洛配兹·西拉内斯、施莱费尔、维什尼（La Porta、Lopez-de-Silance、Shleifer、Vishny、LLSV）的研究成果也为金融法剩余立法权行使的理论研究提供了学术滋养,他们将不同国家的法律渊源分为普通法系、大陆法系、法国法系以及斯堪的纳维亚法系四组,通过研究发现在普通法系之下,其法院判决可以作为正式的法律渊源,因此具有动态适应性等特征,继而进一步表明,这种灵活、适应能力强的法律渊源比刚性的法律渊源更能适应环境变化并迅速回应经济环境对合约的需要,实现了对投资者的有效保护,更促进了金融的发展。② 事实上,普通法系国家的资本市场更为发达,资本市场的价值更高,人均上市企业的数量更多,支付的红利更多,并且 IPO 的数额也表现为更高,并由此一系列指标说明

（接上页）Pistor & Chenggang Xu,"*Fiduciary Duty in Transitional Civil Law Jurisdictions:Lessons from the Incomplete Law Theory*",SSRN Working paper No. 343480,2002;Katharina Pistor & Chenggang Xu,"*Law Enforcement under Incomplete Law:Theory and Evidence from Financial Market Regulation*",SSRN Working paper No. 396141,2004;Katharina Pistor & Chenggang Xu,"*Governing Stock Markets in Transition Economies Lessons from China*",SSRN Working paper NO. 628065,2004;Katharina Pistor & Chenggang Xu,"*The Challenge of Incomplete Law And How Different Legal Systems Respond to It*",Paper Prepared for the Project Le Bijuridisme:Une approche économique,2004.（中文译本参见卡塔琳娜·皮斯托、许成钢《不完备法律之挑战与不同法律制度之应对》,载吴敬琏、江平主编《洪范评论》第 2 卷第 1 辑,李雨峰译,中国政法大学出版社 2005 年版,第 136—180 页）。

① John C. Coffee,Jr.,"The Future as History:The Prospects for Global Convegence in Corporate Governance and Its Implications",*Northwestern University Law Review*,1999,p. 93.

② Rechard A. Posner,"*Economic Analysis of the Law*",Little,Brown and Co.,1973,92. H. Merryman,"*The Civil Law Tradition:an Introduction to the Legal Systmes of Western Europe and Latin America*",Stanford University Press,1985,p. 121.

法院对于证券市场的发展是非常重要的，有时甚至会超过证券监管机构的功能。①

综观国内外对与金融法剩余立法权的司法主张这一主题相关的研究成果，其中涉及剩余立法权从法理的层面进行研究的成果更多一些，而较少立足于具体部门法领域进行精耕细作，特别是将这一理论聚焦于金融法领域进行分析的成果则更少；而且对于剩余立法权的分配问题，也有不同意见和观点，较少从司法的角度予以切入。在目前公开的学术成果中（包括中国学术期刊网络出版总库、中国博士及硕士学位论文数据库以及相关专著等等），与金融法剩余立法权的司法主张主题直接相关内容的还比较少见。总结现有的研究成果，主要体现为如下视角与特征：第一，在大陆法系和英美法系，均承认完备的法律是无法制定的，实定法中必然存在法律空缺，在法律制定的时候不可能预见到事实的多样性及其变化的莫测性，更不可能精准把握未来发展的可能性，即使能够对未来进行预测，也不能确保已经制定好的法律能与其形成一一对应的关系。第二，在法律不完备的情境下，守法主体的众多与分散很难自主补充法律的漏洞，因此补充法律的不完备性就成了适用法律的司法机关和执法机关等相关主体的职责。考证国内外法律规范的生成路径，同一种权力由两个以上的不同国家机关行使已经越来越接近世界各国的治理常态。② 第三，我国金融法律制度在金融突飞猛进的发展过程中所呈现的不完备现象，可以通过监管立法等途径予以完善，也可以通过司法主张的途径予以完善。既有的理论成果应该说开辟了金融法律体系构建新的视角，并且在我国对于金融法治不断完善过程具有重要的借鉴价值。在不完备法律体系框架中，依然会偏重于行政监管的主导地位，这与特定事实运行状态是相符的，但却无法解释在当前金融运行体系中，为何却依然是问题丛生？并且同一种法律漏洞填补方式是不是会保持一贯的效力？虽然有学者提出了从司法这一端行使金融法剩余立法权，但对此的论证和展开仍显语焉不详的状态。事实上，对不完备法律剩余立法权行使，缺少了司法的关注显然是不完整的，也割裂了法治

---

① Rafael La Porta, Florencio Lopez-de-Silanes, Andrei Shleifer and Robert W. Vishny, "Law and Finance", *Journal of Political Economy*, 1998.

② 洪浩：《法律解释的中国范式——造法性司法解释研究》，北京大学出版社2017年版，第85页。

环节的彼此关联性，这恰恰应该是在我国金融法律制度不断深化过程中需要予以认真审视的领域，为此有必要尝试从司法主张的角度寻找进路，这也是本论题得以不断继续深入的意义和动力之所在。

三 研究的思路与方法

（一）研究的思路

以金融法剩余立法现象的存在作为论文研究现实动因，因循"法律的基本意图是让公民尽可能的幸福"① 这一价值追求，对照金融创新与金融深化对金融法的发展和运行的需求探索金融法的生成规律与生成路径。法律不是无处不在，金融法也是如此。然而，金融法在生成和运行过程中功能性缺失或供给不足频显，固然验证了"法律不是万能的"这一基本判断，然而法律却不能因此而沉沦，依然需要积极进取，尽量实现其所能。实然状态中金融法虽然也在不断变革，然而金融的发展日新月异，法律的安定性要求又对金融法的发展变化提出了标准。大陆法系的法制传统中，注重立法与司法之间的功能隔离，然而金融法较强的实践性与发展性注定其法律的生成不能脱离法律的实践领域而独立循环和封闭化运行。在此，值得反思的是，19世纪末期，金融监管的出现是由于立法的"不完备性"和法庭诉讼的制度安排难以应对市场失灵以及由此带来的社会不公正问题，② 也就是说在历史发展历程中金融监管是晚于金融司法的，同时金融监管滥觞于作为金融司法失灵的替代品而出现的。时移世易，这种替代的角色是否也要顺应金融的发展变化而发生改变？在金融领域"强行政、弱司法"背景下出现金融法不完备性的时候，应当尝试改变思维的传统定式而转向司法进路以作相应的探索。当然这一转向并不是完全摒弃金融监管立法这一途径之于剩余立法权的价值。

剩余立法的现象并不是金融法领域独有的现象，而应该是诸多法律领域都可能会面对的问题，只是所占比重有所差异。在此，单独针对金融法剩余立法权进行讨论，目的不只是说明一般的剩余立法权之运行状况和填补规律，还要突出金融法领域中剩余立法权之独特性，并为此寻求相应的解决之道。当然，针对某一特定法律领域而言，从理论上讨论剩余立法权

---

① ［古希腊］柏拉图：《法律篇》，张智仁译，上海人民出版社2001年版，第142页。
② 马英娟：《政府监管机构研究》，北京大学出版社2007年版，第46—47、71—73页。

问题并不是一个普遍的现象，相应的理论成果也远未达到丰硕的程度，而在实然状态中剩余立法权又是事实存在的客观现象，因此，将具有普遍性的问题具象运用到金融法中进行研究，这也是从一般到特殊的思维进路，本身也具有一定的理论意义与实践价值。

毋庸置疑，作为法治环节中的重要一环，金融法的立法与其他法治环节从来就不应是隔绝的，必须承认并应认识到其间存在的互动。更为重要的是，金融法律漏洞的填补显然不同于金融法初始立法。立法是具有普遍效力法律规则的形成过程，是抽象规则的制定，但剩余立法权的行使，是否必然表现为抽象规则的形成？剩余立法权主张的主体具有多元性，从监管机关到司法机关，甚至金融自律组织都有可能成为剩余立法权的行使主体。对于金融运行中法律规制，更多会探讨监管层面的法律，而对于司法之于剩余立法的功能鲜有提及。"强行政、弱司法"现象在金融领域可预见的未来一段时期内都会存在，但监管权主导金融的格局是否始终如一而不需要作出适应性变革？实践证明，在司法处于薄弱的阶段期间，强势的金融监管并未能保持金融市场持续健康发展的恒定状态，也没有能确保金融立法的持续有效。因此，需要正视并梳理完善金融法剩余立法过程中司法的价值，通过对比不同路径行使剩余立法权之特色，同时比较不同国家和地区行使剩余立法权之得失，由实定法的视角检视金融法，以为司法主张其剩余立法权的进路奠定基础。

立足于司法的角度，基于司法主张的意蕴，事实上，法律纠纷中案结事了并不表明金融法律制度就已经处于完备状态，而于法无据的法律适用困境显然才是金融法不完备之表征。面对不完备的法律，司法应欲何为？又能欲何为？需要进行解析并寻找进路。毫无疑问，业已制定好并且生效的法律规范常常要重复适用于大量相类似的法律问题，还要对内容相异的法律纠纷进行调整，其不完备性在法律纠纷不断出现与矛盾不断膨胀过程中也就难以避免，而这种不完备性不仅现时存在的，而且还会一直贯穿法律施行阶段。因为从严格的意义来看，即使抽象和概括，法律也无法周延而实现完全覆盖，更何况经济社会不是固化而是流动的，法律的前瞻性还不足以完全覆盖社会之变化，但从对公平的期待和效率的追求来权衡，显然在通常情况下，通过概括和抽象的方式能够满足人们对法律的一般需求。然而，社会的进步不仅带来经济的发展，还会促进权利意识的觉醒，会对法律的保护提出更高的要求，因而稳定不变的法律应对变化多端的世界，必然会出现失灵的现象，践行法治理念本身当然没有错，而经济社会不断前行的步伐也没有错，症结在于法律的固守，即使在法律与所应调整的社会关系之间出现缝隙的时候，依然以缝隙产生的方法去弥合二者之间的差距，显然不能达到预期效果。而将相关法律适用的正义交给法官来裁量，才更符合实体法适用和发展的规律，也能够让剩余立法权的行使从另一个维度得以不断完善。

（二）研究的方法

在金融法剩余立法权司法主张的研究中，突出金融法的基本特性，探寻金融法剩余立法权出现的内在机理和实现途径的基本逻辑。基于以上考量，在研究推进过程中主要采取了以下研究方法。

第一，横向比较与历史研究法。事物在历史演进中总会不动声色地把一些关节和玄机隐匿于草蛇灰线般痕迹中，需要对其梳理和挖掘才能探寻到其间隐秘的关联，也需要有合适的方法才能保证研究得以不断深入。历史分析法能够理解特定事物从何处来、何以塑造并往何处去等基本逻辑，这也是探寻法律现象之本质的重要途径和基本方法。是故，依循此种研究方法，将金融法剩余立法权揆诸以史，用历史的眼光考察金融法剩余立法权的起源与发展脉络，特别是结合其发展过程中的社会起源与历史背景，突出金融法剩余立法权廓清的重要性和紧迫性。而在横向视角观测中，对不同国家和地区目前存在的与剩余立法权行使相关的制度和做法进行评介，并且对大陆法系限制"法官造法"和英美法系授权"法官造法"等历史背景、制度成因和发展状态进行分析，对相关国家和地区解决金融法适用的争议和克服金融法的不完备性的相关理论进行对比，希冀通过剖析和归纳具有代表性的解决法律漏洞的不同路径，对金融法剩余立法权进路功能区分和价值取向等问题有更为深入的把握。

第二，逻辑推理辅以案例分析研究法。聚焦论题从研究对象的客观实在性出发，提炼出反映金融法剩余立法权的概念、属性、本质等核心内容，借助于研究对象所包括的相互关系和客观规律，着力以严谨的逻辑分析和推理得出合理的认知结论。梳理金融法剩余立法权的生成历史和现实发展、分析金融法剩余立法权的成因、现实必要性以及实现机制及进路选择都离不开逻辑推理的抽象和概括思维活动，呼应金融法强烈的实践性特征，坚持"用事实说话"。所以在研究过程中不只是局限于金融法律规范的文本，更加注重法律文本之外的法律实践，特别是司法实践。援引不同类型金融法律纠纷案例，个案的选取突出真实性并注重代表性，坚持从现实的金融法律现象出发，开展有针对性地分析，提出观照于审判实践的思考，并结合社会现实进行判断。不仅如此，在研究过程中还分析了一部分包括指导性案例、示范性案例和一般性案例在内的具有代表性案例，内容涉及银行、证券、保险、信托以及与金融科技有关的新兴金融领域的相关法律纠纷，并在吸收和消化相关案例的基础上，进一步厘清思路，探寻实现金融法剩余立法权的实践路径。

第三，定性分析和跨学科综合分析研究法。通过定性分析的方法，目标是为了厘定研究对象亦即金融法剩余立法权的质的规定性，对金融法剩余立法权本质属性的分析，确定其性质、界定权力行使的边界及其实施的正当性。为此从金融法剩余立法权的概念认知出发，廓清其基本内涵，确定其法律属性，探讨其提出必要性，以此作为研究的原点，并作以延伸。整个研究内容涉及金融学、金融法学、法经济学以及法哲学等学科内容，其间还引入行为金融学分析，通过心理学的视角，探索分析金融行为的规律，力争冲破学科思维的束缚和专业的藩篱，逐一解答金融法剩余立法权何以产生、何以必要、何以可能以及以何生成等一系列相关问题。金融世界变革频仍，金融纠纷纷繁复杂，依靠任何单一学科的专业解释都显得力不从心，无法窥其堂奥。每个学科都是一种观察世界的方法，如果将某一学科的知识奉为圭臬并笃信不疑，那么只会成为钱钟书先生笔下的"现代愚民"。[1] 所以不能将视角拘泥于某一学科范围之内，这就如同金融本身所具有的开放性一样，特别是在当前金融由准入性开放向制度性开放转变过程中，试图通过金融制度的开放，形成更为稳定的发展格局。而金融开放的本身，也是一种非封闭式思维的重要体现，因此金融法之研究也需要具备开放的视角，立足于法学本体的定位，坚持融贯思维与借鉴目标，以为问题的剖析和解决提供不同的维度。事实上，随着研究的不断深入和推进，在此过程中也引入了法经济学分析方法，特别是对于司法过程中所进行的利益衡量，借助法经济学的理念在利益比较和分析中能够作出更为有效的判断，如何实现司法裁判中的利益最大化，通过法经济学分析

---

[1] "从前愚民政策是不许人民受教育，现代愚民政策是只许人民受某一种教育。不受教育的人，因为不识字，上人的当；受教育的人，因为识了字，上印刷品的当……"参见钱钟书《围城》，北京三联书店2002年版，第138页。

的方式能够形成更好的共识。

四 本书的特点与不足

(一) 本书的特点

坚持立法要以社会实践为基础，立足于社会生活是法律的生命与源泉的基本判断，梳理金融发展的脉络，探寻金融转型时期发展变化的脉络，寻求金融在"常"与"变"之中所应遵循的规律，为金融法对金融领域的回应和观照提供依据和参考，特别是折射基于金融发展变化所引致的作为上层建筑的法律的变化，其间所体现出的必然。坚持从实然中发现应然，再从实然回归应然的制度构建和行为选择，探寻我国金融发展的过程中所因循的金融法发展模式，进而推动金融立法从金融司法中获得滋养。在此过程中，主要做了以下探索：从司法的角度讨论剩余立法权，目的显然并不是止步于个案的解决，而是期望基于在成文法框架下如何应对法律之不完备寻找一种可能的新出路。不同部门法之间千差万别，金融法在中国作为新兴法律领域，如何突出重围形成具有特色并能有效应对现实困境的方案，显然这是中国未来金融法治建设需要直面并必须解决的问题。而突出司法主张金融法剩余立法权，并不是借此否认通过监管途径立法等功能，而是肯认各具优势，扬长避短，只是提出如果否定司法居于其中应有的作用，那显然是有缺失的，为此将司法主张引入剩余立法之中，这应是对完善法律生成并且在不同生成路径之间形成协同效应的一个尝试。司法与立法的界分明显且不能僭越，为此对于司法主张金融法剩余立法权如何获得正当性与合理性需要予以深入论证，不仅要满足于现实之需求，还要符合权力来源的正当性与合理性。

第一，以实定法的视角对照和检讨金融法的功能，从理论和实践两个维度证成金融法实然状态下的不完备性，进而探索金融法剩余立法权的合法性及生成路径，提出金融法的生成理念不应局限于顶层设计的建构模式而应包括试错渐进模式。基于此，在金融法剩余立法中不能囿于立法机关制定法律规范这一条唯一路径，而应虑及金融法本身的实践性和金融领域明显加速发展和持续创新的特性，特别是在金融转型发展过程中，法律的生成应充分结合其作用的领域，深入发掘金融发展的本质，尤其是关注金融科技引领下金融的未来发展和可能动向，以及金融深化所引起的金融功能的演变，寻求金融"常"与"变"背后的本质，强调金融立法应当主要以金融发展变化作为自变量，调适金融法的应对能力，有效行使金融法的剩余立法权。

第二，立足于我国法律体系多具成文法特征这一特点，检视金融法律适用中出现的不足，比较金融法视域中剩余立法权不同行使途径的利弊，突出司法主张居于金融法剩余立法权中的特殊价值。特别是基于金融发展变化所引致的作为上层建筑的法律的变化所体现出的必然，司法作为金融法价值体现的重要环节，其目的不只限于个案的定分止争和案结事了，更应彰显法律公平和正义价值的普遍性，发挥其作为权利保障最后一道防线的特殊功能与现实优势，并将此反馈到金融立法环节抑或是为金融立法提供司法智慧，在金融司法与金融立法之间建立良性互动。

第三，在"唯变不变"的金融领域，如何在变化的语境中实现金融法的功能并体现金融法的安定性？破解这一悖论需要有系统性思维，坚持以实践性作为金融法剩余立法权行使的最亮底色。运用法律方法论的知识和智慧，坚持将"持法达变"这一理念与特定领域法律的灵活适用相结合，突出法所追求的稳定性和安定性，只有法律保持安定，才能形成良好的社会预期进而保障社会秩序的安定，亦即立法"定"的特点。而金融领域的变化和革新，亦即金融"变"的特点，二者之间通过"持法达变"的理念进行对接并维护法律之稳定和金融之发展之间的关联，也是金融法律纠纷中通过司法主张填补金融法律漏洞、行使金融法剩余立法权的重要切合点之所在。"持法达变"理念的引入，也是回应了金融发展的变动不居的特征和法律的可预测性功能，在体系上形成观照和呼应，突出司法主张在金融法剩余立法权行使中价值的独特性和路径的不可替代性。

第四，以金融创新的常态化思维，突出金融法的因变节奏。结合强制型金融法、自治型金融法、回应型金融法的发展阶段划分，立足于金融立法的传统体系，以金融法剩余立法权在金融法生成中的地位为考量，研究和分析金融法剩余立法权行使的可能路径和运行机制，特别是在司法主张金融法剩余立法权的过程中，以合法性为基础保障司法主张与法治理念相统一，探索建立通过司法理念、利益衡量以及案例指导、金融法造法性司法解释等途径，约束力和规则强度不断上升的完整体系，尝试创建剩余立法权司法主张在金融法一域而非所有部门法中的独特运行机制，打造一套迥异于法官造法却又能适应现代金融发展需要的独特的金融法剩余立法的生成与运行体系。

（二）存在的不足

毋庸置疑，对于这一问题的深入思考和完善依然有很多可以进取的方向。比如对剩余立法权理论基础的探讨，可以从更为宽宏的视角予以切入以赋予其更强的生命力；又比如对于金融法剩余立法权司法主张的合法性保障问题也有进一步强化论证的空间，如何对其权力的行使形成有效的监督是一个非常值得探讨的问题。当然，所有的行为必须由人作出，在司法主张金融法剩余立法权过程中，相关主体是最核心、最能动的因素，无论是金融的创新和深化，还是司法的介入与能动，都取决于行为背后的主体如何作为，而这最终都会聚焦于人自身。事实上不同法系的法律表现形式的差异以及权力配置格局的不同，都是基于对人或者说是对相关职业群体人性、行为能力的预设所作出的选择，因此要确保司法主张能够有效运行，还是要对司法主体从思维习惯、价值理念、业务能力、行为标准等多方面进行提升，如果司法主体能够自觉居中裁判并有效发挥能动性，对于金融法剩余立法权的有效行使也就会简单很多；此外，对于司法主张金融法剩余立法权的行使途径和运行机制依然需要往纵深突破，不只是要发现问题，还需要创新性解决问题，并且创新还需要立足于法律现实运行基础上，这是论证得以不断纵深的方向，就此而言，进一步深入和系统化研究司法主张金融法剩余立法权相关举措，依然存在很多空间可以探索，比如对于基于程序化的规则包括引入司法商谈等而进行的探索应该是可以深入的方向。

第一章

剩余立法权生成逻辑与司法主张意蕴

在成文法体系中，永续发展和变化的复杂社会与静态的法律文本之间必然存在连接的裂痕，不可能形成无缝对接，即使初始立法行为所制定的法律近乎完美无缺，但其所处的外界环境是变化的、事实是流动的。随着时空转换，拟欲调整的法律关系也要随之变化，以稳定不变的法律应对变幻莫测的现实，以"常"应对"变"，法律之不完备显而易见。故而，成文法体系下的法律文本有效适用还存在广阔的进取空间，其实也是法律动态发展的内在需求，这不仅是源于法律逻辑上周延性的需要，更是因应社会实践发展的现实性需要。

第一节 剩余立法权基本释义

一 立法权基本概念

对剩余立法权（Residual Law Making Power）展开研究离不开对立法权这一基本概念的解析。什么是立法权？在通念中，立法权是国家制定、修改或废除法律的权力。[①] 因此，立法权当属公权力范畴。从本质上来看，立法权行使的范围往往是通过主体的利益来确定的，考察立法权的行使必须与主体的权利和权利要求联系起来，立法过程的基本矛盾最终表现为不同利益之间的矛盾，因为利益和利益关系是立法过程的基本内核。[②] 庞德就认为，法律制度主要是以利益关系为调整对象的，利益因素对法制的确立和形成具有重要影响。只有这样，才能揭示出立法权及其立法行为

---

① 张友渔：《法学词典》（增订本），上海辞书出版社1984年版，第218页。
② 王爱声：《立法过程：制度选择的进路》，中国人民大学出版社2009年版，第39页。

存在的价值和社会意义。在此，就有必要厘清权利与权力的关系：权利的作用对象是权力，权力的作用对象是利益，权力的存在与行使应为增进社会福利为依归，权利是对权力和利益的分配与补偿应当的肯定与占有。①

从立法权主体来考察，现代的立法权通常会强调民意的基础，从而突出人民的主体性地位。而追溯法律的发展历史可以发现，个人是立法权最初的行使主体，古代早期的法律制度常常将其法律的最初陈述或首次编纂权归于某个特定的立法者。比如在罗马共和国时期，一些必要的法律制度就是立法者塞尔维乌斯·士列乌斯根据经验以及罗马共和国的公民向他提供的建议通过立法制定的。② 到了罗马共和国盛极之时，平民要求制定固定的法律，立法权是由人民任命的十大法官来行使的。③ 而发展到近现代，在英国有以英王名义存在的立法权，还有法律必须由公民表决才能生效的"公民立法权"。这一系列制度事实表明，立法权的主体天生并不唯一也没有恒定，也不是仅由抽象国家的概念可以概括的，甚至如果从广义的角度进行理解，立法权应是一定的主体创制法律规范和法律规则的权力。④ 以历史的眼光来审视，立法权并不为立法机关所专有。所以，立法机关虽然享有立法权，但不能垄断全部的立法权，甚至可以说议会事实上仅仅分享着立法权。⑤ 立法权可以理解为所有行使立法的权力，即所有创制、认可、修改、废止法律规范和法律规则的权力。就此而言，立法权的主体就不仅仅是作为立法机关的议会和其他代议机关，而且还包括某些有立法权的国家行政机关以及英美法系国家创制判例法的司法机关等。

当立法权行使及其行为后果违背了公民的意志和目的，未能满足公民的需要，这时其效应就是消极的，它对公民的权利性行为是基于否定的形式而出现的。消极的效应是立法权异化和立法权滥用的结果，它迫使公民对其进行再认识并进行新的权利性实践活动以改变立法权及其行为后果的

---

① 戚渊：《论法与法学的基石范畴》，载《20 世纪亚洲法律发展（上卷）》，南京师范大学出版社 2001 年版。

② [美] 路易斯·亨利·摩尔根：《古代社会》（上册），商务印书馆 1992 年版，第 329—333 页。

③ [法] 孟德斯鸠：《论法的精神》（上册），商务印书馆 1982 年版，第 175—177 页。

④ 戚渊：《论立法权》，中国法制出版社 2002 年版，第 17 页。

⑤ David M. Olson, *The Legislative Process: A Comparative Approach*, Harper & Row, Publishers, Inc., 1980, p. 12.

不良效应，从而获得新的满足和达到新的目的。① 所以从立法权的本质而言，并不在于立法权的表现形式，而在于法律是否能够实现正义之价值和目标，是否为社会所肯认。而对于立法权的主体要求只是实现立法权价值的手段和保障，如果最终能达到立法的目标，从历史演进的角度来看，立法权主体不唯一并且没有证据表明立法权的行使主体恒定不变，即使在一国视域下这一判断依然是成立的。职是之故，从立法目的的角度进行审视，达到立法之基本目的、实现法律所被期待的功能并拥有合法性之来源，这应该是之所以成为法律的基本缘由。

一般认为，立法权是体现国家主权的一项权能，并且主张以法律的统一性保证法律的权威性。但是立法权统一是否意味着立法权主体的唯一？纯粹法学派代表人物凯尔逊认为将法律的适用与法律的创制细分至每一个机关在实践中是不可行的，他指出法律规范应主要由执行立法权的立法机关行使，但诸如行政机关和司法机关等也应享有适度的法律创制权，包括基于法律漏洞解决需要而制定相应法律规则，② 易言之，在立法权与行政权、司法权之间并不是彻底隔离或者是绝缘的关系，而应是存在关联并且能够形成有效互动的。也有学者认为，一国立法权的统一就等同于立法权完全存在于该国最高的立法机构，其他所有有权立法机构均不享有独立的立法权。③ 但是这样就无法解释为什么除最高立法机关之外的其他立法机构的立法成果也具有与法律同等的效力，其立法权能的产生或直接来自人民或由最高代议机构委托，权力的民主性质毋庸置疑，却为何又不能当作独立的立法权？这就在理论与实践之间形成了吊诡现象。而从逻辑推演的角度进行思考，最高立法机构的立法权如果被作为一国立法权之"源权"，只能表明该国其他立法机构的立法权运行所产生的立法成果不能违背这个"源权"所产生的成果，就此而言，一国之内的立法权不是唯一的，它们具有不同层次的立法权或不同类型的立法权。

在我国，全国人民代表大会统一行使国家立法权力。在理论上，除了全国人民代表大会代表人民立法才具有合法性之外，其他任何机构的规范

---

① 戚渊：《论立法权》，中国法制出版社 2002 年版，第 83 页。
② ［奥地利］凯尔逊：《法与国家的一般理论》，沈宗灵译，中国大百科全书出版社 1996 年版，第 285—303 页。
③ 蔡定剑：《立法权与立法权限》，《法学研究》1993 年第 5 期。

性文件，无论其技术性还是其正义性都派生自这一机构及其法律，都是对全国人民大表大会及其常务委员会立法的贯彻性、执行性规范。① 同时还需要关注到的是，在全国人民代表大会的领导下，审判权、行政权和检察权都统一于国家权力机关即全国人民代表大会之下，而它们之间又会有所联系，不同国家机关之间的权力配置是分工负责、相互配合的关系，司法权通常为立法权下的二级权力，与行政权等平行，这与西方国家"三权分立"状态下立法权、行政权与司法权平行且相互制衡的关系是存在明显区别的。各项权力之间并没有形成对立，在本质上是统一的；也不是相互隔绝的，虽然权力的内容和行使的方式等方面存在相应的差别，却都是统一于全国人民代表大会统一行使国家权力的基本框架之下，服从于全国人民代表大会总体的权力行使安排，能够形成有效互动。而就司法机关而言，它是国家权力运行中的一个具体机关，发挥着将党和国家治理政策司法化的功能，并且还会为国家立法机关提供相关经验和教训。②

二 何为剩余立法权

尽管法律是现代经济社会发展进程中不可或缺的治理工具，但因立法自身的因素或因经济社会现实发展等因素，造成法律有时会主动或者被动与拟欲调整的社会关系相脱节，最高立法机关或者其他主体想要弥补此不足，还原法律之应有的功能，就要对因法律疏漏或者因为社会进步所产生的法律与现实之间的漏洞或缝隙进行填补或者弥合，据此，就会使得相应的权力应运而生。严格意义上而言，因为法律自身的缘由所产生的权力才属于纯粹的剩余立法权，而基于经济社会实践的发展变化造成法律的脱节，则不属于纯粹的剩余立法权，因为在此情形下，原生性立法权尚未来得及主张，则无所谓"剩余"。但是法律的滞后有客观因素，也有主观因素，从外观难以进行精准地识别和测度，而社会运行、经济发展却时刻离不开法律予以规范和调整，无论是立法者有意而为之还是无意而为之，只要产生法律疏漏之事实，都应予以有效补充和完善，只是根据漏洞的性质，填补的主体、填补的方式、填补的程序、填补的效力可能会有所差

---

① 谢晖：《法律方法论：文化、社会、规范》，法律出版社2020年版，第2页。
② 洪浩：《法律解释的中国范式——造法性司法解释研究》，北京大学出版社2017年版，第184页。

别，据此有可能是要通过原生性立法的方式，也可能是通过非原生性立法的方式予以实现。

(一) 剩余立法权的内涵及其本质

近代以来，随着科技进步、工业发达、交易频繁，社会关系日益趋于复杂，法律现象和纠纷类型难为立法者所能悉数预见，从而现行法律，每感有生硬不足以应对社会环境之需要，为救法律之穷，不得不一具弹性之原则以为适用，而补充、调和、解释先行法律，求社会、当事人之间利益之均衡。① 故而，成文法无法避免法律内容原则化和抽象化之弊端，大量兜底性条款又造成法律适用出现困境；法律的稳定性与社会实践发展变化之间的张力决定了几乎所有法律自生效之日起就出现了法律不完备之现象，只是不同部门法所表现出来的不完备程度会有所差异；即使是同一部门法，在不同的历史发展阶段，也会有不同的表现。有学者认为，在法律存在漏洞时，如果不阐明法律的含义，则无法用之进行裁决，将这种解释现有法律、适应环境变化，并把它扩大适用于新案例的权力称为"剩余立法权"，并且还进一步指出，剩余立法权可由立法者保留，也可授予法庭或监管者行使。② 由于各国一般采取的是在宪法中以列举的方式来规定专属立法权和共有立法权的，自然难以穷尽所有立法事项，这必然产生剩余立法权的归属问题。③ 观照现实，剩余立法权并不局限于此，它可能适用于原生性立法权无暇顾及的所有法律空白之处。④ 事实上，剩余立法权的出现是基于法律的不完备，法律之不完备应该是包括守法、执法和司法等环节在内的相关主体在遵守法律和法律适用过程中所发现的特定现象，而从主体性视角观察，剩余立法权所涉及的主体具有多元性，不应该只是局限于行政或者是司法的单一主体。鉴于初始立法权与后续补充性立法权之间的差异，在此将初始立法权与后续补充性立法权分别表述为原生性立法权与次生性立法权，并对二者分别从立法的目的、主体、程序、效力、特征、地位以及形式等角度进行对比（见表1）。

---

① 林诚二：《情势变更原则之理论与实际》，《中兴法学》第14期。
② ［美］卡塔琳娜·皮斯托、许成钢：《不完备法律——一种概念性分析框架及其在金融市场监管发展中的应用》，载《比较》第三辑，中信出版社2002年版，第111—136页。
③ 何峻卉：《地方性法规设定行政处罚权限探析》，《地方立法研究》2017年第4期。
④ 叶姗：《税收剩余立法权的界限——以成品油消费课税规则的演进为样本》，《北京大学学报》（哲学社会科学版）2013年第6期。

表1　　　　　　　　原生性立法权与次生性立法权比较

类别 内容	原生性立法权	次生性立法权
目的	立法本旨	弥补法律之不完备
主体	立法机关	执法机关、司法机关、自律组织等
程序	须受到严格的立法程序所约束	不必受到繁复的立法程序所约束
效力	优先效力	补充效力
特征	安定性、稳定性	灵活性、适应性
地位	基础性地位	补充性地位
形式	抽象性法律规范文本	司法解释、指导案例等

　　从说文解字的角度进行分析，"剩余立法权"之"剩余"来自何方？又如何弥补？剩余立法权与法律漏洞之间又是什么逻辑关系？剩余立法权中的"剩余"固然来自于法律漏洞，但是即使是法律出现漏洞，并不必然形成立法权之"剩余"。因为法律的漏洞有多种成因，还因为在特定情况下，法律即使有漏洞，也需要通过原生性立法的方式，而不能通过授权立法或者委托立法来行使剩余立法权。所以，立法权之"剩余"，不仅要有法律所存在的空缺状态，并且是在立法者有意而为之即授权给行政机关或者司法机关抑或是其他主体行使立法权，或者无意而为之即不在其可预见的范围内而未能予以完备立法，并且这一立法内容不是专属于原生性立法机关的立法事项。

　　综而述之，所谓剩余立法权，是在原生性立法基础上因法律漏洞等情形的存在而造成法律的不完备，特定主体对原生性立法进行补充和完善的一种权力。剩余立法权从属于原生性立法权，并且一般不再由通过原生性立法的权力机关行使，而是通过授权或者委托等形式由行政机关、司法机关或者相关组织予以行使，同时剩余立法权行使所生成的法律规则在法律效力上通常不能与原生性立法所生成的法律规则效力相抵触。

　　从分类角度来看，立法权行使一般包括结构主义与功能主义两种不同的观点。功能主义理论中对立法权的认定不是以主体在国家政体中的地位作为判断标准，而主要是根据相关主体的权能作为判断的依据。据此，行政机关制定行政法规、发布政府命令的相关行为，都属于行使立法职能或职权；而法院作出的司法解释等行为，也具有立法职能的性质；其他社会自治组织创制自律性规则等规范性文件，其行为也具有类似的属性，所有这些权力都属于"立法权"的范畴。而结构主义理论则注重于从分权的角度进行阐述立法权，认为立法权是与行政权、司法权相联系的一种国家权力，相互之间有明确的区分，并且各种权力主体及权力的范围都有相对稳定的边界。根据《中华人民共和国宪法》规定，全国人民代表大会及其常务委员会行使国家立法权，严格来说，只有全国人民代表大会及其常务委员会制定法律的行为才能称为立法行为。① 那么非立法机关依法制定行政法规、地方性法规等是否都不可以称为立法？然而，当认真审视社会运行实践的时候可以发现，最高国家权力机关制定的是狭义上的法律，也是最严格意义上的法律，而以此为限，实定法视角下的金融法依然存在很多缺漏和需要完善的地方，而金融监管机构和司法机关等主体对这些法律漏洞进行了补充并在实践中已经发生了一定的法律效力，那么它们的行为性质属于广义上的剩余立法权行使吗？如若不是，又如何赋予相关规范性文件以法律效力？这显然会产生逻辑上的悖论。所以，宪法对于立法机关的规定当然是明确了全国人民代表大会及其常务委员会的立法地位，但不能因此就确定其他机关就当然不能开展剩余立法行为，因为原生性立法权与次生性立法权是两个不同层面的权力，事实上通过宪法性法律以及授权或者委托等途径，其他国家机关可以开展一部分剩余立法活动。

制定法无法预见所有需要调整的社会关系及其变化，也不能覆盖嗣后所发生的所有争议，其法律效力向后延伸也就会因此产生衰减的现象。但是不同主体所生成的法律规则也呈现不同特点，立法机关一般是预先制定法律，司法机关则是在法律纠纷裁决的过程中发现法律并且适用法律进而完善法律，监管机关根据所规制法律关系的内容不同既可以事先制定法律规则，也可以在事后生成规则，但是事后所生成的规则更多地是更新法律规则的内容，而一般无法边制定规则边依此进行监管执法，依然会形成时间上的异步。② 所以依据剩余立法权的五个定义，以及剩余立法权运行的过程，剩余立法权应至少可以概括出以下特征：一是剩余立法权当属原生性立法权之延伸，具有立法权的属性，因而行使剩余立法权需要具有合法

---

① 孔祥俊：《法律解释与适用方法》，中国法制出版社2017年版，第12页。
② 朱苏力：《这里没有不动产——法律移植问题的理论梳理》，爱思想网，http://www.aisixiang.com/data/37279-2.html，2019年1月8日。

性基础和正当性理由;二是剩余立法权是原生性立法权派生出来的权力,其所立法调整的事项也必须遵照并不能违反原生性立法权所规定的事项以及相关专属性的立法规定;三是剩余立法权的行使是为了补充和完善相关法律规范,而不是新辟领域独立创制相关法律规范,符合"剩余"之特征,因而在地位上是处于补充性角色,绝不能颠倒主次;四是剩余立法权的行使主体呈多元化,并且不同类型机关都有行使剩余立法权的可能和冲动,相互之间应形成互补而不是替代关系,通过协同联动发挥法律应有的功能;五是剩余立法权所生成的规范与原生性立法权所立之法在效力上是存在位阶关系的,在出现冲突的时候,剩余立法权所立之法须遵循原生性立法所确立的规则和原则。

通过比较研究可以发现,在理论上剩余立法权行使有两个延伸维度:其一是立法权在不同权力机关等主体之间延伸,比如从立法机关向执法机关以及司法机关等主体之间延伸;其二是立法权在不同层级的立法机构之间延伸,比如由中央立法机关向地方立法机关延伸。包括美国、阿根廷、墨西哥以及德国等在内的一些联邦制国家多将剩余立法权分配给地方;而在加拿大和印度等国家,剩余立法权则归属于中央政府。[①] 就此而言,立法权的权属分类包括专属立法权、共享立法权以及剩余立法权,其中专属立法权以及共享立法权一般都有相应的规定,而剩余立法权则随着法律边界的不断扩大以及法律漏洞的出现而处于相对变化的动态之中,因而就此而言,剩余立法权的行使尚未稳定因而也具有模糊性甚至随机性等特点。

因此,从本质上而言,剩余立法权是一项公权力,只是其在权力体系中所处的层级比较特殊。首先,作为立法权延伸的剩余立法权属性并不单一。按照原生性立法主体来看,剩余立法权的行使的确应属于国家立法机关,但是剩余立法权是在立法产生剩余的情形下所产生的一项权力,既然通过立法机关的原生性权力行使已经造成原生性立法的漏洞或者空白,那么仍然寄希望于立法机关来填补其产生的缺陷,这可能会产生悖论。因而,尽管其具有立法权的一般属性,但剩余立法权区别于原生性立法权,其主体也可能并不局限于国家立法机关,在我国现行的权力格局体系下,各项权力之间并非对立关系,而是存在层次性和关联性;其次,剩余立法权为立法权所包含,具有立法权的属性,那么立法权行使的成果是否必须

---

① 冯洋:《论地方立法权的范围》,《行政法学研究》2017年第2期。

要表现为成文法律制度？因为原生性立法也是表现为文本法律，二者之间的位阶和效力又如何体现？其实这依然是成文法体系固守的情结所形成的思维模式，没有以开放的眼光来审视大陆法系与英美法系二者的发展趋势，特别是没有审视金融法领域的探索和尝试，况且我国当下的法律只是多具大陆法系的特点，如此固守于成文法传统尤其是全盘固守于成文法传统，是与实践相背离的，也不符合法律自身的发展趋势与现实运行规律；最后，从目的角度进行考量，剩余立法权的提出更多是发生在法律适用过程中，权力的主张和行使是为了回应现实关切，也符合法律发展到回应型法这一阶段所应具备的基本特征，作为对现实问题的回应，剩余立法需要由相应权力机构在行使职能的过程中发现问题并及时提出相应解决方案，才更具有现实性和契合性，也是法律自身得以不断完善和发展的动因。

(二) 剩余立法权的地位及其性质

要厘清剩余立法权的地位，就需要对剩余立法权与初始立法权进行比较。剩余立法权相较于初始立法权的区别在哪里？其效力、位阶以及效力的最终表现形式应为如何？揭开"剩余立法权"中"剩余"的内涵，"剩余立法权"只是原生性立法权的有益补充，因而只能有限行使，并没有改变原生性立法权的总体分量，① 也因此决定了剩余立法权所处的补充性地位。

剩余立法权是建立在原生性立法不完备的基础上，这是权力产生并进行合法运作的前提。从其功能来看，剩余立法权的行使当属与立法权的行使具有统一功能。虽然归属于立法权，但是显然区别于原生性立法权，其滥觞于法律之不完备之际，补充法律的不完备而形成的权力，特别是就特定机关而言，不是初始就能取得剩余立法的权力，并且剩余立法权的行使主体一般不再是原生性立法机关。但需要明确的是，由于在立法体系中处于补充地位，剩余立法权只能有限行使，原生性立法权只能由原生性立法机关行使，这也符合《中华人民共和国宪法》（以下简称《宪法》）和《中华人民共和国立法法》（以下简称《立法法》）的根本要求。

剩余立法权具有立法权之属性，那么就应该以对立法权约束的标准加以规范，不能任由剩余立法权行使立法权之实，而无立法权行使的权力约

---

① 叶姗：《税收剩余立法权的界限——以成品油消费课税规则的演进为样本》，《北京大学学报》（哲学社会科学版）2013年第6期。

束之责。在行使剩余立法权的时候，既可以由相关的行政机关行使，也可以由相关的司法机关行使，甚至还可以由相关自治组织行使。法律规范对于应予以规范的事项，由于立法者自身的疏忽而未能预见或者因为据以形成法律的社会基础发生变更致使法律规则无法规范相关事实关系，法官应探求规范的目的并对此漏洞加以补充。法官所谓的价值补充，系来自于立法者的授权，依具体情况而为的衡量；而漏洞补充，则系依法理所作的填补。① 就此而言，剩余立法权最明显的属性应该就是所具有的立法的功能和特性，但因为是由不同主体行使，使得剩余立法权在运行过程中还具有其他属性。比如司法机关在行使剩余立法权的时候，则可能因其基于对案件纠纷的裁判而具有了司法的属性。也就是说，剩余立法权本身虽然是以补充性立法作为其自身定位，但在实际运行过程中往往还会因为其所处的法治环节以及相关主体的目标和任务而决定，同时也会或多或少表现出其他相关属性。但从根本上而言，无论是基于授权、委托抑或是基于事实而形成的剩余立法权当具有立法的属性，并且突出是处于补充性立法的地位。

（三）剩余立法权的发展脉络

剩余立法权较早出现是在中央与地方的立法权配置上。② 比如通过规定国家专属立法、地方禁止立法事项与地方享有剩余立法权或者规定国家专属立法权、国家地方共享立法权和剩余立法权由地方享有等模式，通过立法权在不同主体之间或者是沿着等级的序列向下流动的方式，形成剩余立法权的运行方式。

当立法权在中央和地方进行配置的时候，考虑到与相应事权相匹配和地方自治等因素，也就出现了剩余立法的现象。然而剩余立法权的发展并不是只出现在中央和地方立法权配置的这一个维度之中，随着法律制度的发展和相关领域法律规范不断细化，剩余立法权在部门法中出现的频率不

---

① 杨仁寿：《法学方法论》，中国政法大学出版社 2013 年版，第 191—192 页。

② 在世界范围内，划分中央和地方的立法权限主要采取四种方法：规定中央的专有立法权，规定地方的专有立法权，规定中央和地方的共有立法权，确定剩余立法权的归属。所谓专有立法权也称专属立法权，是指特定立法主体对某些事项所专门享有的排他的立法职权。在专属立法权中，有些是不得转移和授权的，如立法权保留事项，有些则在一定条件或者情况下可以授权方式委托其他主体行使。参见李林《中国立法权限划分》，中国法学网，http：//www.iolaw.org.cn/showArticle.asp？id=524，2018 年 5 月 26 日。

断提高，比如以税法为例，有学者就探讨了税法领域的剩余立法权问题，基于国务院转授权或者税法规范所具有的内在不完备性而需要由财税执法机关行使的创制课税规则的权力可称为税收剩余立法权，主要目的是解决因税收立法使用不确定的法律概念和抽象性条款所造成的法律适用难题，同时还明确财税执法机关享有这种立法权，主要是为了规范其行使而不是为了赋权。① 部门法中出现剩余立法权现象，是剩余立法权从理论到实践的进一步具象化，也证明了这一问题具有实践的品性，包括税法、财政法等这些部门法领域中对于剩余立法权的讨论，也进一步推动了这一现象受到理论与实践更多的关注。

职是之故，剩余立法权的研究维度不能仅停留在中央与地方层面，也不能停留在法学理论与部门法实践的维度，还应进一步拓展到具体部门法中的剩余立法权配置问题。比如在金融法领域中，根据《立法法》的规定，金融基本制度的立法事项，除由国家立法机关制定法律以外，还有很多事项需要法规、规章等作为补充性和配套性制度，在法律暂付阙如的情形下，这些补充性和配套性制度将起到填补法律漏洞的功能。而这些剩余立法行为应由哪些主体来负责？权力行使所形成的成果与原生性立法有何区别？等等。这些内容都是剩余立法权未来不断进取和发展的方向，也是理论研究需要厘清的问题。法律中最棘手的问题莫过于在有规则和无规则都看似无法接受时，在两者之间进行选择。② 在大陆法系国家，成文法的制定需要有足够的信息依赖和相应的法律背景调查以生成具有前瞻性的法律制度。但是囿于纷繁复杂的信息所带来的挑战，特别是对于中国这样一个地域幅员辽阔、经济社会发展不均衡的国家来说，将立法事项所涉信息通盘彻底掌握显然需要有足够的调查和研判能力，如果立法者自身在立法信息和立法能力不足的情况下，这样就可能出现法律制定的成熟时机尚未来到或者制定出的法律过于粗疏。而对于金融法这样专业性比较强的领域，随着市场经济的不断深入推进，金融科技不断发展，金融知识和信息的呈现多元化和分散性，每一个市场参与者可能都是决策主体，在结果上

---

① 叶姗：《税收剩余立法权的界限——以成品油消费课税规则的演进为样本》，《北京大学学报》（哲学社会科学版）2013年第6期。

② [美] 凯斯·R. 孙斯坦：《法律推理与政治冲突》，金朝武等译，法律出版社2004年版，第158页。

就表现为信息的个体化特征更为强烈。① 尤其是 21 世纪以降，金融处于一个突飞猛进的时期，处于急剧变化之中，很多新的金融模式与金融工具推陈出新，立法者很难在较短的时间内获得相对完整的信息，故而，要求法律规范比较全面而系统地一次性生成具有很大的难度。如果制定出的法律条文脱离现实，又会阻碍金融创新发展和金融深化的推进，或者甚至会失去应有的效力而变成一纸具文。立法的目的在于为人们日常交往的实践提供法律依据，并以此推动严谨和谐社会秩序的形成，否则所立之法只是徒具法律规范的外在形式，而欠缺法律规范的应有功能。所以，处于产业变革时期或者是社会转型期的法律，许多问题需要进一步摸索、试验，不可能规定得过于细致。② 而且技术的发展和演进，足以改变金融活动对传统金融法律规范的依赖和应用，这与立法机关的立法能力以及立法理念都具有较强的关联性。全国人民代表大会及其常委会为了填补法律空白，通常会通过委托立法或者授权立法的方式，先行由相关机关制定法规或规章等，以此不断探索法律完善的路径。就此而言，剩余立法权的产生，是基于人类认知条件以及社会事实复杂性这一客观现实等多重因素考量，因此是难以彻底避免的。在具体法律适用中，需要将法律予以具体化才能发挥其应有的功能，故而，法律不完备性也就可能展露无遗。其实从立法权研究到剩余立法权研究转向，一方面因为我国的法律已经由纯粹立法探索走到法律适用阶段，相较于法律的稳定性而言，法律解释则具有相对的灵活性，同时还具有非常强大的功能，③ 而法律的解释适用是建立在案例的比

---

① [英] 哈耶克：《个人主义与经济秩序》，贾湛等译，北京经济学院出版社 1991 年版，第 157—172 页。

② 顾昂然：《立法札记——关于我国部分法律制定情况的介绍（1982—2004 年）》，法律出版社 2006 年版，第 11 页、第 58 页。

③ 1804 年的《法国民法典》迄今已 200 多年，其反映的是风车水磨时代的社会经济生活，但在问世 200 多年之后，在农业社会时代所制定的许多条款，在信息时代的今天仍具有相当的生命力；而 1900 年的《德国民法典》也已颁行 100 多年，其反映的是 19 世纪末工业社会时期的社会经济状况，在后工业时代也仍然具有很强的适应能力，社会在变，法律也在变，《法国民法典》和《德国民法典》虽然也在不同时期作过一定的修改，但只是作一些小修小补，其主要内容并没有改变。这些法典能够适应不断发展变化的社会生活的主要原因在于，法官的法律解释活动产生了一种"旧瓶装新酒"的效果，使法律规则的内涵能够随社会变迁而不断发展。参见王利明《法律解释学读本》，江苏人民出版社 2016 年版，第 37 页。

较和普及之基础上的。① 但在此需要强调的是，剩余立法不应是立法的终极状态，剩余立法的成果在法律形态中只是过渡阶段，剩余立法的成果要视条件的变化而确定其发展去向，要么在特定区域或者特定领域作为补充性规则发挥作用，要么不再适应经济社会发展的需要而宣布其失效，要么经过实践检验证明可以反复适用并可以进一步上升为法律，等等。就此而言，剩余立法权的行使在补充实定法不足、及时解决法律不完备问题的同时，还具有更多探索和试验的意味，是法律趋于稳定并达到安定性的重要途径。

第二节 剩余立法权何以生成

立法缘何"剩余"？法律漏洞的存在与成文法体系中法律条文的有限性等诸多因素造成立法机关无法排除法律的不完备性这一窒碍。因为经济社会迅猛发展，法律与社会之间必然会形成裂缝，因此而产生的法律空白或者法律漏洞是否应认定为剩余立法存在的原因？还只是因为法律制定尚未成熟，需要法律予以完善，在此期间形成的空白则属于过渡期，而不是剩余立法权作用的领域？抑或是因为在司法和执法端，从结果予以判断，而不虑及成因，只要当法律与应规范的社会关系之间存在空白，即需要进行剩余立法？有学者指出，要明确和坚持"剩余原则"，即除依据法定原则应由政府配置资源的领域之外，其他剩余的领域都应交给市场。法律要着重通过限制政府职能，来明晰和保障市场配置资源的功能。② 就此而言，剩余立法应具有其特定的作用空间。通过解析可以发现，剩余立法权之"剩余"既有社会发展层面的因素，更有法律运行层面的因素。事实层面既有变动不居的拟予规范的领域发生的变革，也有意欲调整的社会关系形成了的新的法律需求，但这还不仅止于事实层面引起的。具象到法律层面，"法律不是万能的"，这并不能因此而弱化甚至否认法律应有的功能和价值，法律修订的审慎性以及立法的概括性与其所涵摄的具体法律纠纷事实之间矛盾的难以调和性，在此均可能成为法律缝隙产生的缘由。特

---

① 王泽鉴：《比较法、判例研究和实例研习》，中国民商法网，http://old.civillaw.com.cn/article/default.asp?id=47617，2018年12月8日。

② 张守文：《当代中国经济法理论的新视域》，中国人民大学出版社2018年版，第19页。

别是从现代市场经济的发展演进来看,史际春教授就指出,虽然法治化当属市场经济的内在属性,但是不宜制定过细的法律条文,以免产生不必要的束缚,而应在瞬息万变的市场经济发展过程中,注重发挥法律原则甚至宪法作为法律依据的作用,① 因此也从另外一个角度诠释了剩余立法权的生成空间。需要明确的是,法律在此的局限并不是无法经由努力而予以改变的,至少可以通过法律漏洞的即时修补以及法律的动态适用等努力弥合法律与拟欲调整的社会关系之间的缝隙,否则对剩余立法权的探讨就失去了现实意义。

剩余立法如何区别于既有的司法解释和行政立法等行为,是独立于它们而形成的新的体系还是通过统合以实现新的概括性表达？包括立法解释、执法解释以及司法解释在内的所有法律解释活动并不是仅仅在文本晦涩的时候才进行,而应是在法律所有适用的场合。② 立足于成文法体系这一背景,根据已有的理论学说,可以将剩余立法权产生的缘由归纳总结并概括为以下四个方面：一是成文法更多是凝固了的法律智慧,无法及时跟上发展变化的经济社会不断行进的步伐；二是成文法体系立法技术以及立法理念的滞后,法律制定过程中的概括性、原则性和兜底性规定衰减了法律的适用性；三是法律语言的模糊性和法律意蕴的丰富性之间存在张力,没有充分释明；四是我国实行"一元两级多主体"立法格局,制定法律、法规主体的多元容易引起法律、法规、规章之间产生不协调。此外,由于立法修改和清理工作不到位,所产生的冲突也在所难免。③ 以上述事实为基础,再以立法行为及法律适用情形等为考量因素,对剩余立法权的产生作进一步分析。

一 立法不作为中的剩余立法权的产生

对于法律至上绝对化的否认,也就表明法律在社会秩序运行中需要有相关能动的因素介入。所谓立法权的作为就是指经过人民参与而形成的政

---

① 参见中国法学会经济法学研究会 2020 年年会暨第二十八届全国经济法理论研讨会相关交流发言的内容。

② [法]米歇尔·托贝:《法律哲学：一种现实主义的理论》,张平、崔文倩译,中国政法大学出版社 2012 年版,第 85 页、第 87 页。

③ 万进福:《我国案例指导制度定位的反思与回归——一种结构功能主义的视角》,《法律适用》2017 年第 22 期。

治判断，而不是单纯的法律决定。立法权的作为需要仔细斟酌立法的动机，对立法时社会的政治经济背景要进行认真考量，据此立法者才能对立法的细节以及立法的时间做出决定。① 虽然介入的主体不同或者说介入的环节不同，但必须与原生性立法在立法条件、立法程序等各方面都可以形成区分，这也与立法权多主体行使的格局形成暗合。基于法律的统一性和安定性等要求，法律从颁布之日起也就是其不完善和局限性呈现的开始时刻。法律与现实之间存在"有限"与"无限"、"先在"与"后发"等方面的矛盾，亦即有限的法律条文之于经济社会发展无限之可能之间的紧张关系；法律规则的先在性与经济社会关系的后发性之间表现出非同步的特征，即使法律施行之日是完备的，没有先天的弊端，经济社会的变动不居也会使得法律产生后天的缺陷。法律暂付阙如之所在与法律适用之现实需求使得立法权必须主动作为，而立法不作为必然会出现法律空白或法律漏洞进而呼唤剩余立法权的出现。

立法不作为归结起来，具体表现应该包括而不限于：不遵从明示的宪法委托，不履行依宪法解释确立的行为及保护义务，立法者违背其改正义务；部分地不履行由基本权导出的保护义务。② 比如就法律援引而言，为了减少相似法律规则在不同法律规范中反复出现而采取的一种立法技术手段，③ 但是在现实立法中法律援引出现指向不明或者是高度概括等现象，进而影响了法律适用的实际效果。以最为常见的"依法"两字为例，究竟是依据什么法律或者是什么条文，如果只是笼统概括，援引就失去了方向，这也违背了《立法法》中对于法律规范应当明确、具体等要求，当属立法不作为的一种表现形式。④

进一步分析可以发现，立法不作为可分为形式不作为和实质不作为两种类型。形式上的立法不作为可以表述为立法者将一部分主体的某一种利益或将所有主体的某一部分利益"遗漏"在法律保障的范围之外。之所以是"遗漏"，是因为只有消极地对待立法当为亦即应为的义务，才是立

---

① 陈立民：《德国公法学基础理论》（上册），山东人民出版社2001年版，第163页。

② 林佳和：《西德立法者不作为之宪法诉愿之研究》，《宪政时代》第十六卷第3期（1991年1月）第29页。

③ 石佳友：《民法典的立法技术：关于〈民法总则〉的批判性解读》，《比较法研究》2017年第4期。

④ 田林：《关于确立根本性立法技术规范的建议》，《中国法律评论》2018年第1期。

法不作为,如果是"有意"将一部分利益排除在法律应为的范围之外,则会有渎职之嫌,但如果是属于在当时立法能力之外则又应另当别论。而立法的实质不作为,主要是因为宪法上之基本权利多为原则性规定,不是一次性立法可以完成的,需要具有后续性或者经常性的立法行为作为要件,这是立法者的当然义务,否则就是属于实质上立法的不作为。① 在实际立法工作中,法律系统化生成和发展需要比较长的周期,在时机尚不成熟的时候,如果贸然推行,可能还会产生比较重大的负面影响,因此立法作为还需要选择合适的时机,错失时机显然会造成法律漏洞的出现。以互联网金融的立法为例,对互联网金融交易行为及其运行模式进行深入考察后发现,在互联网金融发展过程中因为遵循了"先发展后规范"抑或是遵循了"重发展轻规范"等理念,应该说错过了规范的最好窗口期,结果导致 P2P 暴雷事件频现,对正常社会运行秩序造成了不良的影响,这至少应该部分归因于立法时机的错失,而在事后也会导致在相关法律纠纷提交司法机关裁决的时候,在事实上出现了法律空白的状态。除此之外,2017 年在我国兴起的 ICO,不仅是金融监管跟不上,而且相关法律也出现缺位,中国人民银行等 7 部委通过联合发布《关于防范代币发行融资风险的公告》,叫停国内所有通证融资项目和新用户注册,采取其先关闭境内数字货币交易所等强制性措施,才得以打击了以 ICO 为名的金融诈骗行为。事实上,随着智能金融、数字金融等金融创新不断推陈出新,类似上述法律不作为的情形绝不是孤例。

此外,对于立法的不作为还有一种特殊的表现,就是对现行法律修改的频率与所规范的社会关系发展变化情况不相适应,一般都是在条件比较成熟的基础上启动法律的修订程序,而对法律规范当中的部分细节修正则相对较少。将这一现象在中国与世界其他国家和地区对比中表现更为明显,近年来,很多国家和地区依然在总结 2008 年金融危机教训的基础上加大金融立法和修法的力度,通常做法是相关条款凡是在成熟的条件下就进行修改,而非要等到一定时期,将相关条款一并大规模修订,进而力求保证法律能够及时跟上金融内外部形势的发展与变化。②

---

① 戚渊:《论立法权》,中国法制出版社 2002 年版,第 126—127 页。
② 吴晓灵:《完善金融立法与强化金融监管》,《新时代下的中国金融使命》,中信出版集团 2018 年版,第 4 页。

表 2　　　　　　　　　部分金融法律规范修改状况比较

立法情况 法律名称	立法日期	修订（正）次数	修订（正）日期	平均间隔时间
中华人民共和国 中国人民银行法	1995 年 3 月	1（+1）	2003 年 12 月	13 年
中华人民共和国 商业银行法	1995 年 5 月	2（+1）	2003 年 12 月 2015 年 8 月	9 年
中华人民共和国 保险法	1995 年 6 月	2	2002 年 10 月 2009 年 2 月*	13 年
中华人民共和国 证券法	1998 年 12 月	5	2004 年 8 月 2005 年 10 月* 2013 年 6 月 2014 年 8 月 2019 年 12 月*	4 年
中华人民共和国 信托法	2001 年 4 月	0	—	21 年
中华人民共和国 证券投资基金法	2003 年 10 月	2	2012 年 12 月* 2015 年 4 月	6 年
中华人民共和国 银行业监督管理法	2003 年 12 月	1	2006 年 10 月	9 年

备注：标注 * 部分属于修订，其他的均为修正；此外《中华人民共和国中国人民银行法》和《中华人民共和国商业银行法》在 2020 年已经启动新一轮修订，已经完成征求意见环节，因此也将此统计入修订（正）次数之中，统计时间为 2022 年 10 月。

回溯新中国金融法律制度的立法进程，依据表 2 中的相关信息可以发现，1995 年是一个时间分界点，也被称为我国金融法的立法年，在此之前我国的金融法律制度建设基本是处于一种空白状态，当然这与当时所处的由计划经济向市场经济转型阶段有密不可分的关系。而在 1995 年至 2003 年这一段时期里，相对集中的立法和行政规章出台为金融市场的法律制度供给创造了一部分法律文本，在一定程度上填补了我国金融法律制度的空白。但通过分析可知，我国金融法律体系的完善，从无到相对完善只经历了短短 20 余年光景，虽然这在某种意义上而言可以被视为一种立法功绩，然而也从另一个侧面表明这些金融立法的仓促性与可能存在的不周延性。

在一部分金融法律规范制定以后，尽管金融的各细分领域本身都发生了变化甚至是具有显著性发展特征的变化，然而相应的法律修订或者修正却处于一种相对缓慢的状态，除了《中华人民共和国证券法》的修改频次相对较高之外，其他几部法律的修改节奏均处于相对缓慢状态，自制定或最后一次修改至今已有数年尘封未动,实实在在地做到了"以不变应万变"。如果说法律修订属于系统性的大修,需要经过严格的程序,并且需要经过深入的调研和征求意见等环节进而实现比较大的调整,那么法律修正则是对个别不适应的条文进行修改,程序相对简单,审议内容也相对集中,然而实践中却并未能因此在法律修改中反复应用。就此而言,对于已经制定的法律在实质上没有能够保证其"本身是制定得良好的法律",[①]当然也就无法避免法律漏洞或者是法律空白的出现,剩余立法权在立法行为的缺位中得以产生,而这些都可以称为金融立法不作为的特定表现形式。

二 立法转型过程中剩余立法权的产生

立法指导理念的变化一方面会使得前后立法的内容体系和结构形式可能会发生相应的差异,另一方面也会造成不同指导理念下所制定的法律出现相互之间应用衔接等问题。以新时代质量优先的立法指导理念为衡量标准,"提高立法质量"是2015年修订的《立法法》明确的一项立法宗旨,同时还规定"法律规范应当明确、具体,具有针对性和可执行性"。而在此之前所秉持的"立法宜粗不宜细""有法总比无法好,法多总比法少好,快立法比慢立法好"等理念,是在改革开放初期针对法律相对匮乏、立法技术相对落后的情境下而在一定历史阶段迫不得已作出的次优选择。[②] 在新的立法指导思理念引之下,对原生性立法的要求也在不断提升,然而在此转型过程中,原生性立法显然无法即刻全面适应这一风格的转变,在不同立法理念指导之下,法律之间因为衔接性脱钩等问题而出现断档或者空白,因此也会产生相应的剩余立法现象。

在新的语境下,根据修订后的《立法法》精神,立法要秉持"能具体尽量具体、能明确尽量明确"的基本理念,切实增强法律自身的针对性和可执行性。[③] 而我国社会转型发展的特点,特别是地域辽阔和经济社会发展的多层次性等特点决定了法律制定与法律修改的复杂性,法律的统一

[①] 亚里士多德指出,法治应包含两重含义:"已成立的法律获得普遍的服从,而大家所服从的法律又应该本身是制定得良好的法律。"参见亚里士多德《政治学》(第三版),吴寿彭译,商务图书馆2011年版,第236页。

[②] 朱文杰:《立法技术在地方立法中的运用研究》,《北京人大》2012年第6期。

[③] 刘莘主编:《行政立法原理与实务》,中国法治出版社2014年版,第112页。

适用原则与不同地区经济发展的差异性之间形成了矛盾。因此在立法转型过程中，虽然可以通过修法促进法律更加完善和具体，但无法从根本上消除法律所产生的新的漏洞，就此而言，剩余立法权是伴随法律自始至终而存在的，只是因应法律所调整领域的不同而表现出作用空间有所不同的区别。剩余立法权的行使，应该属于立法权的自我革命，其逻辑是通过立法理念和方式的更新以为弥补剩余立法的空间作出努力。既然是立法权的自我革命，那么如果再通过造成立法权剩余空间出现的原生性立法形式来补救是难以再荣担此重任的，为此需要另辟蹊径。是故，剩余立法权的行使已然不是原生性立法权行使的简单重复，而需要在原有立法权行使路径上探寻新的方向，这也是剩余立法权研究得以深入的基础和前提。

不仅如此，剩余立法权的产生不仅可能基于原生性立法的缺失，还可能是因为原生性立法的过度引起的。在立法理念转型过程中，虽然具体明确的法律规定能在一定程度上弥补了法律不足，然而规定详细繁复的法律也会出现适用上的冲突。从另一个角度进行考察，正是因为法律的严谨和对法律关系调整的需要，导致法律空白的存在。法律必须经由解释方能适用，解释之中就寓以法之创造的功能。① 随着经济社会发展的加速和复杂化，特别是在社会分工日益精细化的背景下，立法机关的精英虽然深谙法律的运行之道，但是依靠其有限的理性也无法确保必然能制定出完美无缺的法律，尤其是当相关立法领域的业务实践千变万化的时候，立法机关在法律规则的生成和法律的制定方面并不具有天然的优势。秉持法律万能论者认为法律的功能无限之大，当出现社会矛盾的时候动辄诉诸立法，但事实上法律的功能也是有其限度的，现实中的秩序并不都是依照法律来建立并且据此运行的。故而，从某种程度而言，法律并不是越多越好，如果过分夸大法律的功能而着意在超越立法能力的基础上使得法律的干预范围过于广泛，那么不合时宜的法律就会激增，这样就会在现有的法律之间形成冲突，这也是法律漏洞的一种表现形式。为此就需要在法律转型过程中对相互冲突的法律予以协调，继而产生了新的剩余立法空间。

三 统一法律适用中剩余立法权的产生

除了法律漏洞是立法者违反立法规定有意而为之以外，法律漏洞的出

---

① 王泽鉴：《民法学说与判例研究》（第1册），北京大学出版社2009年版，第131页。

现以及剩余立法权的行使更多是在法律适用环节。法律的统一适用是司法公正的重要体现，也是司法实践领域重要的目标和价值追求。法律适用的一致性和法律效果可预测性是法治的重要体现，统一法律适用就需要考虑在法律适用过程中不仅追求前后一致，还要追求左右一致，同时在静态规范层面和动态适用层面也要保持一致。因此，法律的统一适用具有明确的要求，并非是一种概括性不可检测的标准。如果出现不一致的情形，肇始于法律规则冲突或者漏洞所形成的不完备性也就会在所难免了。比如从最高人民法院公布的储蓄合同案例来分析，各地方法院在处理有关储蓄存款纠纷案件时，使用不同的部门规章和规范文件，结果造成案件的处理结果不尽相同。[1] 尽管在程序设计中，已经考虑了上诉、审判监督、案件移送管辖等多种途径，甚至还通过人民法院的审判委员会制度、合议制度、审判长联席会议等多种组织制度保障，但依然无法实现对法律漏洞的有效、充分填补，也不能保证剩余立法权的有效行使。因此在程序运行机制和组织保障机制之外，还有各种工具类机制，有助于法律的统一适用。比如通过法律解释特别是司法解释，[2] 发挥其及时性、针对性、具体性以及可操作性等多种优势，已经成为统一法律适用的一种基本手段，同时也在一定程度上实现了剩余立法权的功能。又比如法律问题答复，最高人民法院对下级人民法院在司法过程中遇到的但尚不具备成熟条件制定司法解释等问题，就通过发布司法文件的方式进行释疑解惑，虽不属于正式法律渊源，却能发挥与司法解释相同的作用。[3] 除此以外，为了达到法律适用的统一性，还通过案例请示答复、指导案例制度，甚至法律适用方面的会议及会议纪要等来实现这一目的。但无论是程序、组织抑或是工具的选择，很多是属于实践机制的探索，在一定程度上解决了立法的不足和因时代发展所造成的法律应对滞后等问题。然而要实现法律的统一适用，依然需要将通过实践持续探索趋于成熟和稳定的做法，诉诸立法或者创新并强化司法解

---

[1] 乔新生:《中国金融立法需要考虑五个问题》，证券时报网，https://news.stcn.com/pl/202003/t20200326_1355891.html，2020 年 4 月 28 日。

[2] 据对近 40 年立法解释的统计，全国人大常委会正式作出的立法解释仅有 27 项，包括对刑法的解释有 15 项、对宪法相关法的解释有 8 项、对刑事诉讼法的解释有 3 项、对民事法律的解释仅有 1 项。参见顾培东《我国成文法体制下不同属性判例的功能定位》，《中国法学》2021 年第 4 期。

[3] 蒋惠玲:《司法改革的知与行》，法律出版社 2018 年版，第 343—344 页。

释等途径，这也是剩余立法权在法律适用过程中重要的发展空间。

第三节 两大法系剩余立法权运行的镜鉴

剩余立法权在不同法系中的权力分配与行使主体也表现出迥异的状态。比如在普通法体系中，特定的法官不仅享有剩余立法权，甚至还拥有原生性立法权，即可以创建新的法律规则的权力，因为法官自身就是造法主体。而大陆法系各国从18世纪资产阶级革命以来经历了从"严格禁止法官解释法律"到"适度许可法官造法"的发展变化，从遵循"严格分权原则"、主张只有立法机关可以行使法律解释权，再到立法性法院的出现，从有权审查、纠正下级审判机关可以行使法律解释权，再到立法明确赋予法官补充立法权的制度发展历程，法院司法解释权得到逐步承认，同时法院也从法律解释权主体逐渐发展成为法律创制权主体。[①] 以原生性立法为基础来审视，授权性立法即为剩余立法权的行使途径之一，也是相对普遍的形式。授权性立法具有悠久的历史，语义上的授权立法可以追溯到古希腊时期，大多数希腊城邦的习惯都是委托异邦人来制定本国的法律。[②] 虽然不同法系中剩余立法的实现途径有所差异，但作为次生性立法形式之一，授权方式的立法却在原生性立法之外找到了共通性。为此，以授权立法为视点，对两大法系剩余立法权行使的内容进行系统梳理，并作相应的比较和分析。

一 普通法系剩余立法权运行概述

（一）英国剩余立法权的运行

自14世纪以来，在英国的都铎王朝期间，根据亨利八世的《公告法》可以授权立法。1539年，《公告法》授权国王为治理国家所发布的公告（Proclamation）与议会立法具有同等效力。[③]《官吏法》任命政府特派员并授予其制定具有法律效力的法规、条例、法令的权力。1834年，英国

[①] 洪浩：《法律解释的中国范式——造法性司法解释研究》，北京大学出版社2017年版，第33页。

[②] [法]卢梭：《社会契约论》，何兆武译，商务印书馆1982年版，第55—56页。

[③] 万其刚：《西方发达国家的授权立法》，中国人大网，http://www.npc.gov.cn/npc/xinwen/rdlt/wysd/2011-05/13/content_1655610.htm，2018年12月24日。

修正济贫法（The Poor Law Act）被认为是近代委任立法的标志，规定了济贫法执行官有权制定并发布其认为适当的规则和命令，这类执行官从1847年起成了对国会负责的一部分，并且最终从属于国会的意志。① 到了19世纪后期，随着经济发展加速，第二次产业革命引发了众多社会问题，迫切需要国家通过立法的手段对经济加强控制，但是立法机关满足不了这种需要，于是就授权行政机关制定行政法规来满足经济发展对法律的需求。与此同时，人们对政府的认识也从为增进人民福祉排除障碍进化为要求政府更多地干预社会经济生活。② 1893年《规则公布法》（Rules Publication Act）的颁布成为英国委任立法复苏的标志。有数据表明：从1819年到1890年的70余年间，委任立法的件数达212件，但在1894年到1913年的20年间，委任立法就达到了12380件。③ 第一次世界大战后，由于社会的需要，委任立法有了进一步的发展。根据统计，1920年英国议会所制定的法律还不到通过委任立法所制定的行政管理法规数量的五分之一。④ 此时，英国已经打破了议会绝对至上的立法传统，根据委任立法的历史事实，需要承认剩余立法的存在和发展的必要性。英国在第二次世界大战以后，进入了福利国家时代，政府的职权范围也进一步扩大，委任立法也随之不断增加，1974年议会只通过了58个公法案，相较于2213件行政机关制定的行政管理法规，比例还不到3%。⑤ 不仅如此，第二次世界大战期间，授权立法还发展到次级授权立法（Sub-delegated legislation），在此期间，英国出现了几个层次的立法。⑥

梳理这一发展脉络，进一步发现英国议会的授权立法中的受权主体不只局限于行政机关，教会、有关法院以及社会团体等都可以成为授权立法的立法主体。英国对于授权立法有相应的监控，要求相关主体必须根据法律并且是为了执行法律而制定法规，同时还要求符合相关的目的和程序，

---

① 戚渊：《论立法权》，中国法制出版社2002年版，第145—146页。
② ［英］詹宁斯：《英国议会》，蓬勃译，商务印书馆1959年版，第438页。
③ 吴大年等：《比较立法制度》，群众出版社1992年版，第323页。
④ ［英］H. 韦德：《行政法》1982年版，第726页，转引自戚渊《论立法权》，中国法制出版社2002年版。
⑤ ［英］H. 韦德：《宪法与行政法》1977年版，第565页，转引自戚渊《论立法权》，中国法制出版社2002年版，第146页。
⑥ 《牛津法律大辞典》，光明日报出版社1988年版，第250页。

特别对授权立法的程序作了比较详尽的规定。需要关注的是，在这一过程中有关征税权力等方面的授权立法则遭受到了批评，① 也就是说对于授权立法的范围依然存在不同意见。

（二）美国剩余立法权的运行

美国奉行的是三权分立的治理模式，并且在世界范围内都具有典型性。在这一指导理念之下，不同权力具有专有性并且得由不同的部门分别独立行使，同时在这三种权力主体之间不能突破。② 因此，立法和司法系统之外的机关不能被授予立法权和司法权，这成为制约委任立法在美国产生的一个重要理论依据，各种权力之间据此形成了明确的边界。但是这一观念后来得到逐步转变，有条件地承认了授权立法的效力，并且授权的"适当标准"解释也逐步放宽，以至于允许行政机关自定标准，而不需要在授权规则中就予以明确。③ 1939 年，美国国会第一次以法律的形式授权总统发布政府改组计划，总统也因此获得了委任立法权，这项权力在"新政时期"日益盛行，尤其是因新政的需要，罗斯福总统经国会同意，建立了新的机构，专门制定有关经济方面的法律，使之集立法权、执法权于一身，这一现实迫使联邦最高法院对委任立法作出了理智的承认。④ 但是，毋庸置疑，国会仍然是主要的立法者，授权立法必须对国会所要授予的立法权明确规定其限度，要受到立法的目的、方法甚至细节的制约，或者受授权范围的制约。1942 年联邦最高法院在亚库斯案中认可了国会授权的合法性。1944 年又在联邦电力委员会一案中，推翻了原认为在国会制定授权法时必须规定种种相应标准的立场，准许行政机关自定标准，而不必由国会在授权法中规定标准。现今授权法中的"标准"已经被解释为"公共利益"，其范围之广、方式之模糊，已不是原来的原则所能制约的。

美国法院的法官依据宪法的精神和原则，在司法中就具体问题审查国会授权的合宪性将委任立法权的权限限制在具体的事项上，完全符合委任立法的原理，又不失其委任立法的灵活性。他们认为，社会所需的综合性管理对于直接立法来说很具有挑战性，相关事项通过行政机关制定法规来

---

① 王名扬：《英国行政法》，中国政法大学出版社 1987 年版，第 116 页。

② 《美国最高法院判例汇编》，1956 年版第 163 页，转引自 [美] 伯·施瓦茨《行政法》，徐炳译，群众出版社 1986 年版，第 30 页。

③ [美] 伯·施瓦茨：《行政法》，徐炳译，群众出版社 1986 年版，第 42 页。

④ *Administrative Law*, by Kenneth Culp Davis, 3rd ed, West Publishing Co. 1972, pp. 30, 36.

充当中间人来管理。宪法赋予国会拥有全部立法权,基于此,国会所授出的权力必然也是从属的权力,因为它要受到授权法的制约。就此而言,国会行使固有的立法职权,行政机关行使的是从属立法权。① 尽管美国授权立法发展过程比较曲折,但时至今日,其授权立法制度已经日趋完善并且形成了大量的授权立法成果。概而言之,美国联邦宪法中明确规定各项立法权首先是属于国会,原则上不得授权,而在国会确实无法行使全部立法权的时候,则通过"骨骼立法"或者是以偶发性事件之立法方法,将次要及细节部分授权行政部门以命令形式加以补充,同时还对授权的标准予以了明确。与英国不同的是,美国国会不能授权给私人或团体立法,受权主体只能是行政机关或者公务员,同时在授权内容上,对于违反法规的处罚也不能作出授权。②

二 大陆法系剩余立法权运行概述

(一)德国剩余立法权的演进

德国作为大陆法系国家,行政机关不存在固有的立法权力。行政机关能够行使的立法权力只能是由立法机关委托的权力以及为极其有限的目的例外地由立法机关授予的权力,或根据《德意志联邦共和国基本法》所采取的具有临时措施性质的立法权力,比如《德意志联邦共和国基本法》第119条授予联邦政府关于难民和丧失家园者的事务,在联邦立法之前经联邦参议院的批准颁布法规的权力。

时至今日,联邦德国委任立法已经得到了很大发展,立法机关将很多立法权转移给行政机关,不仅无限制地授权行政机关制定普通法的权力,而且也授权行政机关制定修正宪法和法律的权力。③ 但是德国的委任立法有其自身的特点,《德意志联邦共和国基本法》第80条规定,联邦政府、联邦部长以及各州政府可以发布具有法律效力的命令。但是授权立法必须在特定的范围内行使,亦即要符合内容、目的和范围等要求。以行政机关

---

① 《美国最高法院判例汇编》第143卷第649、692页,转引自〔美〕伯·施瓦茨《行政法》,徐炳译,群众出版社1986年版,第32页。

② 万其刚:《西方发达国家的授权立法》,中国人大网,http://www.npc.gov.cn/npc/xinwen/rdlt/wysd/2011-05/13/content_1655610.htm,2018年12月24日。

③ 〔印度〕M.P.赛夫:《德国行政法——普通法的分析》,周伟译,五南图书出版公司1991年版,第46页。

根据授权行使立法权为例，只能制定执行、施行或者是补充法律的相关法规，不能超出此界限，但是行政机关可以在其内部再进行授权。需要说明的是，德国的受权立法主体不只限于行政机关，还包括自治组织，但是自治组织需要经议会通过法律具体授权。

(二) 日本剩余立法权的演进

日本现代法律制度通常被认为兼具大陆法系和英美法系法律制度特色，日本在保留其大陆法系法律传统的基础上，其宪法赋予了司法机关一定的法律解释权，使得日本司法权范围有了本质上的突破。在日本，当法律规定的事项由国会授权给内阁行使的时候，授权立法才得以发生。而且，日本作为法律方法论发展较为成熟的国家之一，法院在适用法律的时候通常会通过法律方法论的视角填补法律的漏洞。《日本宪法》第77条第1款规定："最高法院就诉讼相关的程序、律师及法院内部规则和司法实务处理相关的事项，有权制定规则。"第3款还规定："最高法院有权制定下级法院相关的规则。"[①] 日本国会两院可以制定各自的议事规则，最高法院也可以制定相应的规则，地方自治团体也可以制定条例。也就是说，只有国会把应由法律规定的事项授权内阁制定，才属于授权立法。日本对授权立法的规定比较严格，法律不能以一般性的空白委任对政府进行授权，而必须是针对个别和具体的事项才能予以授权。与此同时，日本还有专门的授权法，规定授权的相对人、目的和事项等内容，此外还规定授权的程序和范围；对不得再次授权的情形作出明确规定，同时授权立法的内容不能改变或废止法律本身的规定，必须在授权法的规定的范围内行使，更不能与宪法和法律相抵触。[②]

比较而言，同为大陆法系国家中的法国在1958年《宪法》中规定，议会并不是国家唯一的立法机关，同时只是以列举的方式规定了议会的立法权限，并且还规定议会不能对宪法规定以外的事项进行立法，而是赋予行政部门以条例形式行使规定的权力，行政部门据此获得了比较广泛的立法权，议会可以授权立法的范围也相应收缩。法国的私人团体，特别是同业公会可以依据法律的授权进行制定条例，但是条例只对成员具有约束

---

① 冷罗生：《日本现代审判制度》，中国政法大学出版社2003年版，第359页。
② 李林：《立法机关比较研究》，人民日报出版社1991年版，第289—290页。

力,并且不能违反法律等更高位阶的规定,也不能超越其所应执行的公务范围。①

综观世界法律,绝大多数国家都对授权立法作出了专门规定。从技术层面而言,作为剩余立法权行使方式的授权立法兴起的主要原因可以概括为:一是作为原生性立法机关,议会等机构的时间有限,无法适应经济社会发展变化对法律的需求;二是议会等机构的能力无法随着立法技术性的不断增强而获得及时提升;三是对偶然发生的事件需要急速处理的时效性要求比较高,原生性立法的周期比较长;四是通过授权立法来弥补立法机关立法的不足;五是授权立法更有利于应对新形势及未来可能出现的问题;六是就司法角度而言,大陆法系国家法官可以在一定的法域内,重点是民商事领域通过漏洞填补和法律续造等方法行使剩余立法权,而普通法系国家的法官可以通过判例直接形成法律规则,而且普通法系自有一套创制和运行机理,它本身建立在独特的法律文化基础上——既原则性地遵循先例,又变通性地先例识别,并最终把先例和案情理由紧密结合起来,从而实现法官的"现例创造"。尽管如此,两大法系法院或者法官造法均要受到宪法、法律规范和原则的严格约束。② 也就是说,授权立法主体行使立法权限都受到了比较严格的控制。事实上,弥补法律漏洞创制相关法律,主要包括对一般精神或原则进行演绎、对解决问题的方式进行类型化的总结和归纳、对一定的传统和习惯予以释明和垂范,而且受权主体并不唯一,既包括行政机关,也包括司法机关,甚至还有相关自治主体,等等,并且相互之间获得授权的内容和范围等方面并不相同。因此,剩余立法权的行使有多种途径,最终的目的都是填补法律现存的漏洞,促进法律不断趋向自足,最大限度地发挥法律应有的功能,推动法律不断臻至完善。

第四节 剩余立法权的边界及其约束

剩余立法权的来源及本质决定其必然具有相应的边界,也应有相应的

---

① 王名扬:《法国行政法》,中国政法大学出版社1988年版,第149页。
② 洪浩:《法律解释的中国范式——造法性司法解释研究》,北京大学出版社2017年版,第34页。

约束。作为一项权力而且是处于补充地位的辅助性立法权力，如果无限扩张并逾越其应有的边界，那么就有可能侵蚀立法机关的原生性立法权，并且可能对立法权力整个运行体系都会造成损害，还会据此对具体个案中的相关当事人的权益产生不良影响，这就违背了良法善治的基本理念。权力必须受到监督，权力运行也有其边界。剩余立法权作为原生性立法权所衍生的权力，更应有相应的约束。与原生性立法相比，诸如司法机关、行政机关以及自治组织等在进行剩余立法权的时候，不必受到繁复的程序约束而因此具有更强的灵活性，同时也提升了法律漏洞应对的效率。正因为其所拥有灵活性背后程序的简化，也更容易产生相应的弊端，并可能造成剩余立法权的恣意，最终甚至出现异化的现象。

一 剩余立法权与原生性立法权的界分

剩余立法权属于次生性立法权，必须依托于原生性立法权，这是基本认识。具体表现为剩余立法权是由原生性立法权所衍生的，同时剩余立法权的内容必须在原生性立法框架内进行补充和完善。因此，在行使剩余立法权的时候不能肆意扩张补充功能而对原生性立法权形成僭越。剩余立法权本身不能离开原生性立法权而存在，因为如果离开了原生性立法权，剩余立法权则无所依存，也失去了权力主张的基础。

为此，剩余立法权之行使并不是随意而为之，需要满足法定的条件，只有这样，才能保证剩余立法权之行使在正确的轨道中运行。概而述之，剩余立法权的行使有以下八个方面需要予以关注：一是剩余立法权之启动是源自法律自身完善与适用领域的需求，因此剩余立法权的启动主体应有限定。二是剩余立法权之行使要以立法的"剩余"存作为前提，亦即要确认法律漏洞是否存在，并且明确是否属于剩余立法权主张的范围，如果法律漏洞的解决必须要通过立法或系统性修法的方式予以解决，那么剩余立法权之行使就失去了前提。三是在成文法体系中剩余立法权之行使应当以实定法为基础，将实定法中的具体规定或者确立的法律原则甚至法律精神作为剩余立法权行使的基础，否则，就会出现有违法律的基本框架而丧失其正当性的风险。四是剩余立法权之行使应当符合法治发展的方向，不能背离立法精神和经济社会发展的需要，要以能够推动社会发展进步为取向。还必须明确的是，并不是所有的法律漏洞均能通过剩余立法权的行使就能实现的，比如金融监管机构的监管行为对金融市场主体造成的财产损害,由此所产生的赔偿责任一直被金融法所漠视,需要在金融公法中加以明确规定。[①] 显然,这一类问题并不是通过剩余立法权的行使就能够予以解决的,而要尊重市民社会的自治性和金融市场的运行规律。五是剩余立法权的行使范围应有相对明确的界定,不能有违《立法法》对立法事项的具体规定。比如在剩余立法范围中,对于基本事项包括行政许可等事项,显然需要原生性立法予以作出。六是剩余立法权只是立法权的有益补充,不能替代立法机关而进行原生性立法活动,这是由剩余立法权的地位和性质决定的,不能僭越原生性立法权。七是金融法剩余立法权是只针对程序性规则包括裁判规则、证据规则予以行使?还是包括对实体法部分进行剩余立法?按照传统的观念与现行的实践,更多是局限于裁判规则和证据规则,比如司法机关的法律解释权的规定就是如此,但随着经济社会的发展,如果仅仅局限于程序性规则进行剩余立法,已经无法实现剩余立法权提出的初衷。当然,也不能无限扩张,比如以金融法领域的剩余立法权行使为例,金融法剩余立法权的行使是否无所限制?答案显然是否定的。否则,剩余立法权的行使必然会蚕食原生性立法权的内容。八是剩余立法权不能无差别行使而形成等序的格局,这样不仅造成剩余立法混乱,而且会形成不同主体所作的剩余立法效力比较的困境,而在适用对象上既可以是针对具有普遍性的问题,也可以针对个案,而剩余立法的形式既可以是法律文本的形式,也可以是利益衡量等法律方法,还可以是特定的法律程序。

　　与此同时,还必须认识到法律不是万能的。这是法律功能的真相,也应是法律施行的一条公理。因此在行使剩余立法权的时候,不能将本不属于法律规制的领域也使用法律予以强行规制,否则显然是神话了法律的功能,同时也挤压了纠纷解决其他举措的作用。以金融领域为例,经济基础决定上层建筑,作为上层建筑的金融法无法决定金融的基本结构,其只是在矫正违反法律正当性和金融法律规则约束的金融行为。原生性金融立法所无以能及之处,自然也无法通过剩余立法权的行使就能达到延伸法律功能的效果,否则就会与剩余立法所应起到的补充性功能基本定位形成悖论,所以法律功能的有限性也需要在剩余立法权行使过程中对此作出明确的界定。对于金融法剩余立法权的事实确认,不只是为了赋权,更重要的

---

① 管斌:《金融法的风险逻辑》,法律出版社2015年版,第39页。

是为了提升剩余立法权行使的规范性和合理性,并为剩余立法权行使划清边界,以补充法律的不完备性为限。

二 剩余立法权权力行使的约束及监督

剩余立法权的科学有效运行必须要有规范的程序予以保障,而规范的程序则取决于合理的制度安排。作为一项特殊的行为,显然不能没有约束,否则就会违背剩余立法权设立的初衷并有可能导致其功能发生异化,也不符合权力运行的规律,甚至会走向法治的对立面。故而,需要对剩余立法权的运行程序予以规范,如果没有一套行之有效的程序规范,那么必然会形成较大的随意性,也必将殃及剩余立法权的质量和效率。是故,科学认识并把握金融法剩余立法权的运行规律,是对剩余立法权进行约束和监督的重要前提。

建立制度化、规范化的剩余立法权运行监控机制,在相关法律条文中设置专门针对剩余立法权运行的监控条款,并且要建立明确且严格的剩余立法的备案、审查制度。尝试建立相应的法律规范,比如对司法解释运行过程等进行系统化规定,同时明确司法解释法不能再由司法机关予以解释,避免造成法律约束流于形式。以金融法剩余立法权行使为例,金融领域属于强监管领域,所以在进行剩余立法的时候也应该遵循严格主义,因此建立剩余立法权规范化运行的监督机制也是有效回应了这一基本要求。

提升剩余立法过程的透明度,比如在司法机关通过司法解释来主张剩余立法权的时候,可以通过听证会、论证会以及座谈会等方式多方征求意见,充分发挥线上和线下渠道广泛听取并收集利益攸关者的意见和建议,扩大司法解释的民主性和民意表达的基础,保证司法解释更加符合司法实际并更具有操作性;而在个案中行使剩余立法权的时候,则可以充分发挥诉讼两造的作用,通过司法商谈等形式增强个案中剩余立法权行使的民主性和透明度。

鉴于剩余立法权的权力来源是基于授权或者委托等形式,为保证权力行使的正当性,全国人大常委会须对剩余立法权的行使情况进行定期和不定期的检查,通过检查和备案审查等方式,对剩余立法权予以审查和监督,对于违背法治要求、不符合立法目的的剩余立法的内容一律宣布无效,特别是要对事实型剩余立法权行使要予以跟踪和监督。

第五节 剩余立法权司法主张的意蕴

法律漏洞的客观存在形成了剩余立法权行使之根本条件。然而剩余立法权之行使并不是单一的进路，正如前文所述，从剩余立法权的行使主体而言，并不局限于单极或者一元，通常也不能再诉诸于原生性立法主体；而从剩余立法权行使的方式来看，不同的主体行使剩余立法权的方式也多有差异，剩余立法的形式也各有不同，但都形成了相应的约束力。以金融法剩余立法权为例，在我国金融市场"强行政、弱司法"的运行背景下，金融法剩余立法过程中多见金融监管机关的身影。但是司法机关在对金融法律纠纷裁判过程中不应该止步于单纯的法律规则的适用层面，还要提升市场法制化的程度。[①] 作为案件的裁决者，法院应该在哪些方面加强法制的保障是需要深入思考的问题。为此，立足于司法的角度，需要对剩余立法权的司法主张进行界定。

一　剩余立法权司法主张的内涵

立法权作为公共选择的产物，其设定目的是为了公益，如果已经设定的权力在实践中消极而不作为，那必然会违背公权力设立的初衷，也会因此践踏立法权本应保护的权益。故而，剩余立法权的主张，是公权力功能正常发挥的应有之义，如果殆于行使，则显然是属于不作为行为。

正如在分析"剩余立法权"时所言，剩余立法权的实现并不能囿于单一途径，并且在金融法等领域内其实现形式应该结合其运行规律而选择更为灵活的方式。单独提出剩余立法权的司法主张就表明，毋庸置疑，司法裁判在此的作用显然不只是对个案的是非曲直进行法律评判，更是对社会行为的规范指引和法律宣示。[②] 尽管我国的法律体系通常被归入以成文法典为表现形式的大陆法系范畴，至少更类似于这一法系，[③] 但是不可否认的事实是，我国的法律生成也具有其自身的特色，比如就司法而言，司

[①] 黄韬：《公共政策法院：中国金融法治变迁的司法维度》，法律出版社2013年版，第268页。

[②] 沈德咏：《加强司法案例研究，深化法治理念教育》，《法律适用》2017年第14期。

[③] 赵秉志：《案例是实践中的法律和法理》，《法律适用》2017年第10期。

法解释的有效运用、指导案例的功能发挥等，都能在剩余立法过程中起到积极的作用。事实上，人民法院作为审判机关，在行使审判公权力的过程中还具体承担了法律适用和司法解释的职责，通过审理大量生动鲜活的司法案件，结合一线的司法实践能够及时发现法律的漏洞和短板，及时掌握和评估法律在社会生活中的运行情况，从而为法律的修订与完善提出有针对性的建议，就此而言，最高司法机关负责起草有关法律草案，更有利于法律的可操作性，也有利于法律的贯彻实施。① 因此，我国的法律体系只是多具成文法体系的特征，而不能算作是纯粹意义上的成文法体系，而应是具有中国社会主义特色的成文法体系。重视司法在剩余立法权行使中的价值和所应发挥的功能，需要超越不同法系传统所固有的思维界限或藩篱，这也已经成为当代世界各国和各地区法律界的共识。

司法裁判在法治中的功能显然不应只限于定分止争，亦即处理交往关系纠纷恢复正常法律秩序，还应通过个案的解决为社会交往形成相应的指引，发挥其所蕴含的社会引领功能。尽管法律功能的有限性注定司法裁判也只能在一定范围内发挥作用，但并不妨碍其整体效用臻至最大化。既然实然状态如此，为何不能因此而借助司法的力量和优势，将其引导到精确设计的轨道上进而更加有效地推动中国的法治进程？

司法具有中立的特征，这就要求司法必须独立于参与诉讼的主体和其他组织，作出独立的裁决。以金融法律纠纷解决为例，金融法律纠纷中涉及利益面广泛，不仅有当事人利益，还可能会涉及到第三人利益、社会公共利益和国家利益，甚至包括制度利益等，在定纷止争的过程中，司法的独立性依然是司法机关和司法人员追求的重要目标。司法机关在补充原生性立法而形成相关规则的过程中，能够从一定程度上摆脱部门利益之局限，减轻部门立法之弊端，尽管司法机关也具有自身的利益，但这种利益不同于所规范的金融行业或部门利益代表者，能在一定程度上纠正这一倾向。通过居中裁判，确保司法的公正，也是司法权合法行使的重要支柱。司法的终局裁判性也为司法主张剩余立法权创造了条件，因为司法的终局性使得司法裁决不可更改，为此可以确保国家法律的权威和尊严，因而据此开展的剩余立法成果就会具有相对稳定性，也能赋予剩余立法权以更强的生命力和功能发挥的持续性。

---

① 孙佑海：《人民法院要积极参与立法工作》，《人民法院报》2013 年 11 月 5 日第 2 版。

所以，就此而言，司法主张剩余立法权不仅包括司法过程中的息诉止纷，而且还要与剩余立法行为开展产生紧密联系。比如通过调解方式化解纠纷的，再比如通过咨询相关职能机关专业意见确定依据等，这些只是解决了案件纠纷，但没有通过司法的途径为既存的法律漏洞进行有效的填补。从法官的激励机制来看，法院对安全的需求，出自人的天性，乃是人的动物性和理性的共同要求，[①] 鉴于此，如果司法主张带有一定的风险，必然会抑制司法主体运用司法主张行使金融法剩余立法权的积极性。

当然司法主张并不囿于既有的司法解释等传统途径，需要因循法律的发展而有所突破和创新。我国是以成文法为基础所架构而成的法律体系，多具成文法系之特征，自然也无法避免成文法固有的一些弊端。对于成文法中所固有的漏洞和局限，通常是由立法机关修法或者由司法机关等联合或单独作出司法解释，当然还有通过指导案例等方式加以完善。然而这种概而化之的方式虽然解决了一部分问题，但没有从根本上形成体系化融贯的思维模式，尤其是对特定的部门法领域更需要加以系统化构建，以为法律漏洞之常态化存在而予以弥补所提供有效的工具。以司法解释为考察对象，在现行的司法解释基础上还可以进一步细分并对实际操作作出相应的调整。具体而言，造法性司法解释和适法性司法解释两者都属于法律方法论的具体适用，只是造法性司法解释以规范性条文作为结果予以呈现，而适法性司法解释则多为通过法律方法论对法律适用的模糊之处在法意范围内所作出的调适。就此而言，剩余立法权的司法主张所包括的范围不仅表现为具有普遍效力的规范性文件，还应当包括参照的指导案例、相关的程序机制以及法律方法的运用等。

二 剩余立法权司法主张的进路

既然是司法主张，就必须思考司法制度与司法理念之间的异同。比如遵循先例既可以作为一项司法制度，也是一种司法观念。显然，在多具成文法系特色的我国法律体系中，赋予先例普遍的法律效力依然存在明显的制度性约束。但作为司法理念，则需要突破法系的藩篱。事实上，德国、意大利和日本等法治水平较高的大陆法系国家也广泛存在着先例，有时甚

[①] 杨心宇主编：《法理学研究：基础与前沿》，复旦大学出版社2002年版，第34页。

至会创新先例，并且这些先例对法院的司法裁决也有约束力。①

基于立法机关在法律漏洞形成过程中所处的地位，如果再坚持由原生性立法机关填补法律漏洞，可能会陷入循环论证的逻辑泥淖，因而需要借道其他视角探寻法律漏洞填补之可能。如何推进？梳理国内各相关领域法律制度的生成过程并予以概括分类，主要有以下几种模式：一是稳定性较强法律，以宪法为例，包括修订的过程都有严格的规定；二是相对稳定的法律，法律问题业已存在，只是有待时机成熟，再行完善；三是变动相对频繁的法律，法律问题随着经济社会发展相伴而生并且表现比较明显，法律制度往往滞后于社会现实更为明显，比如金融法。

聚焦于金融法领域，各个国家和地区之间因为立法体制的不同，金融法的渊源也就呈现出差异性。鉴于在金融法律形成过程中，监管立法甚至自律规则已经屡见不鲜，应该说为金融的规范运行提供了一定的制度保障，但同时也暴露出了诸多缺陷，也并没有因此而消除金融法的漏洞，所以在此有必要进行思维转向。顺承法律运行的环节，以维护公平正义中最后一道防线——司法为着眼点进行思考，借此寻求可能的路径。历史上也曾出现试图通过立法限制司法的能动，只是结果并不甚理想。② 大陆法系主要国家曾经将立法权与司法权的边界奉为圭臬，企图以法律的稳定性之羽翼遮蔽成文法之漏洞，但这随着社会发展已经发生了改变，作为大陆法系的瑞士为解决法律适用与法律漏洞之间的矛盾，赋予法官适度"造法"的权力。1907 年《瑞士民法典》第 1 条第 2 款规定："如本法无规定时，法官应依据惯例；如无惯例时，依据自己作为立法人所提出的规定裁判，并通过规定诸法律渊源的适用顺序公然地授予法官以补充法律权。"因此，瑞士法律将"法官造法"行为予以了法律化。③ 不仅如此，以司法解释层面而言，美国、日本的最高法院同样具有规则制定权，并且其所制定的规则并不以具体的案例为依托，不通过具体的案例作为载体进行阐述，这就说明最高司法机关享有抽象性规则的创制权并不是独一无二现象，不

---

① 于同志：《"案例指导"何以发生》，《法律适用》2017 年第 10 期。

② 18 世纪末，在腓特烈大帝的主持下，制定并通过了《普鲁士民法典》，该法典表文多达一万七千多条，试图对各种具体、细微的事实与情形进行分类，进而分别提供细致且可供解决的方案，以禁止法官对法律作出任何解释，但结果表明并不理想。

③ 洪浩：《法律解释的中国范式——造法性司法解释研究》，北京大学出版社 2017 年版，第 5 页。

同点在于美国和日本的最高法院所创制的规则多局限于程序法则,而我国最高人民法院则涵盖程序规则和实体规则。①

纵观法制的发展进程,分析"压制型法""自治型法"和"回应型法"三种法律现象产生的基础和运行的条件,② 对我国法律的发展阶段进行对照检视,基于相关国家对剩余立法权行使方式的分析和比较,同时结合中国权力配置的特点,剩余立法权司法主张的进路内容主要包括以下几个方面:首先,要区别司法主张和法律续造以及司法立法等已经具有相对确定含义的术语,以此摆脱成文法体系的惯性束缚,进而要独辟蹊径。其次,司法主张中司法不仅突出主体性,还突出法治环节阶段性,更明确了其选择的方法,表明是司法机关在案件审判阶段通过法律的适用、法律的解释等形式,填补法律所存在的漏洞。事实上,考察域外的司法文明,基于顶层权力设计的分权性质,法律适用中的补缺主要通过法律解释的方法,当然法律解释的方法在国内外也是有所区别的,国外多是通过技术和法律方法的应用来实现法律解释的效果,而国内司法解释的途径事实上在形式上又回归到了成文法体系上来了。再次,司法主张也表明这只是在众多法治环节中立足于司法的视角对此进行思考,并没有因此否定通过监管机构、自律组织等主体对剩余立法权行使的途径,更期待能够形成协同效应,最大限度完善法律规则并发挥法律应有的功能。最后,司法主张不同于司法立法,目的是不要以成文法作为剩余立法权行使的唯一形式,实际上剩余立法权的产生有很大一部分缘由就是肇因于其成文法的形式所表现出的弊端,故而,在剩余立法过程中,要充分发挥司法主张的优势,不仅要借助司法解释的成文法形式,还要借道司法的程序完善、司法过程中法律方法的应用等进路,构建一个相对完整闭合的体系来行使剩余立法权。在此更为重要的是,在诸如金融法这一具有显著特色的部门法领域内进行尝试和探索,在成文法框架内寻求一种更具可能性的创新发展之路。

---

① 洪浩:《法律解释的中国范式——造法性司法解释研究》,北京大学出版社2017年版,第13页。

② [美]诺内特、塞尔兹尼克:《转变中的法律与社会:迈向回应型法》,张志铭译,中国政法大学出版1994年版,第1—2页。

第二章

金融法剩余立法权的分配与运行

在经济、社会以及金融领域发生一系列变革的背后，社会复杂性也愈益突出，社会治理模式由单核转化为多核，集中式决策模式让位于分布式决策模式，这也体现出了人类智慧化约社会矛盾的努力。从法律上讲，随着社会复杂性不断递增，法律并没有趋向于一元主义发展方向，而是选择多元主义。① 从"国家统治"到"国家治理"，意味着由国家的"一元之治"向国家与社会的"多元共治"的变革。事实上，法律治理的主体问题也就是国家治理的主体问题。② 随着国家治理主体趋向于突出多元，法律之治的主体也应有新的转向，这其中当然也包括立法主体的问题。随着国家与社会、个人的分离逐步加剧，单纯以原生性立法为中心建构法律体系显然无法全面反映社会发展之需要，这就为坚持多元立法主义提供了合理性证明：一味坚持国家法的排他性地位会造成法律规则的僵化和滞后，而因此所造成的社会变革中存在的"良性违法"等现象，结果又因此会进一步消解法律的权威，也不利于法制体系的有效构建。反观当下中国的法律渊源，国家立法、国家政策、在司法实践中被司法解释所实际认可的民间习惯、村规民约、民间习俗等，共同构成法律多元的现实景观。③ 以证券市场为考察对象，原则性和宏观性往往是证券立法所具有的特征，而

---

① 鲁楠：《法治是否将会消亡，代之以代码之治》，《中国法律评论》，https：//mp.weixin.qq.com/s?__biz=MzA5NDI0MzgyMA==&mid=2651881932&idx=1&sn=a972d0285622626a27d140-2b198630c4&chksm=8bb5bf4fbcc236594ba52aebab6276bac667053376c9c278d620fa4d1e43fc10141d9-f9aa8a8#rd，2018年12月10日。

② 吴汉东：《国家治理现代化的三个维度：共治、善治与法治》，《法治与社会发展》2014年第5期。

③ 梁治平：《乡土社会中的法律与秩序》，载王铭铭、王斯福主编《乡土社会的秩序、公正与权威》，中国政法大学出版社1997年版，第426—427页。

在微观操作的层面上具体依据的是相对处于较低位阶的行政法规、部门规章、法律解释甚至包括众多自律规则,等等。这些出自原生性立法机关之外的规则实际上就是剩余立法权行使的成果。① 在研究剩余立法行为的过程中发现,在对立法机关、司法机关以及行政机关进行分析与比较后形成了非对称主义的制度规则,亦即在剩余立法过程中,对一些机关所生成的制度过度轻视或者贬低,而对另外一些机关所生成的制度却持一种不合理甚至过高的评价。不仅如此,在高估其他机关立法同时,却对司法机关予以忽视,也可能因此会对监管机关在制度形成中的角色缺少正确的定位。② 事实上,非对称主义智识已经在实践中一定程度上得到了验证。在当下中国的金融法剩余立法权行使过程中,立法机关、行政机关以及司法机关等都在不同程度地发挥作用,但是在行使金融法剩余立法权的主动性以及推动中国金融法律制度变迁方面的动力机制和特色优势等方面依然存有显著的差异,③ 同时各自发挥作用的正当性与合法性依然需要予以充分论证。④ 既然金融法存在不完备情形,需要并试图通过剩余立法权行使来弥补其不足,于是就产生了剩余立法权行使的可能路径选择以及相应的权力配置等问题,并且在此过程中要避免立法权非对称主义产生的非理性化倾向,甚至被进一步放大的可能。

第一节　监管立法行使金融法剩余立法权的运行实践

鉴于我国全国人民代表大会的会期相对较短,难以适应纷繁复杂社会变化所提出的动态立法需求,而行政机关具有行动力相对较强的等优势,

---

① 黄韬:《为什么法院不那么重要——中国证券市场的一个观察》,《法律和社会科学》第九卷(2012)。

② Harold Demsetz, *Information and Efficiency: Another Viewpoint*, 12 J. L. &Econ. 1, pp. 1 - 4 (1969).

③ 比如上市公司郑百文的独立董事陆家豪诉证监会行政处罚决定一案中,法院最终是以程序性的理由来结案的,丧失了通过个案的司法判决来对逐步建构上市公司独立董事法律责任制度体系的机会。

④ 有学者认为中国证券市场中剩余立法权归属是基于证监会和最高人民法院分享。参见黄韬《公共政策法院:中国金融法制变迁的司法维度》,法律出版社 2013 年版,第 308 页。事实上除了这些主体之外,还有自律组织也在一定程度上分享了这一权力。

往往可以在有限的时间内以相对简易的程序制定出具有针对性的法律规则，同时在这一过程中行政机关所具有相关领域的专业性和技术性等优势能够得到有效发挥，行政立法借助于此也具备了弥补制定法不足的可能。具象到金融法领域，由于金融属于强监管领域，金融监管居于其中具有举足轻重的地位，金融监管本质上就是一个法律问题。曾有美国银行监督官员表示，银行监督机构处理的实务，90%是法律问题，[①] 其实将这一比例放大到银行业内外的整个金融领域，基本也是如此。监管是以法律的手段来保障实施的，人们通念中关于金融法律之于金融领域的功能，主要也是指金融监管对于市场的影响，监管的设计是金融法律中一个最为重要的问题。[②] 毫无疑问，金融监管机关在信息获取和分析、组织以及人才方面具有相应的优势，更了解隐藏在金融现象背后草蛇灰线般的利益纷争的源头及其演化甚至变异过程，也相对清楚把握不同市场参与主体之间的博弈动机和博弈手段，这些都成为金融监管机关作为相关规则制定主体的重要有利因素。[③] 非常重要的一个事实是，由于计划经济所产生的惯性作用，在金融市场发展过程中政府行政主导的痕迹比较明显，具有强制性制度变迁的深刻烙印和浓重的色彩。在此演进路径中，行政力量通过金融监管机关行使金融法剩余立法权也就不足为奇了。事实上，在我国《立法法》中就明确了国务院有权制定执行性和职权性行政法规，并且规定国务院还可以制定相应法律的实施细则。不仅是在国务院层面，金融监管机关为了执行法律也会或多或少被授权制定有法律约束力的规定。[④] 为此，对金融监管路径下剩余立法权行使的分析也就显得非常有必要。

一　金融监管立法的概述

任何部门法都是以立法目标实现作为其导向，法的目标就是法的灵魂。金融监管机关在行使金融法剩余立法权的价值取向上，突出了金融安全价值，因为金融体系的安全性和稳定性直接关系到经济安全、社会安全

---

① ［美］马丁·迈耶：《大银行家》，杨敬年译，商务印书馆1982年版，第287页。
② 陆译峰：《金融创新与法律变革》（第1版），法律出版社2000年版，第99—100页。
③ 封丽霞：《中央与地方立法关系法治化研究》，北京大学出版社2008年版，第404—405页。
④ ［美］V. 图若尼主编：《税法的起草与设计》（第1卷），国家税务总局政策法规司译，中国税务出版社2004年版，第61页。

甚至国家稳定，涉及面广泛，溢出效应明显。基于公权力的价值考量，显然这是需要虑及的首要因素，必然也会体现在剩余立法权的行使全过程中。所以通过审视金融监管机关行使金融法剩余立法权的价值取向不难发现，监管立法有其特定的倾向性或者说价值偏在，在其价值导向上更加注重金融安全，并且监管立法更加注重从公法的维度予以推进，因此这样可能就缺少了对金融法中私法部分足够的关怀，这从监管立法的历史表现中可以窥出端倪。事实上，毋庸置疑，金融安全价值固然应该居于首要位置，但是不能固守于金融安全的单一价值或者唯一标准甚至挟"安全"以作为金融法律规则全时空的单极价值导向，如若这样，这样的金融法同样也是不完备的，不符合金融法兼具公法与私法的双重属性，必然也会产生新的法律空白。从长远视角来审视，鉴于经济运行的规律，金融运行的周期性会始终存在，不区分金融运行的周期性规律而过分强调金融安全观是有害的，因为安全价值的无限突出将会忽略金融机构的合理竞争性和有效创新性，结果也会造成金融运行的低效率甚至无效率，当然也会因此忽略金融消费者和投资者的合法利益。与此同时，过分强调金融安全也会造成金融监管机关职权的放大，产生权力滥用等这些应予以避免的问题，而且就金融发展的阶段而言，金融安全观一般适用于不安全阶段或者预警时期，但不安全并不总是金融运行的常态，因此金融监管法的价值理念需要对此予以甄别才能够精准施策，也才能提升金融监管立法的适应性。

回顾金融发展史，不难发现，在金融危机的治乱循环中，决策者一直在金融安全与金融效率的抉择中困惑和徘徊：有时强调金融安全，有时强调金融效率，有时又强调金融安全，有时又强调金融效率。[①] 事实上，金融立法除了以安全作为首要价值导向之外，还要考虑到公平价值、效率价值以及金融消费者保护等方面的价值。比如在银行法中，自由竞争价值的导向推动了银行体系公平有效的竞争，[②] 并且公平价值实现的同时也能促进金融法其他价值的有效达成。在金融机构设立的准入门槛中，允许民间资本的有序参与则既可以体现出入口关的公平价值，也可以彰显对效率的追求；普惠金融理念推动金融市场参与主体的规模不断扩大，面对金融的

---

① 邢会强：《金融危机治乱循环与金融法的改进路径——金融法中"三足定理"的提出》，《法学评论》2010年第5期。

② 张守文：《当代中国经济法理论的新视域》，中国人民大学出版社2018年版，第17页。

高度复杂性和日益增强的技术性,金融消费者参与金融交易过程中对于实质公平的要求越来越迫切,金融安全与金融效率以及金融公平价值的追求自然会惠及金融消费者,当然也毋庸置疑,金融体系的安全是金融消费者和投资者利益的长久保障,失去了金融安全,则金融消费者和投资者的利益将无所依托。但是,金融消费者和投资者的利益具有一定的独立性,并不能混同于金融安全等价值之中并因此自然就能获得法律保护,所以在立法中不应被忽视。一方面,金融消费者和投资者是金融交易中独立的主体,作为金融市场交易的参与者,独立的利益诉求是其参与交易等各种金融活动的前提,也是市场机制运行的动力所在,随着金融市场化进程不断向前推进,这一范围还将会更加广泛,涉及的利益主体也更为众多;另一方面金融消费者和投资者的利益并不总是与金融监管机关所倡导的安全价值相一致的。正是基于上述因素等考量,美国证券交易委员会(SEC)在金融危机之后出台了《多德—弗兰克华尔街改革与消费者保护法》,在加强金融安全管控的同时,也突出了对金融消费者利益的保护;此外,英国、韩国等国家也不约而同对金融消费者保护进行了相应的立法。概而言之,监管立法行使金融法剩余立法权更多是在公法层面加强对金融法的漏洞进行填补,这也是金融法公法与私法耦合的属性使然,但这一立法的特征显然只是关涉到了金融法领域中的一部分内容,因此总体上会侧重于更加宏观和系统化的价值追求,这是由金融监管本身公权力的性质所决定的。所以,在金融行为偏离正常轨道对金融安全甚至经济安全造成威胁进而产生实质性影响的时候,监管立法就会频频出现,无论是境外的金融监管机构还是境内的金融监管机构都会作出如此回应。但需要清楚地认识到,正是因为金融监管立法有其价值偏在性,其在维护金融安全价值弥补相应法律漏洞的同时,也可能制造新的法律问题。

二 金融监管立法的运行

金融监管立法在我国金融法治的实然状态中属于比较普遍的现象,也是我国当前金融法剩余立法权行使的主要方式,特别是在金融抑制阶段表现得更为明显。以债券市场为例,在境外是由市场主体自发创新的债券品种,无论是次级债券、短期融资券,还是商业银行金融债、资产支持证券等,但在我国则多是在金融监管机关主导下推出的,当然这些还只是属于金融产品或者是金融交易工具层面的考察。而为规范创新型的金融产品,中国人民银行、证监会、发改委等部委分别制定出了很多规范性文件，这些层级不高、效力有限的规章、通知、意见以及指引等就构成了剩余立法权行使的主要表现形式。① 而当把视角转向证券监管的时候可以发现，近年来我国的证券监管部门更加注重立规权的行使，结果是一些规定的内容过于细致以致有直接命令和干预市场之嫌，另外还有一些监管规则不是采取以证监会规章的形式予以颁布，往往是通过通知、指引、指导意见以及问答等形式出现。就后者而言，从积极的视角予以评价，这在一定程度上反映了现代合作性金融监管的发展和软法兴起的趋势，具有一定的合理性，但是这一路径在现存的法律框架下实际上规避了程序约束和法律监督的相关要求，证券监管部门获得了更大的剩余立法自由度。因此，证监会在证券立法中发挥了重要作用并占据主导地位，影响力甚大。这不仅表现为在《中华人民共和国证券法》的立法过程中主导了法律文本的起草工作，实际上还把握了行政规章的制定权。由于金融领域变革剧烈，迫切需要时效性更强、更新速度更快的法律法规作指引，这样就在无形中助推了行政法规和规章的地位不断提升，虽然能在一定程度上弥补立法的不足，却也为监管立法扩张创造了条件。当然，金融监管立法过程中也会遇到很多困境，比如针对穿透式金融监管与金融代理之间的矛盾，如何在剩余立法中予以选择？穿透式金融监管可能会瓦解金融中介的传统功能定位，甚至会造成对金融专业化经营在一定程度上的否定性评价。此外，虽然金融监管依然是中央事权的重要组成部分，但随着金融风险处置属地化责任的不断强化，地方金融监管也不断得到强化，包括地方金融机构改革在内的一系列举措正在深入推进。据此，金融监管立法体系应采取何种模式？实然状态中，除了中央金融监管机关行使监管立法之外，地方政府也针对地方金融监管的内容行使了一定的立法权限，全国已经有包括四川、天津、内蒙古、山东、河北、上海、浙江、广西、江西、江苏、吉林等地在内多个省、自治区和直辖市颁布了地方金融条例或者是地方金融监督管理条例，还有一部分地区正在制定或者已经进入征求意见的环节。这也表明，央地双层金融监管体系正在形成，在此过程中，监管立法权的行使主体也相应发生了变化，地方也因此分享了一部分金融监管立法权。

---

① 王奕、李安安：《法院如何发展金融法——以金融创新的司法审查为中心展开》，《证券法苑》2016年第2期。

现代社会的金融监管立法，是为了授权政府依法干预市场，以限制金融风险、协调金融运行、促进经济发展。这种政府干预在早期表现为对金融欺诈行为和金融危机现象的遏制，后来演变为在限制金融风险的同时，通过金融法制建设促进经济、协调发展。① 毫无疑问，金融监管立法推动了金融有序发展，但"保姆式"的金融监管可能推迟了风险的暴露并造成了风险的逐步累积，与此同时，规避甚至逃逸监管又成为金融创新的一种事实动力，还因此可能酿成巨大的风险，让社会付出了惨重的代价。在金融法中监管立法的作用日益扩大，特别是随着当代国家不仅是在作为守夜人的角色出现时，而且强调形成规制的国家模式。监管法发挥作用的前提是稳固的商事交易民商法基础，不会导致商事交易的重大法律风险。但是商事交易中一些规则过于宽松是造成2008年金融危机的原因之一，比如美国破产法所规定的金融机构破产时金融衍生品交易自动净额结算规则，被认为是美国金融机构风险与激励不匹配的商事交易法根源，为此，必须在商事交易中改造相关商事规则，以便使规范金融交易的金融法律规范能够发挥对金融商事交易正向利益激励和反向风险防范的功能。

三 金融监管立法的评价

金融监管部门直接面向金融市场，处于金融市场的前沿，同时以金融市场中的相关主体和交易行为等作为监管对象，能够较早发现金融运行的规律和潜藏的风险以及可能酿成的危机，采取的应对措施和制定的法律规则更具有时效性和针对性，特别是非常规措施的采取，相较于其他途径行使金融法剩余立法权，更具有其特定优势。但是金融监管及其规则制定权必须来源于法律的明确规定，这是金融监管立法的根本保障。无论是美国的证券交易委员会，还是澳大利亚审慎监管局都有相应的权限，可以从事任何与其职责有关的事项，行使管理的举措也呈多样化，包括制定规则、牌照管理、信息披露、稽查处罚等，这也应成为我国金融监管立法的重要考量方向。金融监管立法失当，可能会对金融市场参与主体的合法利益造成损害，结果导致金融市场效率低下、活力欠缺、影响公平，最终破坏金融应有的价值，阻却金融功能的发挥。因此，在金融立法中，特别是在授权金融监管机关制定相关规则的时候，不仅要规范授权，还要坚持有效控

---

① 蓝寿荣：《论金融法的市场适应性》，《政法论丛》2017年第5期。

权,坚持权责对等原则,明确监管立法权的权限和行使的程序,重点从制衡机制、规范运行机制以及问责机制等方面进行规制,从而确保金融监管立法权能在笼子里运行,切实服务于金融的安全健康有序发展。由于国情、体制以及经济社会发展阶段的差异,对于金融监管立法的约束又会选择不同路径,强调以权力制约权力、社会力量监督来保障监管立法权的正当、有效行使。不容否认,在全球化浪潮中,金融的全球化演绎得更为生动和深刻,突破了地理疆域边界和时间的约束,金融交易处于无间断全时空连续运行中。在全球化格局中,没有纯粹的国别危机,一国疆域内的事件也会形成外溢效应或连锁反应,其他国家或地区并不会因为地理空间的独立和区隔而独善其身,这在金融领域表现得尤为明显。尽管当前出现了"逆全球化"的苗头,但是金融全球化进程真的可逆吗?即使暂时阻断资本交易通道,但是金融全球化的理念已经根深蒂固,而金融赖以生存的信息流动更是难以在空间上形成隔断,所以并不能阻止历史洪流滔滔向前奔腾。金融全球化呼唤金融治理的全球化,并且推动金融法律规则统一的趋势更为明显。因此我们在推动金融监管立法的同时,也需要借鉴国际经验,各主权国家都有自己的法律制度和本国特殊的利益,需要在监管立法中予以体现,并要能够考虑国际金融运行规则的统一性与特殊性。

金融监管立法既存在内部问题,也存在外部问题。金融监管立法存在立法部门化现象,特别是可能存在部门利益法制化的倾向。金融监管部门在监管执法的时候拥有较大的自由裁量权,通过监管立法可能会进一步放大这一权限,无法充分体现金融活动所应有的市场化和法治化特征。不仅如此,鉴于行政机关实行行政首长负责制,行政首长的意志有时会贯穿于金融监管立法的整个过程中,甚至不排除可能出现专横的现象,从而可能也会造成金融监管立法偏误的概率上升。从外部来看,监管立法还存在监管俘获等风险,金融监管立法如果造成法律逃离正义向权力靠拢甚至失去公正成为金融市场相关主体逐利的工具,那么监管立法的地位和所代表的形象就会轰然倒塌。无论是内部问题还是外部问题,监管立法都可能出现失灵。从监管立法的效果来看,在监管立法推进过程中,金融监管项下的违规违法行为依然频发,表明纯粹依靠监管立法也无法形成足够的"阻吓"效果。此外,不容否认的是,虽然金融监管制度不断更新,有时甚至可能会出现制度过密的错觉,但从整个金融体系来审视,依然存在很多不足的地方:比如影子银行业务从传统银行体系内分离出来以后,就一度成为监管的盲区，这些都促使监管立法要予以深入思考，监管立法在此应当如何有效作为？① 以直接融资为目的的证券发行和交易业务化身为以资产管理，从而实现规避相关监管的目的；而保险产品的投资属性也在日益强化，对其监管的要求和标准也更为具体，等等。不仅仅如此，监管的过度行政化也难以适应金融日益专业化的需求。这一系列问题的浮现是因为监管法律的内在不足所致。在金融国际化不断加深的进程中，一国金融业的国际竞争力提升也对金融运行效率提出了更高的要求。金融为了适应市场选择，必然会加强对效率的追求，这也是其得以不断发展的重要条件。在安全和效率的价值追求中，二者之间常常表现为冲突而不是统一，如何使二者在适度的张力中形成共生共存的状态，金融法身居其中就需要解决这一矛盾：抑或统筹兼顾，抑或相机抉择，② 总体要求是持法达变，灵活应用。③ 同时还要认识到，监管立法有时会因为金融问题的瞬时性和爆发性等特征，导致监管行为也处于被动地位，容易出现"急诊式"或者"运动式"监管立法的误区，这在实践中也有先例。在金融抑制朝金融深化转向的过程中，监管立法更要把握好这一趋势，克制公权介入私法主体交易中的冲动，因此在金融监管机关行使剩余立法权的时候要秉持正义原则。在特定阶段，需要坚持"法律抑制"的态度，防止公权力过度介入金融市场活动中，特别是在事前介入相关金融创新活动中更应需要谨慎。不仅如此，尽管金融监管在金融运行中具有重要的功能，并且行使了金融法绝大部分剩余立法权，但是随着金融监管地位的不断增强，金融危机的周期

---

① 2019年4月17日，银保监会表示将新组建打击非法金融活动局，旨在出击严重影响正常金融秩序和经济社会稳定的非法金融活动，着力解决监管重叠和监管空白。参见《银保监会：新组建打击非法金融活动局》，新浪网，http://finance.sina.com.cn/money/bank/bank_hydt/2019-04-17/doc-ihvhiewr6655959.shtml，2019年4月20日。

② 事实上，在不同的阶段，金融法秉持不同的理念，20世纪30年代大危机后到20世纪70年代，金融法强调的是安全优先、严格监管，但是到了20世纪80年代以后，金融法则更多强调效率优先，受到"金融抑制"向"金融深化"理论的影响，主张放松对金融机构的过渡严格管制，解除对金融机构在业务范围、经营范围、利率水平等方面的限制，鼓励金融竞争，提高金融业的效率。20世纪90年代以来亚洲金融危机和美国次贷危机相继爆发，又将关注焦点集中于金融安全之上，但已经不再是在安全与效率之中作出非此即彼的选择，而是将金融安全与金融效率两者之间进行有机协调。

③ 陈金钊：《法律如何调整变化的社会——对"持法达变"思维模式的诠释》，《清华法学》2018年第6期。

性出现的规律并没有消失殆尽,甚至频率趋高、强度更为激烈,① 这也表明在金融监管主导下的金融剩余立法体系发挥了一定的功能,但对于金融市场秩序的完善依然有不断进取的空间,而这仅仅依赖金融监管立法自身又难以彻底解决。

第二节 自律管理行使金融法剩余立法权的运行实践

相较于其他领域的法律,金融法领域的自律组织地位比较特殊,在金融有序运行中可以发挥独特的功能,有时甚至可以触及或者伸入到法律不能到达的角落。对于金融这一类创新发展比较快的领域,在国家立法机关正式立法之前,可以推行软法治理,充分适用行业自律规则,弥补现有立法的不足。② 自律规则在金融领域相对具有普遍性,其规则的针对性也更为具体。在金融法出现漏洞的时候,自律规则起到了一定的补充和完善作用。虽然自律规则不同于法律,但是自律规则依然能在特定范围内起到约束的功能。③ 对于这一问题,有学者就表示,金融领域中的证券交易所具有一定的行政职能,但证券交易所本身属于自律组织,作为金融市场业务创新的推动者、特定交易品种和交易机制创新的组织者与实施者,其制定的业务规则是对金融创新立法不完备的重要补充,也应视为在行使剩余立法权。④ 因此,在此也有必要对金融自律组织的自律规则所行使的剩余立法功能作一简要的梳理,以求真相。

一 金融行业自律规则的概述

按照政治经济学或社会学的观点,自律组织及自律管理的产生与"市民社会"思想关系密切。"市民社会"是一个国家或政治共同体内介于"国家"和"个人"之间的广阔领域,由相对独立存在的各种组织、团体

---

① [美]戈登·塔洛克:《寻租——对寻租活动的经济学分析》,李政军译,西安财经大学出版社1999年版。

② 邓建鹏、黄震:《互联网金融的软法治理:问题与路径》,《金融监管研究》2016年第1期。

③ 宋阳:《自治性商事规则法源地位否定论》,《当代法学》2018年第3期。

④ 王奕、李安安:《法院如何发展金融法——以金融创新的司法审查为中心展开》,《证券法苑》2016年第2期。

构成。自律管理组织最初就是构成市民社会的一类组织，代表一定范围内的市民利益，在"政府"和"市场"之间的领域中发挥作用。金融市场的自律管理即是这种在共同利益指引下相关主体所作出的一种权利让渡。历史上，在历经多次经济危机和思潮反复，现代政治经济学在验证"市场的失灵"和"政府的边界"后，对传统的"政府—市场"二元经济模式缺陷的认识逐渐深入，源于"市民社会"的代表组织开始加入并成为联结和制衡双方的力量，"政府—组织—市场"的三元稳定结构得以逐渐成形并最终巩固下来。① 聚焦于金融领域可以发现，我国金融的市场化属性不断增强，竞争性也因此得到日益强化，而市场的竞争性增强会促使金融市场相关主体根据发展需要自发地寻求共同利益并进行自律管理，同时探索相应的管理机制。在金融市场化进程不断演进过程中，法治化已经成为金融市场化的应有之义，金融法律制度因此必然也会不断完善。但问题是自律管理是否只作为金融监管的附属性的补充？通过分析自律组织发展的历史并进行比较，回溯至历史真相，金融自律管理相较于金融行政监管具有先在性，亦即金融自律管理早于金融行政监管而存在。"自律是并且一直是对金融市场进行管理的第一步"，这句话载在国际证券交易所联盟（FIBV）1992年的白皮书中，是对自"梧桐树协议"以来国际金融市场自律管理三百年实践经验的总结，强调了自律管理作为金融市场基础性制度安排的地位。② 只是自律管理由于其主体构成的特征决定了其本体性利益的主导性会更为明显，不易在纷繁复杂的金融市场活动中平衡好各方利益，也难以实现以更宏观的视角推动金融市场健康发展的目的，因此代表更为广泛利益的金融行政监管被赋予相应的职责就应运而生。

金融行业中的代理问题比较突出，因而可能会出现金融机构或者金融专业人员与投资者或者金融消费者之间存在利益不一致的现象，而在金融监管不足或者金融法律缺位的时候，就容易产生对金融消费者或者投资者合法利益侵蚀的现象，为了保证金融行业整体健康、有序发展，金融行业的自律管理也就重新获得重视。通过比较发现，金融行业协会以及金融交易所在很多国家和地区金融治理过程中发挥着自律的功能，所形成的规则

---

① 时文朝：《金融市场自律管理的作用和边界问题》，《金融市场研究》2013年第1期。
② 时文朝：《金融市场自律管理的作用和边界问题》，《金融市场研究》2013年第1期。

对于行业的发展具有非常重要的作用，同时也是自律管理的动力所在。比如，《香港银行工会法案》对成立的银行业同业组织以及美国《金融服务现代法》对全美注册保险代理人和经纪人协会的法律地位及职责履行都作出了相应的自律规定。因为金融自律组织在防范金融风险维护金融安全方面相较于金融行政监管具有其自身独特的优势，特别是在金融行政监管不便监管以及无力监管或者"无法"监管的领域，自律管理具有不可替代的优势，而这些正是自律管理通过规则形成弥补金融法空缺的重要基础。同时，包括证监会国际组织在内的国际金融组织对于自律组织行使一定的管理职权并且制定一部分规则都持有肯定态度。

二 金融行业自律规则的运行

盲目、自发以及无序是金融市场自形成之日起就具有的属性，可谓与生俱来。金融法律规则在应对这些问题过程中，"不完备性"也就一览无遗，并且造成市场失灵现象时有发生。事实上，正如前文所述，在历史上金融自律管理是先于金融行政监管而出现的，因此也拥有更长的运行历史，并且形成了一定的经验，自然就成为金融行业推动发展、应对问题而需要予以借助的重要力量，对促进金融行业规范性和有序性具有一定的意义和价值。

以金融自律组织中运行相对比较成熟的证券自律组织为例，纵观世界各地，证券交易所发展至今自律体系比较健全，规则内容也比较丰富，比如证券交易所对其会员采取的谴责或者罚款等纪律处分，对上市公司包括其董事、监事和其他高级管理人员采取自律管理措施等，都对证券交易和证券市场的健康发展起到了良性的推动作用。除了进入公众视野频率比较高的证券交易所这一自律组织之外，在我国，金融自律组织还包括中国证券业协会、中国金融期货交易所、中国基金业协会、中国银行业协会、中国保险业协会、中国信托业协会等，它们都在自律规则的生成和运行中发挥了重要的作用。比如以中国基金业协会为例，在基金业务开展过程中注重在私募事前、事中、事后自律管理中提升其社会公信力，通过在受托登记备案环节加强专业化约束、实施会员分类征信管理、健全行业自律规范、与行政和司法有机衔接，打造严格透明的自律执纪机制等系列举措，强化自律的效果，提升行业的健康发展。特别是在金融创新过程中，金融法律暂时缺位或者金融行政监管不足的情形可能会经常出现，金融行业自律组织在此必须奉行积极的态度，主动挺在法律规制和金融行政监管的前面，其实也是金融自律管理先于金融行政监管的现实再现，也为金融创新的健康发展和金融行业的安全有效运行建立起相应的行业信用体系、风险约束体系和从业道德规范。

三 金融行业自律规则的评价

与金融行政监管相比较而言，金融自律监管具备灵活性、专业化以及低成本等多重优势，在自律规则的形成过程中也能够集中反映出这方面的优势，而且这些优势的替代性相对较弱。概括而言，一条规则或者一项制度之所以能够长期并且合理地存在，同时能有效发挥作用，有多重因素作用，但主要应归因于其自身所有的独特性，金融自律管理能够先于金融行政监管而出现，并延续至今依然被作为金融发展规范的方式而获得了比较长久的生命力，也是一个重要的佐证。通过对比可以发现，自律管理规则与行政监管规范之间存在差异，也因此形成了自身的独特性。一是行为的动因相异。政府制定金融行政监管规范，是运用公权力对金融市场主体和金融市场行为等方面进行规制；而自律管理规则源于自律组织内部成员之间的公共约定，只是依据成员的集体决议维护所在行业整体利益以及会员的个体利益。二是实施的范围相异。金融行政监管规范实施的效力范围及于社会公众，对金融市场的所有参与者都可能产生约束力；而金融自律管理规则只对其内部成员形成约束力。三是维护的社会关系相异。金融行政监管规范主要是立足于政府的定位，突出维护公共利益和社会整体秩序，强调公共性；而金融自律管理规则在不违背社会公序良俗并且不损害公共利益为前提下，主要突出维护组织内部成员的权益。四是管理的灵活性相异。金融行政监管规范具有强制性，并且效力覆盖范围广，因此相对稳定，而不应进行频繁调整；金融自律管理规则根据范围和情形的不同而形成约定，因此也就具有更强的灵活性。五是社会影响相异。金融行政监管规则具备强制性，所以在起草、修改等环节都有相对比较严格的要求，对社会公众、相关组织及他们的行为具有明显的规制作用；而金融自律管理规则由于只有在组织成员范围内才能具有约束，而对于自律组织范围以外的社会公众只能起到一定的引导和示范作用。[①]

[①] 时文朝：《金融市场自律管理的作用和边界问题》，《金融市场研究》2013年第1期。

金融自律管理规则在运行过程中具有上述优点的同时，其存在的弊端也是显而易见。作为本领域或者本行业利益的集中代表，金融自律组织具有强烈的利益驱动性，因此可能会偏离方向失去应有的公正性，甚至有时会出现损害社会公共利益或第三方利益之嫌。特别是行业自律组织由于其具有的行业代表性的特征，因此其在行为选择和规则制定中可能会有限制竞争、甚至形成垄断的倾向，相关行业协会因在市场垄断行为所起的负面作用而被处罚的案例并不鲜见。此外，自律组织的管理手段相对单一，并且没有强制力作为保障，主要依靠声誉机制和竞争手段强化自律管理规则的效用。基于属性的差异，既构成了自律管理的功能优势，恰恰也因此引发了功能上的"短板"。结合金融行业自律管理上述的特点，概括而论，自律管理规则的不足之处则表现为：第一，自律管理规则缺乏强制性，没有直接的强制性手段作为支撑，往往需要依托于效力更强的上位法予以保障。第二，自律管理规则中的管理举措不足，取消自律组织成员资格是其最严厉的举措，显然并不能总是达到与相关成员的不当行为形成相对等或者相匹配的惩罚力度，更遑论声誉损失、行为约束、经济罚款等举措，这在事实上弱化了自律规则的管理功能。第三，自律管理规则的作用范围有限，其作用的对象只限于相应组织内部的成员，不能对市场中所有成员形成有效约束，从而不可能避免造成一定的道德风险和逆向选择现象的出现。[①] 这也是自律管理规则尽管有其优点，但依然在金融规范制度体系运行中处于补充地位的因由之一。与此同时，金融自律管理规则在填补金融法剩余立法权的时候，其可能更聚焦于行业内部，而对整个金融系统以及金融领域之间的相互作用缺少足够的关注，因此规则的制定有时体现或者强化的是金融法部分价值或者是局部价值，缺少系统性和全局性。而作为对金融运行现实的关注和回应，金融自律组织的建立以及金融自律管理规则的制定要关注各种新金融自律组织的建设和自律规则的建立，同时对于法律暂时空缺的部分，先行发挥金融法律自律组织和自律管理规则的功能，为法律后续的制定和运行提供重要的参考价值，这应该是金融自律管理规则填补金融法剩余立法的重要领域。

---

① 时文朝：《金融市场自律管理的作用和边界问题》，《金融市场研究》2013 年第 1 期。

第三节　政策制定行使金融法剩余立法权的运行实践

相较于其他相关部门法律，金融法与现实的经济金融活动有着更为紧密的联系，金融运行不仅事关宏观经济大局，也与微观经济主体利益密切相连，利益结构也就显得更为复杂。在金融法律规则的生成过程中除了蕴含着法律固有的公平、正义、权利等"味道"之外，也无法避免将特定金融发展背景的政策"含义"体现其中。① 在金融法不完备的时候，除了行政监管规范和自律管理规则之外，事实上相关金融政策也会起到相应的弥补功能，能够起到软法指导的作用，为弥补金融法漏洞起到了应有的作用，这一现象在特定的时期和特定的空间可能会因应时事发展而表现得尤为明显。

一　金融政策的概述

通常认为金融法既包括金融交易法，也包括金融监管法，还包括金融调控法，因此其被学界认为兼具公法与私法的属性。但金融法在我国出现之初更多表现为公法的性质，这与我国金融法从计划经济阶段过渡到市场经济阶段发展起来的背景有关，公法中的金融法则属于经济法范畴。而经济法则具有政策法的特性，例如德国学者 Rudolf Wiethoelter 认为，经济法是一种缺少政治本性的政策性法律，它的存在不得不考虑社会和经济政策的措施。② 日本学者金泽良雄也认为经济法的实现手段之一是采取称之为"向一定目标诱导的政策"即"行政诱导"。③ 金融法作为私法与公法相耦合的部门法律，政策性在其特征表现中也展露无遗，因而金融法往往会成为宣示政策的载体，结果会造成政治的属性过分张扬而规范的属性明显隐退。④ 就法的资源性要素而言，政策在金融法中也扮演了很重要的角色，⑤ 但从严格意义的角度而言，无论是从政策制定的主体还是政策形成程序来

---

① 黄韬：《公共政策法院——中国金融法治变迁的司法维度》，法律出版社 2013 版，第 165 页。
② 史际春：《经济法总论》，法律出版社 2000 年版，第 20—21 页。
③ ［日］金泽良雄：《经济法概论》，满达人译，甘肃人民出版社 1985 年版，第 77—82 页。
④ 于浩：《当代中国立法中的国家主义立场》，《华东政法大学学报》2018 年第 5 期。
⑤ 朱苏力：《当代中国法律中的习惯——一个制定法的透视》，《法学评论》2001 年第 3 期。

审视，金融政策与金融法之间的差异明显。金融政策表征为抽象、笼统，并且一般不为金融实践提供具体行为规则，也没有行为模式的相应后果，当然也不具备强制性法律效力。因而，金融政策几乎也难以作为司法机关直接的裁判依据，比如根据《最高人民法院关于裁判文书引用法律、法规等规范性法律文件的规定》，民事裁判文书中可以引用的裁判依据中，金融政策就不在其列。

审视金融政策在金融实践活动的作用和表现，其问题就在于实施的强制性效力和行为后果的规定性部分有所缺失。但因循辩证施治的策略，金融治理亦可参照司马迁的系统概括："善者因之，其次利导之，其次教诲之，其次整齐之，最下者与之争"。① 申言之，在社会治理体系中，首先考虑的是要"因之"，亦即顺应社会创新发展之自由，减少对私域包括对市场行为的干预，在市场失灵或者说市场失败而的确需要干预的时候，公权力才能"利导之"和"整齐之"。将此投射到金融市场，政策作用的领域多集中在金融宏观调控和市场监管之中。"教诲之"则是强调政府要加强对公认的商业道德的教育和劝告；而"最下者与之争"则是指国家作为主体参与市场经营活动并与民争利，干扰了本应为自由竞争的秩序，扰乱了金融市场的自主性。② 金融政策类规范性文件虽然在金融实践中能起到指导性作用，但是仍然与正式的法律有着非常大的差距。由于政策类规范性文件缺乏明确的行为模式和法律后果，因而也就缺少实际可执行性和规制效果。相对粗糙的规定以及政策性话语，同时也反映了我国金融的法律治理还存在着显著的政策实现路径依赖。③ 不可否认的是，金融政策在我国金融市场发展过程中已经发挥了并还将发挥着重要的功能，尤其是在金融法律缺失或者存有漏洞的情况下，金融政策往往成为先导性和指引性的依据，为金融市场的发展指明了方向，无论是宏观调控还是微观规制中，金融政策都有积极参与其中。

二 金融政策的运行

正如前文所述，在我国金融领域的政策性痕迹非常明显，梳理近年来

---

① 司马迁在《史记·货殖列传》中提出后被称为"善因论"这一思想，依据该理论，政府要善于因应，放开不必要的管制，这一才能实现市场在资源配置方面的良好效应。
② 张守文：《当代中国经济法理论的新视域》，中国人民大学出版社2018年版，第16页。
③ 袁康：《金融公平的法律实现》，社会科学文献出版社2017年版，第215页。

国家发布的金融政策,与国家总体的经济运行的阶段性特征、经济发展需求以及金融风险防范目标密切相关,同时金融政策的发布主体和表现形式并不固定,既可以通过党和国家相关部门发布,也可以通过重要的工作会议进行部署,还可以通过国家领导人讲话的方式提出相应的政策要求,等等。以党的十八大召开为时间节点进行考察,党和国家主要领导人在讲话中多次强调要把防控金融风险放到更为重要的位置,并且要求采取一系列举措加强金融监管,维护金融安全和稳定;特别是在十九大报告中突出强调要健全金融监管体系,并且明确要守住不发生系统性金融风险的底线;不仅如此,还提出深化金融体制改革、增强金融服务实体经济能力等政策要求。[1] 2017 年的中央经济工作会议指出,防范化解重大风险是今后三年的三大攻坚战之一,而防范金融风险是防范化解重大风险的重中之重。[2] 2017 年出台的《关于进一步加强金融审判工作的若干意见》其实就是落实中央有关金融工作要求而作出的细化部署,提出了金融审判要以服务实体经济作为出发点和落脚点,引导和规范金融交易,有效防范化解金融风险、切实维护金融安全,还要依法服务和保障金融改革等一系列要求。不可否认的是,有关金融方面的政策也为金融深化和金融创新提供了重要支持。比如 2018 年 3 月 28 日互联网金融风险专项整治工作领导办公室印发《关于加大通过互联网开展资产管理业务整治力度及开展验收工作的通知》,界定通过互联网开展资产管理业务的本质是资产管理业务,而资产管理业务作为金融业务,属于特许经营业务,须纳入金融监管;为此还明确了未经许可不得依托互联网公开发行、销售资产管理产品;又比如 2019 年中共中央办公厅、国务院办公厅发布了《关于加强金融服务民营企业的若干意见》,背景是基于一定时期民营企业融资难融资贵等现象依然比较突出等问题,通过制定并发布该文件,要求各地各部门要毫不动摇地鼓励、支持、引导非公有制经济发展,平等对待各类所有制企业,通过实际举措增强微观主体活力,从而促进经济社会平稳健康发展。

---

[1] 任春玲:《我国金融创新中的金融安全问题研究》,《长春金融高等专科学校学报》2019 年第 1 期。

[2] 赵红:《上海金融法院:中国金融审判体制机制改革的新探索》,《上海法学研究》2018 年第 4 期。

但金融政策本身并不属于法律,不只是因为其制定的主体和程序区别于法律,而且还在于金融政策的构成上,内容笼统、抽象,并没有为实践活动提供具体规则,多数政策条文也缺少相应的行为后果,当然也不具有法律上的强制效力,金融政策也无法作为司法机关直接的裁判依据。但不能因此一概而论而全盘否定其作用,在法官司法过程中也有少部分金融政策发挥了实际而重要的作用,法官通过利益衡量等方式,将这些政策落实到具体的裁判中,金融政策在此过程中就能发挥实质性作用。有研究成果表明,执政党和政府推行的金融政策在司法裁判中发挥了重要的作用,我国法院和法官在司法实践中对于公共政策的目标追求往往包括防止国有金融资产流失、维护经济与社会稳定以及为金融中心建设提供优质的司法环境等。[①] 事实上,有些金融政策虽然不具备法律规则严谨的结构,但是有时也具有一定的可操作性,比如《关于加大通过互联网开展资产管理业务整治力度及开展验收工作的通知》就规定通过互联网开展的资产管理业务,未经许可不得依托互联网公开发行、销售资产管理产品,这就立意清楚、指向具体,这也会在实际运行中有利于金融监管与金融司法裁判的具体操作。

三 金融政策的评价

深入分析我国的金融法律发展历史与现状可以发现,有一部分法律尤其是金融监管部门所制定的法规,由于是由相关执法部门主导起草,内容中就不可避免地渗入了一些部门利益,而与此同时,政策往往比较宏观,只是方向上的指引,因而无法形成行为的直接依据。政策的制定者在尊重法律的前提下通过政策来弥补法律的不足,以促使法律更好地发挥调整社会关系的作用。但在此情形下,法律与政策之间的关系不是并列平等的,而是主从关系——以法律为主,政策为辅。而在政策发挥功能的时候,需要避免一种倾向,即法律的空洞化,也就是政策对法律形成替代作用,甚至出现政策优先于法律的"先导作用"。[②] 当然,金融政策也不是与法律

[①] 黄韬:《公共政策法院——中国金融法制变迁的司法维度》,法律出版社2013年版,第11页。

[②] 邢会强:《政策增长与法律空洞化——以经济法为例的观察》,《法制与社会发展》2012年第3期。

绝缘，相反，在一定条件下政策可以转化为法律，但是政策的法律化并不是随意的，需要满足特定的条件：第一，相关金融政策的内容是能够对应于相应法律领域的，政策中所包含的内容满足金融领域调整的需求，并属于金融法律调整的范畴；第二，相关金融政策的确有制定成为法律的必要，即政策的权威需要进一步增强，政策的可操作性需要进一步明确，或者要突破政策使用上的某种限制，政策的法律化也就势在必行；第三，相关金融政策经过检验已经成熟或者需要借助立法的方式来推动其发展和完善。[1] 金融政策在我国进入法律条文的现象比较普遍，由于部门法性质的差异，政策有转化为具体条款的，也有可能就是以政策性条款出现，政策性条款在各部门法法律文本中所占的比例也各不相同。比较而言，相关法律的总则部分往往是政策性条款的出现概率比较高的地方，这在具有公法属性的金融法领域中表现尤甚。[2]

但政策也存在其固有的局限性，政策性痕迹比较明显的法律规范，在法律适用过程中实际操作性不强，造成在具体执法中如果只能依据相关政策，也就赋予政策施行主体拥有较大幅度的自由裁量权，所产生的后果是，如果金融法律纠纷过分依赖金融政策来化解，会导致许多执法机关和金融市场交易的参与主体形成误解，认为真正的行为规则是金融政策而不是金融法。[3] 金融规范性文件虽然在实践中起到指导性作用，但是仍然与正式的法律渊源有着非常大的差距。与此同时，金融政策的相机抉择现象也比较明显，以货币政策为例，相机抉择所产生的货币政策的时间不一致性等问题，也证明了非规则化的利率宏观调控并不能总是达到预期，政策的效果也因此受到了影响。"即便是意料之外的宏观经济政策，也只能是短期有效的，政府不可能永远采取出人意料的行动。政府利用这种政策的时间越长，生产者的反应就越小。"[4] 此外，相机抉择的货币政策还会导致中央银行威信降低，往往会凸显包括利率宏观调控在内的货币政策机会主义倾向，从而弱化了货币政策的功能，政策的心理预期以及传导机制的

---

[1] 朴贞子、金炯烈：《政策形成论》，山东人民出版社2005年版，第87—90页。
[2] 于浩：《当代中国立法中的国家主义立场》，《华东政法大学学报》2018年第5期。
[3] 蔡定剑：《历史与变革——新中国法治建设的历程》，中国政法大学出版社1999年版，第261—269页。
[4] 黄荣哲：《有限理性行为与中央银行宏观调控绩效》，中国金融出版社2012年版，第1页。

有效性都会因此受到影响。进一步分解金融政策可以发现，金融政策包括纲领性政策和调控性政策，各自承担不同的使命，而这些正是金融政策可以不断深化和拓展的方向。但如何更加有效发挥金融政策的效用？这并不是否认金融政策的功能或者是动议取消金融政策，而是要进一步拓展金融政策所应发挥功能的空间，更加规范化其运行模式，增强其对金融法律漏洞的填补功能。

第四节　司法主张行使金融法剩余立法权的运行实践

因法律的不完备而引起的剩余立法权行使问题，大陆法系国家和地区原则上一般赋权特定的行政机关，而司法机关的参与并没有形成普遍性做法和经验。在英美法系国家和地区，一般则是由行政机关与司法机关同时分享剩余立法权，而且法院的作用与行政机关相比较绝不是配角或者可有可无。一个具有说服力的实例就是美国的司法机关在其证券法律制度的生成和发展进程中发挥了重要作用，众所周知，美国法律上关于"证券"定义的法律规则就是以美国证监会（SEC）诉 W. J. Howey 公司一案为代表的一系列司法裁判而确立的。[①] 也就是说，英美判例法体系自有一套创制途径和相应的运行机理，它本身建立在独特的法律文化基础上——它既原则性地遵循先例，又变通性地先例识别，并最终把法律（先例）理由和事实（案情）理由紧密结合起来，从而实现法官的"现例创造"。[②] 反观大陆法系中司法的定位，在具体实践中，司法的作用不应只是局限于对个案的裁判，而且应在对化解社会纠纷、培养公民规则意识、指引社会发展进步、发挥司法裁判的社会引领等方面都有非常积极的意义。在我国法治进程中，一直提倡原生性立法主导法律的生成，希望通过立法就能建立一个调整社会关系的自足的法律规则体系。但立法主导的法律规则体系是一元进路，并不能满足社会需求的多元化样态；同时立法成果一经生成也是表现为静态的，无法对接变动不居社会生产与生活的需要；不仅如此，立法从本质上而言也表现为内隐的和僵化的，不能及时而有效地回应社会

[①] 黄韬：《为什么法院不那么重要——中国证券市场的一个观察》，《法律和社会科学》第九卷（2012）。

[②] 谢晖：《法律方法论：文化、社会、规范》，法律出版社2020年版，第2页。

发展的动态性过程，特别是当一种即使内部看起来自足的规范体系作用于开放的社会关系时，比如金融领域就具有非常明显的开放性特征，其自足性的假说很容易被证伪。而化解这一问题的关键，在不断完善成文法制定的适当性途径同时，更具有适切性的举措就是建立一种在成文规则与实际环境形成"耦合"的交互机制。实践证明，这个机制可以在司法过程的场景中予以探索。① 事实上，司法在国家法制和日常生活中越来越扮演着"戏曲冲突"的角色，不仅如此，有学者甚至提出法律方法不单是既有的国家法律规范体系的修补者，而且在一定意义上是和国家法律相提并论的司法的法律渊源，并作为"第四规则"予以对待。②

一 司法机关行使金融法剩余立法权的理据

传统实践中，我国金融法的剩余立法权的实现多通过监管立法抑或是制定自律规则等途径，从司法途径进行作为似乎并不多。但就司法过程中法律适用而言，"没有任何法律可以得到如此精确的限定，以至于明确地包含了一切可能出现的情况。法律必然给执行的主体留有一种有限的自主。"③ 这为在司法过程中司法主体行使剩余立法权提供了注脚。基于法律适用而产生的司法主张是很多国家和地区法律适用中的共同选择，只是境外多表现为法律解释，并且法律解释也表现为不同方式，既有思维方式，也有具体解释办法，还有文本性规范。诉讼过程中通过诉讼两造的对抗，司法主体可以根据争点进行价值判断作出评估和权衡，并且能够更加深入法律纠纷的内核探析其本质，虽然法官也不是全能的，无法深入了解社会各个领域的所有信息，但是随着金融法院、金融法庭等专门司法组织和专门司法机构的出现，在更加专业的分工中，法官应该并且能够更加熟谙金融领域的运行情况，进而可以作出更为专业化的判断，也可以根据自己的生活经验和知识、素质，作出符合金融发展规律和法治理念要求的司法裁判。因此，司法主体在行使金融法剩余立法权时，具有事实上的合理性，如果再经由授权或者委托，则能获得法律上的正当性，那么司法主张

---

① 于同志：《案例指导研究：理论与应用》，法律出版社 2018 年版，第 239 页。
② 谢晖：《作为第四规则的法律方法及其功能》，《政法论丛》2013 年第 6 期。
③ ［美］米尔顿·弗里德曼：《弗里德曼文萃》，高榕、范恒山译，北京经济学院出版社 1991 年版，第 585 页。

金融法的剩余立法权也就获得了坚实的基础。具体而言，法院或者法官成为不完备金融法之完善者，理由可以综合表述为三个方面：首先，从我国的司法改革不断推进的进程来看，特别是随着金融法院以及金融法庭的建立并投入运行，专门的金融法律人才会不断增多，专业化不断增强，能够为金融法律的司法主张提供所需之专才；其次，金融法的空缺和模糊只有在法律适用中才能得到全面而真实的检验，通过具体的司法裁判过程不断推进，法官能够窥其堂奥，在实践中不断检验金融法的功能，并且可以坚持中立，克服行政监管规范与自律管理规则的价值偏在，也能更好地在具体司法实践中把握金融法效率与安全以及金融消费者保护之间价值的微妙平衡；最后，法院填补金融法之漏洞符合金融运行中对时间和效率的要求，相较于其他途径，司法能够及时回应金融法的不足，并且处于权利保障的末端，位处金融法律纠纷解决最后一道防线的司法更能够有效地回应现实需求。

司法途径行使金融法剩余立法权并不是司法机关任意选择的结果，也是基于特定的法律依据，同样也要受到相应的法律约束。1979年颁布的《中华人民共和国人民法院组织法》并先后于1983年、1986年、2006年、2018年开展了四次修改，其中都有规定最高人民法院对审判过程中如何具体应用法律、法令的问题。1981年制定的《全国人民代表大会常务委员会关于加强法律解释工作的决议》第2条规定最高人民法院负责解释审判工作中具体应用法律、法令的问题。1997年制定的最高人民法院《关于司法解释工作的若干规定》也明确最高人民法院对审判工作中具体应用法律的问题能够作出司法解释。其后，最高人民法院和最高人民检察院还分别对其发布的规定作了相应的修订。实质上，法律解释的权力本属于立法机关，这在宪法中有明确的规定。司法机关获得司法解释权不是来自宪法条文的直接规定，也不是来自全国人大的授权，而是来自于全国人大常委会的委托，但是《人民法院组织法》属于宪法性法律，对司法机关行使这一权力进行了确认，而这一行为显然对司法解释获得正当性具有重要的意义。

二 司法机关行使金融法剩余立法权的描绘

就金融司法裁判而言，法院已经逐渐从以往政策实施的保障者转变为现今合理政策的保障者、不合理政策的终结者以及政策形成参与者这样一种集多元角色于一身的状态。① 司法的魅力在于其"角色"的最后性，与此同时，在司法面前，社会问题暴露得最为彻底、也更为具体。因此，司法在剩余立法过程中的法律规则的生成具有特殊的意义。② 所谓司法机关行使金融法剩余立法权，从主体上考量，应该是司法机关主导；从过程来考量，则应是在司法过程或者是司法环节中。在金融法剩余立法权行使过程中，司法的价值得以彰显则必须要有相应的载体或者内容予以支撑。在阐述司法主张的时候，必须要关注金融法律制度的基本类型，亦即除了正式法律制度之外，金融司法实践中还有各种非正式法律制度，而非正式法律制度是能够产生实际影响的制度，③ 其在现实中也起到了填补金融法律漏洞或者法律空白的作用。正式法律制度通常表现为文本法律，而非正式法律制度则并不必然表现为文本法律，是"行动中的金融法现象"，④ 包括金融司法裁判的程序，也包括金融司法裁判的法律方法等，当然这其中也包括了相关的文本规范。因此司法主张从这个角度而言，突破了传统金融法教义学的框架，按照法律现实主义理念研究金融法的秩序，从金融法静态的法律规范转向金融法动态的适用与生成过程，继而为金融法剩余立法权的运行打开新的视野和进路。

考量现实金融法的生成与发展进程，司法居于其中的功能主要表现在以下几个方面：

第一，最高司法机关出台有关金融法方面的司法解释。司法解释是法律授予最高人民法院的重要职能，是人民法院实施法律的重要手段，是中国特色社会主义法律体系的重要组成部分。⑤ 司法解释是法律解释的中国范式，这种法律解释方法既不同于大陆法系国家或地区严格禁止法官解释法律的模式，也不同于英美法系国家允许法官自由地解释宪法条文以审理具体案件的模式。同时，我国最高司法机关的司法解释权中的造法性是解

---

① 左卫民、汪三毛：《最高法院比较研究——以中、日最高法院的功能视角》，《社会科学研究》2003年第6期。

② 胡斌、夏立安：《地方司法"试错"的可能、路径与规制——基于地方司法回应民间金融创新的一种思考》，《浙江社会科学》2012年第5期。

③ 苏力：《送法下乡》，中国政法大学出版社2000年版，第73页。

④ 张建伟：《"法律与金融"交叉研究漫谈（下）》，《金融法苑》（第77辑），中国金融出版社2008年版。

⑤ 孙佑海：《人民法院要积极参与立法工作》，《人民法院报》2013年11月5日第2版。

决立法权与司法权之间紧张关系的另一条道路,① 也是实现剩余立法目标的重要途径。比如在证券市场中,最高人民法院曾经通过司法解释的方式对争议问题作出了灵活的回应,包括期货市场民事纠纷的法律适用问题、虚假陈述民事赔偿案件的审理问题,等等。正如帕特森所言:"毋庸置疑,我们所处的时代是解释的时代。从自然科学到社会科学、人文科学到艺术,有大量的数据显示,解释成为 20 世纪后期最重要的研究主题。在法律中'向解释学转向'的重要性怎么评价也不过分。"② 金融法律解释使抽象的法律规范能够运用到具体个案中,实现了"从一般到个别"的认识论转换的过程。否则既定的金融法律规范将成为一纸具文。在此,需要厘清的是,金融法的司法解释,并不能简单地等同于法律文本字面含义的认识,机械主义解释金融法律是与金融法律自身的特质相违背的,特别是与现阶段金融法律的特质是相背离的。法官不是法律的"传声筒"。③ 法律解释工作的重要任务是探寻立法者的意图,并立足于现实对立法目的予以考量,将现行的规定适用于待决的案件中。由是观之,金融法适用时,法官在解释法律过程中并不是没有边界。法官的价值判断并非完全基于个人的价值立场进行,而是受到了一定的限制。法官所受到的限制首先是源于制定法。在我国制定法是通过文本法律的形式存在的,因而价值判断只是隐藏在文字的背后。④ 需要特别指出的是,中国的司法解释不仅应表现成文的司法解释,还应表现为司法过程中的非文本法律的表现形式,即通过法律方法运用所进行的法律解释,而这往往呈隐性状态,但实际上在数量上可能具有更大的优势。

第二,最高司法机关发布与金融法相关的指导案例。《人民法院第二个五年改革刚要(2004—2008)》明确提出了要建立和完善案例指导制

---

① 洪浩:《法律解释的中国范式——造法性司法解释研究》,北京大学出版社 2017 年版,第 134 页。

② [美]帕特森:《法律与真理》,陈锐译,中国法制出版社 2007 年版,序言。

③ 18 世纪,法官的角色被定位为简单机械地适用法律的工具,如孟德斯鸠将法官形象地描述为法律的"传声筒"。See Hans Hattenhauer, *Einführung*, in Allgemeines Landrecht für die Preußischen Staaten von 1794, at 1, 21. 转引自王利明:《论法律解释之必要性》,《中国法律评论》 2014 年第 2 期,第 87—98 页。

④ Canaris, *Die Feststellung von Lücken im Gesetz* (1964), S. 19f. 转引自王利明《论法律解释之必要性》,《中国法律评论》2014 年第 2 期,第 87—98 页。

度。最高人民法院《关于案例指导工作的规定》于2010年11月出台，标志着司法案例对司法审判的指导作用在制度层面得以正式确立。① 2010年11月《关于案例指导工作的规定》发布，同年底最高法院便发布了第一批指导案例。指导案例的出现在一定程度上弥补了文本式司法解释缺乏时效性和针对性等不足。考察成文法系国家和地区，大陆法系国家和地区的司法解释方式多用案例方式，中国采用文本式的司法解释方式，② 这对充分发挥司法主张金融法剩余立法权形成了一定程度的窒碍。为此，指导案例的出现使得司法机关行使剩余立法权有了更大的想象空间。从司法规范的角度进行审视，对指导性案例意义或功能的认知，不应局限于其在当下的具体运用价值，更应看到的是，它历史性地为我国成文法体制提供了一种新的规范类型，从而丰富了我国司法规范的整体结构。③ 指导案例制度的"总结审判经验、统一法律适用、提高审判质量、维护司法公正"的初衷在此过程中得到了一定程度的实现。2017年最高人民法院制定的《最高人民法院关于进一步加强金融审判工作的若干意见》中就要求，针对新型金融案件，要加强应对性研究，有效确定各方当事人之间的权利义务，统一裁判尺度。截至2021年8月30日，最高人民法院已经发布的162个指导案例中涉及金融主体以及金融案由的有16个，占比为9.88%。④ 显而易见，现存的指导性案例数量还是较少、涉及领域还不够广泛，当然这并不会因此而否定指导案例的潜在价值。在此需要思考的是，弥补金融法律漏洞，是通过司法案例还是通过规范性法律文件的形式？现有的指导案例、典型案例、公报案例是否已经满足了通过司法案例实现上述目的的需求？⑤ 如果说自由裁量权与法律适用不统一问题根源在于制定法先天不足，那么所采取的应对举措显然不能再完全通过文本立法途径解决。职是之故，两大法系都不约而同地选择了司法领域的案例，因为其蕴含着丰富的事实、规则、原则、学说和理论，可以协调统一法的普遍性与特殊性、稳定性与适应性、确定性与灵活性、抽象性与具体性、相

---

① 顾培东：《案例自发性运用现象的生成与效应》，《法学研究》2018年第2期。
② 江勇：《关于案例指导工作的若干思考》，《法律适用》2017年第12期。
③ 刘作翔：《当代中国的规范体系：理论与制度结构》，《中国社会科学》2019年第7期。
④ 中华人民共和国法院网，http://www.court.gov.cn/shenpan-gengduo-77.html?page=2，2021年8月30日。
⑤ 左卫民：《如何通过人工智能实现类案类判》，《中国法律评论》2018年第2期。

似性与差异性之间的冲突甚至矛盾,从而约束司法裁量活动,保证前后判决之间的连续性、一致性,实现法律的确定性、可预期性,避免同案异判,保障司法公正。金融领域的变化更是日新月异,这给法律的适应性提出了更大的难度,所以司法的裁量需要更多的思考与实践。从我国指导案例制度的特点看,它与判例法体系下的"遵循先例"有着本质上的不同,更多地体现司法主体对裁判方法的研究和改进,指导案例本身凝聚着主审法官的智慧、经验和学识,是其职业素养、业务能力乃至自身价值的体现。

第三,高级司法机关和最高司法机关出台典型案例及采用其他非文本法律等举措。比如最高人民法院于2018年发布了《证券期货纠纷化解十大典型案例》,为案件的裁判提供参考,在实践中有时这些典型案例甚至发挥比指导案例更大的参考价值。事实上,相关省、直辖市和自治区的高级人民法院也会发布相关的典型案例,以为本辖区内法院系统提供参考依据。除了上述典型案例的发布,我国司法机关在司法活动过程中还会通过召开审判业务会议以及组织法官培训等活动来统一法律漏洞中的法律适用,以解决司法过程中实际所面临的难题,同时也实现了统一司法适用尺度、维护司法公正的目的,而在客观上也起到了弥补法律不完备之功能。在具体法律适用的过程中,还有一些特殊情形,比如尽管最高法院从未明确表态过各级法院是否可以在司法文书中援引各种"纪要"性质的文件,而事实中援引各种"纪要"的行为并不鲜见。此外,还有通过法律方法的具体应用而弥补法律漏洞的方式,这种方式也比较普遍。上述相关举措虽然不是以法律文本的形式表现出来,却在司法实践中发挥了重要作用。

三 司法机关行使金融法剩余立法权的评价

通过比较境内外司法运行机制可以发现,针对个案进行司法裁判是各大法系法院应有的职责。但无论是英美法系还是大陆法系,司法的功能并不仅仅局限于此。尽管司法是被动的,并不代表是无所作为。通常情况下,司法的被动性决定了法院不应当主动介入纠纷的解决或主动预防纠纷的发生,但司法审理结果的终局性效力则对社会行为产生着深远的影响。[①] 通过实践考

---

① 江苏省高级人民法院民二庭课题组:《网络交易平台金融纠纷司法规制研究》,《法律适用》2017年第1期。

察可以发现，金融司法裁判除了解决金融法律纠纷实现定分止争之外，还在司法过程中填补金融法律制度的漏洞，这在英美法系国家和地区自不待言；而在大陆法系中，虽然囿于成文法之传统，但这一功能并没有因此而被完全抑制，法院一般是通过对个案的解决来弥补法律的不完备性，司法解释则是最高司法机关通过制定具有普遍适用效力的法律规则，同时指导案例也不断得到重视。事实上，就判例而言，还不止于指导案例，有学者提出我国判例大体上可分为三种类型，即指导性案例、示范性案例以及一般性判例。① 法院通过法律方法的运用，对法律进行解释或者进行利益衡量解决个案中法律依据不足的问题，从属性上来判断，当属司法性质；制定司法解释，则不属于单纯的司法性质。因为司法解释不是针对个案，被赋予了普遍的法律效力，因此还具有立法的性质，所以司法解释，至少说其中的一部分司法解释兼具司法和立法的双重属性。而且，在司法过程中所形成金融法律规则，因与金融交易实践紧密相关联，所以更具有鲜活而生动的生命力。

通过司法主张金融法剩余立法，其优点显而易见，而其不足也非常明显。司法机关在填补金融法法律漏洞过程中已经做出了努力，包括最高人民法院司法解释、答复、批复以及典型案例和指导案例等，但是如果局限于既存的内容，就无法彰显金融法剩余立法权司法主张的优势、特色、深度和时代价值。传统司法中通过司法解释等方式行使剩余立法权，积累了一定的经验，形成了一批成果。目前正在探索指导案例的功能，以为疑难案例提供指导，尽管是"应当参照"，并不具有法律上的强制效力，而且指导案例本身还存有不断完善的空间，但应该说这些途径已经为金融法剩余立法权的司法主张推进奠定了基础，只是在彰显司法主张自身特色和深化司法主张成效方面还可以进一步深化，当然，金融法剩余立法权通过司法进行主张依然有很大的空间可以探索。

第一，司法主张填补了金融法的部分法律漏洞，但应有更大的深化空间。正是因为金融法是不完备的，无法预见未来可能出现的各种不确定性，所以成文法形态的金融法存在无可避免的法律漏洞，作为中立的司法机关无法按图索骥进行裁断，因而需要司法在特定情形下予以主动作为。在此需要明辨的是，司法消极与司法能动之间的关系。司法以定纷止争为

---

① 顾培东：《我国成文法体制下不同属性判例的功能定位》，《中国法学》2021年第4期。

己任，对金融法律争议发挥居中裁判的职能是其根本任务，保持自身的中立性，因此不能像金融监管那样去主动干预金融市场并为金融市场交易活动主动设定行为规则。但在此需要区分不同的阶段进而对此作以解释，也就是说在金融法律纠纷被司法机关立案受理之前，司法不应主动介入相关的金融法律关系中并发表意见；但是当金融法律纠纷被法院受理立案以后，法院就不能再作为旁观者，因为争议者向法院提交法律纠纷，就说明已经赋予法院全面裁决案件的权力，此时，法院就不应还是处于被动状态，而需要主动寻找法律依据进行公正地裁判，金融法律纠纷所涉法律依据如果出现空白状态、模糊状态甚至是冲突状态，司法表现消极，则是对法律正义的懈怠和对违法行为的姑息。比如针对金融运行的复杂多变性与不可预见性，最高人民法院为更加充分有效地发挥司法职能作用，将情势变更原则作为司法机关应对金融危机的积极对策，在 2009 年 5 月 13 日《关于适用〈中华人民共和国合同法〉若干问题的解释（二）》的司法解释中还专门引入"情势变迁"条款。① 所以，不能以司法的居中裁判而掩盖司法应担负金融法律纠纷解决最后一道防线的职责，而只应是"不告不理"和"诉外裁判之禁止"。②

第二，金融法司法解释缺乏细分，需要通过赋权予以区分对待。金融法司法解释可以作为裁判依据，增进裁判的说理性，同时也是一个论证的过程。法官不仅要根据法条的文义作出法律解释，还要充分阐明法律的精神和立法宗旨，这样才能有利于受众更好地理解、接受和运用法律。事实上，法律解释也是一个探寻立法目的和宗旨的过程。波斯纳就曾指出，"法律解释是一种解码（decoding）活动，其主要功能在于通过解码，还原成文法制定过程的原貌，探索立法者在立法交流过程中的真实意图……成文法是立法者和法官之间的一种交流活动，立法者通过这种交流向法官传输行为指令，就像将军向士兵传达命令一样。但是，如果法官无法找到立法历史，且法律模糊，则法官就失去了指令。其需要按照自己去想象，

---

① 蒋浩：《情势变更原则及其法律适用——以国际金融危机为背景》，《法律适用》2009 年第 11 期。

② 陈怡如：《功能取向分析法在我国"释法"实务之运用——兼评释字第四九九号解释》，《政大法学评论》2000 年第 64 期。

立法者会向自己发出何种指令？"①

总体而言，当前，我国最高司法机关分享了金融法一部分剩余立法权，但纵观金融法的司法解释的运行效果，在金融创新背景下填补原生性立法的制度空白方面效果还有很大的进取空间，当然这主要归因于司法解释权限的桎梏，而并不是金融法发展缺少现实需求。恰恰相反，在金融司法过程中需要有相应的法律规则为司法裁判提供依据，而金融运行中也亟须金融法律规则提供相应的指引。但是"强行政、弱司法"的权力配置之下，司法主张尚未有充分发挥其应有的功能。一个可以用以证实的现象是，中国的司法运作对证券市场投资者保护的贡献还是十分有限的，普通投资者经常面临无法通过司法渠道获得有效救济的困境，这不能不说是司法在金融法治完善环节的缺失。② 在一些因素影响之下，金融创新日新月异，司法如果延用既有的陈规，很难满足金融发展的需要，司法失灵甚至司法失误也就在所难免。而这种失灵或者失误使得金融法失去了一种至关重要的发展路径。③ 审视金融法领域的司法解释内容，不难发现多为适法性司法解释，亦即基于法律适用于争议所作出的解释，是建立在具体案例审判的基础之上；但司法解释无论从逻辑上还是从实践中进行分析，有一种具有替代立法功能和效力的造法性司法解释，不以具体案例作为解释展开的先决条件。④ 因此，在不完备金融法补足方面，拓展金融法司法解释的功能和渠道，并论证其合法性、探寻其正当性应该是可以努力的方向。但是司法机关续造法律时的民意基础缺乏，在司法造法过程中鲜有征询、听取建议等环节，就难以体现民意的诉求；同时立法过程中要通过程序化规定保证立法质量，而造法性司法解释等程序约束性不强，有可能造成司法权力的不当扩张甚至滥用，结果损害了法律应有的权威；此外，造法性司法解释必须以宪法、法律和相关原则和精神为依据，受到一定程度的约

---

① Richard A. Posner, "Legal Formalism, Legal Realism, and the Interpretation of Statues and the Constitution", 37 Case W. L. Rev. p. 179 (1986-87).

② 黄韬：《公共政策法院：中国就金融法制变迁的司法维度》，法律出版社 2013 年版，第 294 页。

③ 王奕、李安安：《法院如何发展金融法——以金融创新的司法审查为中心展开》，《证券法苑》2016 年第 2 期。

④ 洪浩：《法律解释的中国范式——造法性司法解释研究》，北京大学出版社 2017 年版，第 102 页。

束,否则,会导致法律体系混乱,造成法律秩序失范。需要意识到,法律解释的最终目的是要服务于法律适用的稳定性和可预期性,这也就要求司法解释方法本身具有明确性和规范性,需要在推进造法性司法解释的过程加强法律控制。

第三,涉金融法类指导案例效果不强,需要进一步强化其指引功能。我国创设指导案例制度其中一个重要目的就是要弥补成文法不足、统一法律适用,同时规范司法自由裁量权的行使。指导案例在弥补金融法立法存在不足方面,在以制定法为主的国家和地区,案例创设的裁判规则作为制定法的具体化,具有弥补制定法缺陷的特殊功能,指导案例制度由此也获得了其独立存在的价值。[①] 同时指导案例的裁判要点和说理论证都与具体的案情事实相结合,具有个案所特有的确定性与精准性,这也正是指导案例区别于司法解释的一个最大的特点。[②] 也就是说,案例具有成文性规范所不具有的具体性、精准性等特点,通过建立案例指导制度,既可以将概括、抽象的法律甚至司法解释进一步具体化,又可以通过创设裁判规则拾遗补阙,弥补成文法的不足。而在规制司法自由裁量权方面,案例被视为活的法治,是法律规范与司法实践相结合的产物,是应然抽象的法律规则应用于具体明确的社会生活实然状态。[③] 金融法律纠纷具有专业性强、所涉法律法规更新快等特点,有的新型金融法律纠纷法律都未来得及予以应对。法官在司法过程中应充分尊重法律精神,严格遵守法律原则和相关具体规定,立足于金融活动的特殊性,从而在法律的框架内寻找到妥善解决金融类纠纷案件裁决依据。但是,目前涉金融类指导案例显然还有很多工作有待完善,无论是从指导案例的数量资源,还是从指导案例提供的参照依据,甚至从指导案例的效力等方面来审视,都有予以进一步深化的需要。

第四,司法主张金融法剩余立法权,应与其他途径形成有效协同。面对金融风险防范和金融危机化解的任务,以金融治理的思维进行考量,司法显然无法独立承担此重任。同样,在面对金融法漏洞的时候,尽管上述

[①] 陈兴良:《案例指导制度的法理考察》,《法制与社会发展》2012年第3期。

[②] 杨力:《中国案例指导运作研究》,《法律科学》2008年第6期。

[③] 万进福:《我国案例指导制度定位的反思与回归——一种结构功能主义的视角》,《法律适用》2017年第22期。

各种途径都存在缺陷，但也要善于发现各种途径所独具的无可替代的优势。那么，在金融法剩余立法权主张过程中，司法究竟应该以何种程度介入是需要认真思考的问题。司法介入一般产生于"防患于已然"而非"防患于未然"，相对于金融风险的防范和金融纠纷的解决，它更侧重于化解金融风险。① 所以，应基于金融监管客观要求和司法自身功能的匹配，根据金融纠纷的特点，确定司法介入的合理限度，从而在金融监管立法等途径基础上形成司法弥补成文法局限性的合理模式。

司法机关作为金融法律纠纷的主要裁决机关，能够最充分、最直接了解到金融法律关系的变化，并且也无法回避定分止争这一职责。而从司法规则生成的过程来说，程序相对简便，会促使其能够更快地适应金融发展变化的需要，体现出较强的适应性和回应性，这也正是现代社会法律发展的一个重要方向。尽管大陆法体系中个案处理并不具有英美法体系中判例法的效果，但能为立法活动提供一个经验视角甚至是反向教训。司法不是仅仅作用于个案只求简单地息诉止纷，还要通过公正的裁判为法制缺失的金融新兴领域指明方向。比如在网贷信用评级的个案裁决中就可以发现司法可以发挥重要而又独特的作用，在"无法"司法的过程中，特别需要法院和法官对新兴金融领域发展的趋势拥有前瞻性思考，对社会需求、风险防范和社会福利要有深刻的理解，甚至需要有远见与相当的司法智慧，并且这些知识已经超越法律本身，是对社会领域综合的洞见，从而有效发挥司法裁判的创造性，当然也要符合既有的法律原则以及社会政策导向。②

法律空白或者是法律漏洞甚至是法律冲突常常是司法实践中法官遇到法无规定或者规定不明确时而转向金融司法解释最直接的动因，法官会选择通过司法解释对相关问题加以回应。特别是在现行的立法活动中，由于利益表达机制还存在不健全的情形，产生了不少问题：立法本来应当保障权利结果却限制了权利，立法应当限制权力结果却扩张了权力，立法应当促进公平结果却偏护了特权，立法应当维护人权有时却又侵扰了个人利

---

① 朱大旗、危浪平：《关于金融司法监管的整体性思考——以司法推进金融法制为视角》，《甘肃社会科学》2012年第5期。

② 邓建鹏：《通过司法为互联网金融指引新秩序——"网贷评级第一案"引发的思索》，《中国法律评论》2017年第3期。

益……①诚然，在大陆法体系下，法官没有被赋予主动创造法律的权力，在法律出现模糊、空白或者冲突等情形时，法官只能通过解释的方式来发展和完善立法。在此过程中，法官的作为就体现在通过解释法律来弥补立法的缺陷。事实上，司法主张金融法剩余立法权，不是仅在金融法缺位条件下对其予以完善，而是在任何一部法律的规定中都难以穷尽金融领域法律关系的诸多方面，依然需要司法机关能够有所作为，经实践检验过的司法主张还可能成为未来金融立法的探路行为，为当前金融法的适用和未来金融法的完善积累经验，为立法奠定基础。鉴于处于解决金融法律纠纷的最后一道防线的角色定位，司法对于金融法律规则的确定往往是基于事后筛选，这就区别于金融监管，有时可能是通过事前设定标准进行甄别，这对于鼓励金融创新并以创新成果作为金融法漏洞补充的重要依据具有明显的导向价值。

司法主张金融剩余立法权具有独到的优势，也具有无可替代的地位。就司法途径而言，金融司法是实现金融法治的最后一道防线，这是最现实的社会需求。但这绝不是意味着司法只是对已有金融法律纠纷的被动应付和对金融法律规则的消极执行，还要通过对具体案例的处理，并且在适当的条件下对金融法律问题进行概括和抽象以生成理性的法律规则，调整并塑造新的金融法律秩序。在金融发展方向确定而具体法律规则相对滞后的情况下，司法救济具有事后性等特征，着眼于综合考量而能在一定程度上消解成文法的滞后及僵化等不足，为金融的创新发展与深化改革营造合理的制度空间，也为金融行为划清法律边界。所以在立法滞后、政策笼统的情况下，司法将在金融创新发展中具有无可替代的地位。②需要肯定的是，金融法剩余立法权的实现具有多条途径，各具优势，并且不同路径之间无法完全替代，具有互补功能。只是在"强行政弱司法"背景下，金融监管立法一直保持强有力的态势，自律规则和金融政策也未曾缺位，可是金融运行依然出现法律的真空和秩序的失范，为此才考虑到转向司法主张，以挖掘司法的优势和潜能，探索司法机关在金融法剩余立法权行使中应有的功能和实践创新。

与此同时，在克服金融法律的不完备性方面的努力，有许多国际组织

---

① 王爱声：《立法过程：制度选择的进路》，中国人民大学出版社2009年版，第102页。
② 吴高庆：《金融改革的法律障碍与司法破解》，《浙江经济》2012年第18期。

根据变化的金融形势和循环的金融危机进行经验和教训等方面的总结，经常颁布准则、指南、建议、框架性文件、原则、指导意见之类的软法，比如巴塞尔委员会、国际商会、国际证监会组织等。这些软法虽然不具有强制性，但为各国所承认和援引，有的还转化为国内监管部门的行政规章和成文规范。兼具公法与私法属性的金融法，也具有商事法的一般特征，商事习惯在商事交易中具有重要的地位，金融交易中的商事惯例也应该值得高度重视，所以在司法主张金融法剩余立法权过程中，除非是违反相关强制性规定，应当尊重交易惯例和自治规则，以上都应是在金融法剩余立法权司法主张过程中需要予以同步关注的重要内容。

第三章

金融变革语境下剩余立法权的司法主张转向

鉴于法律不仅是一套规范体系，而且它必须是一套作用于社会的规范体系，① 所以在以金融法作为研究对象的时候，就不得不对其作用的领域亦即金融领域投入必要而深入的关注。后金融危机时代，全球金融也发生了重大变革，金融发展充满变数、风险也更加变幻莫测。金融创新和金融深化从金融技术和金融制度两个维度推动其变革，促进了金融不断更新发展，也因此积聚了更大的风险，甚至还因此可能形成风险叠加的态势。金融法在此也需要予以因应并作出调适，诚如兰彻斯特所言，如果法律不设法改变，以便能够管理超级强大、超级复杂且潜藏着超大风险的新型金融工具，那么将会引发一场全球性的金融大灾难。② 离开了法治，金融则不能称之为现代意义上的金融。现代意义上的金融已然形成了强烈的外化效应，是人的行为打上了金融的烙印还是使金融运行留下了人的温度？无论哪一种情形，都表明金融必然是人化了的金融，金融与人已经形成有机的系统。因为金融自身并不能独立运行，实现不了自我满足的封闭运行模式，必须有人的参与才能实现其意义，而人参与金融的形式不止于交易，还包括交易规则的形成等，这都需要体现人的智慧，同时也以人的智慧来化解人的非理性行为所产生的风险。金融交易说到底是属于商事行为，商事活动充满活力并最具有创新性，这些交易行为"常与商界习惯有关，而商界习惯，又常有变易"。③ 立法要以社会为基础，社会生活是法律的生

---

① 谢晖：《法律方法论：文化、社会、规范》，法律出版社2020年版，第2页。

② [英] 约翰·兰彻斯特：《大债：全球债务危机》，林茂昌译，江苏人民出版社2012年版，第5页。

③ 史尚宽：《民法总论》，中国政法大学出版社2000年版，第63页。

命与源泉，是法律生成的最初动因，同时也是法律及时作以调适的依据，因为人类生活的本身就蕴含着法律的本质。① 为此，发现和建构适宜的金融法律制度也充满挑战，金融法律研究不能回避其风险治理之"重"。② 故而，关注立法就必须关注生活，研究金融法剩余立法权问题就要把握金融法的发展脉络，而探究金融法则离不开对金融本身进行剖析。一个显而易见的事实是，剩余立法问题不只是存在于金融法领域，在其他部门法领域也同样存在，那么金融法领域的剩余立法权究竟有何独特的个性？这是探寻金融法剩余立法权实现之道的重要考量因素，也是进路延伸和机制形成的关键所在。

第一节　金融的深化与创新

金融在现代经济社会运行中地位的重要性不言而喻，早在 30 年前亦即 1991 年中国改革开放的总设计师邓小平在视察上海时就指出："金融很重要，是现代经济的核心，金融搞活了，一盘棋活，全盘皆活。"③ 在金融不断转型发展过程中，金融与现代社会生产与生活的勾连密切程度前所未有，既充满着机遇，也面临着挑战，金融的双刃性也展露无遗，既可成为有力的发展工具，也可演化为风险源头。如何在这具有鲜明对比并且表现为双重属性特征的领域中最大限度地趋利避害，金融的法治化运行的命题也就应然而生，也因此需要因应变化不断强化其补正之道。法律乃治国重器。我国金融的市场功能定位和相关主体行为的异化已不鲜见，既面临着金融创新和金融深化的紧迫性，又面临着与金融发展进程不相适应的、来自国内外的金融风险的冲击，金融安全与金融效率的共时性冲突也异常明显，并且我国金融是先于市场主体——企业的存在形成了资本市场的框架，为此赋予金融法律异常繁重的责任。④ 金融是金融法运行的场域，在此需要意识到，金融领域的财富分配功能正逐渐演化为风险分配，虽然收益与风险应该相匹配，然而财富让位于风险，也表明金融领域蕴藏的风险

---

① 萨维尼曾言，法律的本质乃为人类生活本身，如果将法律科学与这一客体相剥离，则会使相应法律关系失去可以依傍的科学力量。
② 管斌：《金融法的风险逻辑》，法律出版社 2015 年版，第 6 页。
③ 邓小平：《邓小平文选》第 3 卷，人民出版社 1993 年版，第 366 页。
④ 管斌：《金融法的风险逻辑》，法律出版社 2015 年版，第 8 页。

正日益趋向饱和，也改变了金融法需要着力应对的方向。为此，必须秉持法治思维，准确定位和处理金融创新与金融监管、金融效率与金融安全之间的关系。金融与法律是作为一体化关系，法律在金融生态环境中，既是"看得见的手"，又是大道无形的价值引领。① 但任何法律都有其作用的对象和领域，否则法律就会失去其存在的根基。法律不能凭空进行调整，必须要有明确的调整对象，而要发挥法律对金融发展的规范和促进之功能，就首先必须深谙金融的运行之道，故而，要研究金融法的问题，当然需要以金融运行作为其研究的逻辑起点。

一 行政性金融向普惠性金融的转变

梳理新中国成立后的金融发展史可以发现，我国的金融机构的前身是国家机关，是逐步从国家机关演化过来的，注重金融业务的开展为国家战略和国有性质的企业服务的理念，并且在制定战略规划或是形成政策的时候多体现出行政居于金融业务中的主导作用。② 不仅如此，在包括中国工商银行、中国农业银行等在内国有商业银行股份制改造之前，机构都比较庞大、人员也众多，银行经营存在较强的政府机关化倾向，对政府政策和官员变动异常敏感，实践中预见市场产业变迁的动力也就显得不足，结果造成在很多法律条款中都存有保护金融机构利益的倾向。③ 随着金融市场的不断拓展和金融工具的不断创新，金融活动的市场参与主体也发生了深刻变化，原来由少数金融机构为主要参与主体的格局已经被打破，充满着投机意图而缺少理性的"散户"和投资机构成为推动资本市场改革发展的重要组成力量。这也是金融监管和金融法律形成在确立价值目标时需要考量的重要因素，此外，金融安全、金融效率以及金融消费者保护之间，也应予以权衡与选择。

特别是随着金融科技和数字经济的发展，在普惠金融不断推进和发展过程中，在传统金融服务中容易被忽略的长尾客户也逐渐得到重视，被纳入到了服务范围之中，并因此设计出了契合客户特性和需求的定制化、个

---

① 吴志攀：《持续改善金融执法环境》，《中国金融》2013 年第 13 期。
② 邓纲：《经济法视野下的政府权力和市场权力结构变迁》，《西南政法大学学报》2017 年第 1 期。
③ 蓝寿荣：《论金融法的市场适应性》，《政法论丛》2017 年第 5 期。

性化产品，从被动服务转为主动服务，为相关客户提供了"端到端"的金融产品和金融服务，也因此丰富了金融的供给。分析我国金融市场活动中参与主体的构成与所形成的结构，在投资者和金融消费者的保护方面存在不足，法律对于金融机构交易对手方的利益和权利界定依然有待进一步明确，存在以维护社会经济秩序等名义忽视金融消费者或者投资者合法权益保护的现象，重视行政处罚而轻民事责任的法律实现，有时单单行政处罚并未能对金融消费者或者投资者等主体的实际损失形成有效的弥补，必须发挥民事责任制度在保护金融市场相关主体的合法利益时应有的功能。在证券市场中，中小投资者的知情权、决策参与权、收益分享权、损害救济权等具体制度在历史中形同虚设的现象并不少见，或者缺少有效机制，结果现存的法律制度或者相关机制不利于普通投资者通过诉讼等途径维护自己的权益。比如根据原《最高人民法院关于审理证券市场因虚假陈述引发的民事赔偿案件的若干规定》有关规定，普通股民提起虚假陈述的诉讼，需要满足以获得有关机关的行政处罚决定或者人民法院的刑事裁判文书作为案件受理的前置条件，当然这一规定在后来实践中有所松动，并且在2022年1月21日最高人民法院发布的《最高人民法院关于审理证券市场虚假陈述侵权民事赔偿案件的若干规定》取消了原来解释中有关规定的行政刑事前置程序。毫无疑问，类似于此的这一类法律法规都不适应金融发展形势所提出的实际需求。普惠金融的发展也要求金融法的公平价值更应得到关注，特别是鉴于金融参与主体的日趋广泛性，对于金融消费者和普通投资者的保护也更为紧迫和突出，无论是在立法、执法抑或是司法中都应有所体现，而这往往会在金融法转型发展过程中出现法律空缺或者疏漏的地方，也正是通过司法途径主张金融法剩余立法权的重要背景之一。

二 传统型金融向创新型金融的转变

创新是现代金融最显著的特征，金融的演进过程也是金融创新不断推进的过程。然而在金融创新的过程中，金融发展与金融规范之间会形成一种紧张的关系，金融创新必然会对现存的金融秩序和法律关系产生一定的冲击，甚至可能是挑战或者规避现存的法律规定，超越法律规范的金融交易实践因为受到既有法律规则的约束又会对金融创新活动形成一定程度的掣肘甚至是阻碍。有关金融创新与金融法律制度之间的关系在不同的法律传统下表现还有所不同，英美法系国家往往是金融创新在先，而相应地立法则处于其后；大陆法系国家受固有法律传统的影响，金融创新往往因原有成文法的约束而受到压抑。① 但是在强大的市场力量面前，想要通过成文法的形式促进和规范每一项金融创新活动显然不可能，实践中很多金融创新仍然是在市场力量的推动下，在法律的夹缝或者是冲突中悄然孕育的。② 因而，在金融法律的稳定性要求与金融创新的革新性特征之间就形成了冲突。如何调和这二者之间的矛盾？不只是法律供给的问题，还涉及到法律适用的问题，甚至还有立法与执法、司法之间互动的问题。就金融法的适用而言，还需要通过能动司法来调和法律的刚性和金融创新的灵活性。③

金融创新表现为多个维度，但最本质的创新是其功能创新、运行创新和价值创新，所有创新活动所表现出来的结果就是金融产品和金融服务的创新。就运行创新而言，以数字经济发展中的智能金融为例，在其发展过程中算法居于非常重要的地位。算法的本质是互联网编程技术和大数据统计技术的运用，作为技术，但其本身是否始终能保持中立呢？相关研究和实践表明，算法也是存在歧视的，其根源存在于多方面。首先，大数据强调的是全样本，而非指向数据量庞大，基础数据能否完整获得决定了算法的结果有效与否。如果基础数据本身就不完整，或者即使通过数据清洗的方式也无法去除基础数据的噪音或者杂质，此外，如果存在对非结构化数据、动态数据掌握不够充分等情形，那么据此而输出的结果显然是要受到直接的影响。其次，算法的模型设计都带有设计者、开发者的主观选择，因此可能人为地将自身偏见有意或者无意嵌入到算法系统中，从而将人的价值选择物化为算法的表达，从某种意义上而言，如果没有动态矫正机制，只是将人非理性波动的偏见转变为机器一贯的固执，同样也无法实现公平正义的价值；再次，算法决策是面向未来对相关事件的预测，而其所使用的数据则多是历史数据，也就是以已知预测未知，用过去预测未来，而非用未来预测未知，据此所形成的反馈因为时空变迁而出现目标的偏离等。基于以上分析可以明确，算法本身也非完全中立的价值取向，而且因为个体知识的差异，即使算法决策的"黑箱"采用透明化处理，并不能

---

① 刘丹冰：《金融创新与法律制度演进关系探讨》，《法学杂志》2013 年第 5 期。
② 胡滨：《金融创新倒逼金融立法》，《中国金融家》2006 年第 7 期。
③ 吴高庆：《金融改革的法律障碍与司法破解》，《浙江经济》2012 年第 18 期。

在不同主体之间达到同样的效果。对此，如何增强金融法对因金融科技发展所产生的新的问题予以规制？总体而言，金融法要基于传统金融向创新金融的转变这一特征适时予以调适。为此需要深入思考的是，在以互联网金融、智能金融和数字金融为代表的科技金融不断迭代更新的过程中，算法的应用只是金融创新过程中一个方面，还有很多创新的环节需要法律予以应对。事实上，实然状态的金融法显然还未能对诸如此类问题作出充分的准备和有效的回应。金融创新不仅可能造成法律出现空白，还因为金融创新在一定程度上就是对现有法律体系的规避，即使可能在形式上合法，但实际上依然具有触犯法律之本质，因此也会产生实质意义上的法律漏洞。再以智能投顾为例，在 2018 年 4 月 27 日由央行、银保监会、证监会、外管局等四部委联合发布的《关于规范金融机构资产管理业务的指导意见》中首次对智能投顾设定了相应的规则，但其却在信息披露和监管程序上依然有所缺陷，比如第 23 条第 2 款规定金融机构运用人工智能技术开展资产管理业务应当严格遵守本意见有关信息披露的规定，但纵观全文，只有第 12 条规定传统金融机构在管理资管产品时需要履行信息披露义务。① 而就算法而言，第 23 条明确金融机构应当向金融监督管理部门报备人工智能模型的主要参数以及资产配置的主要逻辑，为投资者单独设立智能管理账户，充分提示人工智能算法的固有缺陷和使用风险，明晰交易流程，强化留痕管理，严格监控智能管理账户的交易头寸、风险限额、交易种类、价格权限等。金融机构因违法违规或者管理不当造成投资者损失的，应当依法承担损害赔偿责任，但有关算法备案的程序和内容、备案信息的公开查询途径以及未履行相应义务所需承担的法律后果等依然需要进一步细化。针对上述现象，需要重新审视金融创新，也就是要探究金融创新究竟包括哪些创新？实际上，广义的金融创新是指为了适应经济发展需要，采用新的技术和方法，通过改变金融体系基本要素的搭配和组合而赋予其新的功能过程，在此，除了金融工具创新外，还包括金融市场、金融组织、金融制度等方面创新，而金融制度创新则是从制度层面对其他创新方式的正式确认和综合概括，是属于在其他创新基础上的更高层次的创新形式，也是意义和地位更为重要的金融创新。② 为此，在金融工具、金融

---

① 郑丁灏：《论金融科技的穿透式监管》，《西南金融》2021 年第 1 期。
② 刘丹冰：《金融创新与法律制度演进关系探讨》，《法学杂志》2013 年第 5 期。

市场抑或是金融组织创新过程中，金融法律制度不能对此无所作为，需要对此进行关注和回应，生成相应的法律规则，并形成闭合的法治进路，避免金融创新中可能出现法律适用空白的现象，以金融法律制度创新应对金融工具等创新，增强金融法律制度的适应性。

三　资本不足向透明度不彰风险转变

现代社会属于风险社会，而金融风险则成为风险社会中社会意识和社会心理层面出现频次较高并且与个体利益和社会利益具有密切关联性的风险类型之一。金融科技的迅猛发展为金融服务跨市场、跨地域以及跨机构全时空运行提供了可能，但是由此而造成的风险溢出效应更加明显，不同业务之间的风险传染更加容易，风险传导的时空限制也被打破，使得风险爆发的危害性、影响面以及扩散速度都较以往有了更趋向于加剧的不利可能，由此对金融体系的冲击后果更难预测。而且金融风险的形式也在发生变化，在我国当前金融发展的语境下，就银行业务而言，离柜交易率已达到90%以上，金融服务对网络高度依赖。相对于传统金融风险，金融领域的网络风险扩散速度更快、范围更广、影响更大。① 在此情形之下，所有让金融风险处于完全可控状态之下的企图，实质上是否认金融的现代化发展方向，也会因此严重阻碍金融的创新和金融现代化发展的进程。事实上，金融的"美丽"就在于其不确定性，如果风险处于完全可控状态，那就不是真正意义上的现代金融。金融的核心就是风险，也正是金融所具有的不确定性才使得其具有了强大的活力。金融法律规制和金融监管的任务是让局部或者非系统性风险不至于蔓延和爆发，避免扩散以至于酿成金融危机甚至经济危机。金融监管的核心功能就是让风险处于收敛而不是处于一直发散的状态，法律规则设计的目的也是要让风险处在收敛状态，而不是由其任意发散。金融的作用最直接体现是创造出一系列金融工具和金融产品，满足市场主体对于投资和融资需求，同时得以分散风险，这是现代金融的核心要义，有鉴于此，金融法重要价值之一就是风险可控的背景下推动金融有序发展，保证金融能够健康运行。

根据相关学者研究成果表明，我国金融结构所展现出的金融资产证

---

① 郭树清：《在2020年新加坡金融科技节上的演讲》，中国青年网，http://news.youth.cn/jsxw/202012/t20201208_12609574.htm，2020年12月9日。

化或具有财富管理功能的金融资产的占比呈不断上升趋势，正在深刻地改变着中国金融风险的来源和特点。从微观视角来审视，金融风险可以划分为市场风险、流动性风险、操作风险、信用风险、法律风险等。而从宏观视角来分析，如果没有出现外部输入或者风险溢出，那么这种风险就只是一种局限于金融机构内部或者投资者自身范围内可控的风险。随着金融脱媒以及金融中介的发展和进化，风险绕开了资本，并不唯一表现为或者并不直接表现为传统的资本不足的风险。当然，间接融资中所存在的资本不足的风险依然需要给予足够的重视，并且要通过法律的施行进行有效的控制。无论是上市公司在股票发行过程中所要进行的信息披露，还是在债券发行和债券定价之前开展相应的信用评级，从本质上而言，二者都属于市场透明度的范畴，所涉及到的信息内容面向的不特定的社会公众而非特定的个体或者组织，信息披露均要符合真实、准确、完整、及时、公平等要求。现代金融产品或金融服务表现的是一种信用集合，交易者或投资者的交易行为是基于对信息的判断而作出决策，因而信息透明程度决定了风险的爆发与否和威力大小。职是之故，与传统的资本不足风险共生并存的一种风险就是透明度风险。① 金融科技的不断发展在一定程度上消除了传统信息不对称问题的同时，但又会因为信息泛滥和信息超载，在不同主体之间增加了信息甄别的成本和难度，因为可靠的专业知识无法在短时间内普及到社会所有成员，继而导致在金融市场交易参与主体之间形成了新的信息不对称；而随着金融资产结构的不断调整，特别是金融资产证券化趋势不断加强，证券化金融资产的比重也不断上升，对于透明度的要求也日益高企。虽然来自于传统的资本不足风险仍然巨大并在迅速增加，但不容回避的一个事实是，基于债券、股票等证券化金融资产的基础风险特征和金融资产结构的变化，我国金融体系中来自于透明度的风险在不断上升，这往往会导致传统法律的滞后，金融法在此容易出现盲点与空白，而这恰恰是在金融法律制度完善之前属于剩余立法权需要发挥功能的领域。

四 资金融通向财富管理的功能转变

英国哲学家休谟认为，功能研究更倾向于"事实判断"，而非"价值

---

① 吴晓求等：《中国金融监管改革：现实动因与理论逻辑》，中国金融出版社 2018 年版，第 13—14 页。

判断"。① 根据相关研究成果表明，资产证券化热度逐步上升，表现为具有财富管理功能的金融资产在我国金融结构中比重不断提高。② 金融功能的结构性改变显然也会对金融立法产生深刻的影响。当数字经济不断发展、金融科技不断进步，金融不再是固守于信用创造和支付结算等传统的功能，还会通过创造金融产品和金融服务的品种，加强资产管理功能，从资金融通的中介向财富管理的中介转变。根据相关统计数据表明，近年来，金融资产证券化的比重上升引起了金融资产结构也发生相应的变化，实际上，我国已经由以融资为主的金融体系逐渐转变成融资和投资并重的金融体系，甚至在未来可能会演化成为以财富管理为主的金融体系。罗伯特·希勒曾言，"真正好的金融绝不仅仅是管理风险，还必须是社会资产的看守者和社会价值的支持者。"③

回溯历史可以发现，传统金融专注于资金融通和支付结算等方面的功能，而这一功能是建立在我国长期以来所形成的以储蓄经济为特征的基础之上。随着经济社会的向前发展，财富管理的功能显然也得到不断强化，这也是当前社会主要矛盾在金融领域的重要表现：人民对投融资需求和金融业务供给不平衡不充分之间的矛盾。而解决这一矛盾的关键从金融功能的视角来看，互联网金融、智能金融乃至数字金融等金融科技并没有改变金融的本质，只是改变了实现金融功能的形式和途径。至于财富管理功能的强化，并不是因为互联网或科技与金融的结合才产生的，而是随着社会财富的不断增加而形成了财富管理的需求扩大，数字技术等新兴科技与金融的嫁接只是扩充了实现这一功能的途径。金融行为与金融规则之间是互动的，从某种意义上讲，金融行为创建金融规则，而金融规则也会诱导金融行为。金融功能的转变预示着金融法的规范方向亦将发生变化，这也是在金融法生成过程中需要关注的重要动向，事实上由央行等部门联合出台的"资管新规"等相关制度正是对金融运行实践的回应，但金融功能的演进与拓展对金融法的诉求还远不止这些，还有更大的制度空间需要填

---

① 刘星：《法律是什么》，中国大学出版社1998年版，第37—38页。

② 吴晓求等：《中国金融监管改革：现实动因与理论逻辑》，中国金融出版社2018年版，第13—14页。当然，除了资金融通和财富管理等功能之外，金融还具有风险配置、支付功能、激励机制以及信息发布等功能，只是财富管理功能的突显对金融法的完备性要求更为迫切。

③ [美] 罗伯特·希勒：《金融与好的社会》（第1版），束宇译，中信出版社2012年版，第56页。

补。比如说在储蓄经济中成长起来的社会个体，绝大多数人对金融常识缺少基本的了解，更不用说面对结构复杂、层层嵌套的金融产品和金融服务了，因此在金融财富管理功能不断强化的同时，如果无视现实的基础，使得金融素养尚不具备的金融消费者或者普通投资者直面金融市场风险而法律无所作为，显然也并不符合金融法治的要求。而与此同时，在金融的财富管理功能不断发展过程中，显性的或者隐性的刚性兑付问题一直以不同形式出现，这不仅扭曲了市场机制并提高了无风险收益率水平，而且还引发了法律上的纷争。制度生成的渐进性路径选择决定了金融法需要在不断试错和探索实践中完善自身，在金融法剩余立法过程中应密切关注金融功能的转变，需要观照现实，根据金融法漏洞出现和变化等情形及时发挥填补功能，不断推动金融法律完善。

五　金融抑制向金融深化的理念转变

有研究成果表明，金融抑制是贯穿于我国金融市场近 30 年发展中的一条基本脉络，我国的金融法律制度也因此表现出比较浓重的金融抑制色彩，[1] 具体可以概括为金融法律通过大量授权性规则和兜底条款为行政权力的行使提供了宽泛的空间，低位阶的行政法规和部门规章在金融市场中发挥了主体性功能。另外，金融市场中的一部分"隐性规则"替代了金融法律规则，使得金融市场的规则具有极强的政策性和不确定性。不仅如此，金融法律规则的制定和实施还具有显著的部门化倾向，部门利益和权力寻租空间成为了金融立法中的一大特色。[2] 而即使在成文法体系国家，"现代法官是自动售货机，投进去的是诉状和诉讼费，吐出来的是判决和从法典上抄下来的理由"[3] 这种说辞也只是理想化的憧憬，甚至已经严重

---

[1] 黄益平统计过 1980—2018 年中国的金融抑制指数，2018 年的金融抑制指数为 0.6（这个指数是从 0—1：1 意味着是没有市场化、完全由政府控制；而 0 则意味着是完全市场化），这说明我国过去 40 年来确实是在走市场化的道路。但是 0.6 这个数据与世界各国相比还是比较高的，也就是说，和其他所有国家相比，我国现在对金融体系干预程度相对比较高。参见黄益平：《以金融改革、开放、创新支持新发展格局》，https：//m.aisixiang.com/data/127072.html，2021 年 6 月 30 日。

[2] 黄韬：《"金融抑制"与中国金融法治的逻辑》，法律出版社 2012 年版，第 5—15 页。

[3] 崔建远：《民法 9 人行》（第 1 卷），金桥出版社（香港）有限责任公司 2002 年版，第 247 页。

脱离法律实践。尽管严格规则模式下的法治观所钟情的是机械式的法律运作过程，实际上，从立法到法律运行的过程，绝不是法律运行单方面地、被动地开展法律规制的过程，而应是有机的法律运行形式。现行的金融法律制度因在不少情形下缺乏明确性和可操作性，为司法主体的法律适用带来了实践困难。比如 2003 年修改后《中华人民共和国中国人民银行法》第 23 条对于最后贷款人的规定就显得过于原则，就对谁贷款、贷款金额、贷款利率以及贷款期限、相关附加条件等都没有作出详细规定，这就给司法实践造成缺乏充分的法律依据的不利局面。[①] 金融深化的发展转向是中国金融发展进程中不争的事实，也是一种理性的行为选择。[②] 为此，对于可能出现的具有替代性特征的金融机构、金融行为或者金融工具，因为有可能会削弱原有的监管框架或者既有监管理念的功能而会遇到阻碍。在此，金融法律制度就必须努力保持公正，立法与监管行为都要体现出法律的公平和正义。与此同时，以创新性监管思维来评价，监管者必须创造一种持续监控的自动化行动方案，运用监管技术适应"破坏性创新"和金融科技不断发展带来的冲击，以便不间断地监督不断变化中的金融市场，从而实现金融稳定、投资者保护以及市场信心等公共利益目标。在金融抑制向金融深化转变过程中，小微企业等主体的融资诉求得到了一定程度的重视，创新型金融交易模式和金融交易工具也在不断满足市场的需求，比如近年来发展比较迅速的股权众筹就是其中一例，但法律对其规制依然存在盲区，尽管《私募股权众筹融资管理办法（试行）》（征求意见稿） 2014 年 12 月就已经发布，但并没有正式出台。[③] 2019 年修订的《中华人民共和国证券法》也曾一度考虑借鉴众筹发行豁免机制并引进公募股权众筹，但是最终公布法律文本的时候并没有将其纳入到相应的法律条文中。所有这些努力都表明在金融深化过程中，金融法没有静止不动，而是顺应金融的发展表现出了主动适应性努力。

当然，需要客观地看待金融抑制在中国经济发展历史进程中的作用，

[①] 管斌：《金融法的风险逻辑》，法律出版社 2015 年版，第 35 页。

[②] 《全国金融工作会议在京召开》，2017 年 7 月召开的全国金融工作会议，确定了服务实体经济、防控金融风险、深化金融改革三项重大任务。中华人民共和国政府网，http：// www.gov.cn/xinwen/2017 - 07/15/content _ 5210774. htmhttp：//www.gov.cn/xinwen/2017 - 07/15/ content_5210774. htm，2018 年 5 月 23 日。

[③] 杨东、黄尹旭：《中国式股权众筹发展建议》，《中国金融》2015 年第 3 期。

也需要辩证地看待所谓金融抑制与金融深化之间的关系，在金融深化过程中并不表明所有领域、所有环节都会放松管制或者说将市场主体选择权放宽至极限。正如前文所述，基于金融活动的外部性等特征对涉众性金融活动需要予以强监管，为此，在金融深化过程中依然需要有步骤、有选择地确定金融深化的对象和领域，依然需要对可能形成涉众型风险和系统性风险的领域加强监管，还需要对关涉到国家金融、经济安全等领域设置严格标准和规则，要将金融活动置于法律规范和有效监管之下，防止在金融深化或者金融开放的进程中形成或者放大风险甚至酿成危机。不仅如此，在由金融抑制向金融深化转轨过程中，由于利益之争抑或是本位主义等因由导致对部分金融概念的认识模糊，也会造成金融法律的空白或者漏洞，而这些都是降低金融法不完备性的努力过程中需要关注的方向。

六　间接融资向直接融资的模式转变

金融模式的变化是因为金融的功能在发生转变，资金融通功能转向与财富管理功能并重的时候，金融模式也必然会发生相应调整。传统金融体系中，银行占据绝对主体地位。金融的主要业务就是办理银行的存贷款，中间业务作为金融机构利润主要来源则殊为少见。在我国以往的金融发展体系中，银行业务比重巨大，远超其他金融行业务的占比，因而曾在一段时期内，银行俨然成为金融的代名词。但随着金融改革不断深化，经济社会的发展变化也对金融提出了更新的需求，融资模式发生了根本性变化，特别是金融创新的加速，尤其是金融科技的发展和有效应用，金融的运行模式发生了重大转变。在融资的途径中，以银行等金融机构为主的间接融资逐步转变为由多种类型金融机构共同参与的间接融资与直接融资并重的融资结构。在融资模式发生转变的同时，金融法律的相关规则当然也要及时予以补充和调整，因为直接融资与间接融资在相应的法律关系上也有所区别。间接融资中对存款准备金的要求具有明确的约束，同时还要防止非正规金融机构的非法集资甚至是通过集资的名义进行诈骗从而形成风险隐患，当然银行类金融主体的准入机制、规范经营以及有序退出都属于金融法律制度需要予以介入的重要领域。直接融资则注重明确对融资主体诚实信用的要求，加强信息披露标准、披露程序等予以规定，突出资产管理机构对投资者所承担的信义义务，充分发挥金融市场主体的能动性与自主性。如果对不同的融资方式采用相同的法律规则予以规制，显然也会出现法律漏洞或是法律的不适应，金融法需要对不同领域采取不同的法律思维模式，才能针对其不同特性尽可能发挥法律的最大功能。

金融领域所发生的以上种种变革，对金融的发展以及被金融基因所渗透的领域都会产生重要而深刻的影响，包括资本的运行、商业模式乃至自然人的行为方式……金融作为制度密集型领域，对法律制度供给的需求尤为迫切。离开了法律和规则，良好的金融秩序将无法建立，当然也就无法有效增进社会的福祉，结果会与现代金融发展的目标和使命背道而驰。故而，金融领域的发展与变革，必然也会引发金融法相应的发展，金融法的构建与更新也离不开对所调整领域发展动态的精准把握，这是金融法剩余立法权司法主张展开的逻辑基础，更是法律施行的重要依托。当然法律的因势而变，还需要进一步分析金融发展与变革对金融法律关系所带来的更新，才能切中肯綮地把握法律的内在运行机理，从而有效推动金融法的未来发展。

第二节　金融变革中的金融法律关系更新

现代金融发展所呈现出的多重转变，也使得金融的复杂性一览无遗。金融法在更多时候是作为金融运行体系中的应变量而非自变量，在此，当如何窥其堂奥？金融的创新与深化必然会带来金融法律关系的变化，甚至会对金融法的传统理念和规则运行形成冲击，当然也会对金融法律规范的不断完善提出了更高的标准和要求。而要明确金融活动中的风险分配和相关法律责任分担，把握相应的法律关系是基础，为此有必要厘清金融变革所引起的金融法律关系的演变。与金融发展所呈现出的多方面变化相对应，由金融发展所引起的金融法律关系的变化也表现为多方面，既有主体变化，也有客体变化，当然还有内容等方面的变化，等等[①]。

一　金融法律纠纷类型的变化

根据全国及各地方金融类案件审理情况来分析，金融类案件不仅在总

[①] 有学者提出，2008年金融危机的根本原因是由于传统金融法未将因金融创新而诞生的新金融法客体、新金融法主体（金融消费者）以及由此构建而诞生的新的金融法律关系即金融服务关系纳入其调整对象。参见杨东《论金融法的重构》，《清华法学》2013年第4期。

量存在较大幅度的增长，而且在涉案标的上也有大幅度提升。仅以2019年度上海法院金融商事审判情况为例，2019年上海法院共受理一审金融商事案件192559件，审结191365件，同比分别上升12.72%、13.56%；共受理二审金融商事案件1995件，同比大幅上升91.46%。一审金融商事案件标的总额达2218.41亿元，在2018年首次突破千亿的基础上，又突破两千亿的关口，同比上升57.26%。① 再将视线转向2018年8月20日成立的上海金融法院，截至2021年8月18日上海金融法院三年共受理各类金融案件21744件，审结20050件，受理案件总标的额5469.97亿元。② 即使放眼全国，这一趋势也是非常明显。根据《中国金融司法报告（2018）》的信息，2017年全国各级法院共受理一审金融案件3155923件，相较于2016年增长了14.6%；二审金融案件180367件，相较于2016年增长了21.8%。

在金融类案件数量和标的额上升的背后，金融法律纠纷的类型也在悄然发生着变化。在传统金融法律纠纷中，借贷纠纷是最具有普遍性的纠纷内容，时至今日，借贷纠纷依然在法院受理案件中占据较大比例，比如2017年全国新收一审借款案件2867143件，占同年一审民事案件总量的25.21%，其中新收一审金融借款合同案件占比5.6%，新收一审民间借贷案件占比17.19%；全国法院新收二审借款案件15859件，占同年二审民事案件收案量的13.84%，其中新收二审借款案件158595件，占同年二审民事案件收案量的13.84%，其中新收二审金融借款合同案件占比1.37%，新收二审民间借款案件占比11.16%。但其他类型的金融法律纠纷已经呈快速增长，并正在改变金融法律纠纷的结构。借贷类案件数量占比比较高，主要是因为我国经济处于转型发展阶段，经济发展方式的转变与经济发展速度的突然调档必然会导致部分企业利润空间受到挤压，相对落后的产能也遭到淘汰，这样就造成大量以债权实现为主要请求的金融法律纠纷进入诉讼程序；与此同时，民间借贷因为宏观经济的影响，也出现

---

① 《上海高院发布中英文版2019年度金融商事审判白皮书》，上海市高级人民法院网，http://www.hshfy.sh.cn/shfy/gweb2017/xxnr_2016.jsp?pa=aaWQ9MjAxNzAxNzgmeGg9MSZsbWRtP-WxtMTcxz&zd=xwzx，2020年6月30日。

② 《上海金融法院成立三周年 打造金融司法新高地 提升上海国际金融中心软实力》，上海金融法院网，http://www.shjrfy.gov.cn/jrfy/gweb/xx_view.jsp?pa=aaWQ9NDYwMwPdcssPdcssz，2021年8月23日。

债务违约集中期,特别是因为投机性放贷泛滥、中介机构违规操作以及监管缺失等多方面因素,使得民间借贷也出现了诸多的纠纷,而在纠纷解决过程中,司法程序是其主要的解决方式。①

尽管传统的借贷类案件依然在金融类案件中占据较大比例,但是随着金融深化与金融创新的不断推进,金融交易的形态更加多样,纠纷与争议的类型也在不断变化,《2018年度上海法院金融商事审判情况通报》在总结2018年上海法院受理的金融商事案件特点时就指出新类型案件和与金融市场交易规则确立相关的案件不断涌现、信用卡纠纷案件标的金额增幅较大、融资引发的案件数量增多且呈多样化趋势、保理案件数量呈大幅增长态势、涉众性金融商事案件数量较多。② 特别值得关注的是,涉众性新型金融案件也在不断涌现,比如违规经营创设交易所的现象不断增多,以贵金属、能源、邮币卡、艺术品、加密数字货币等作为交易标的的违规经营也频频出现,还有以份额化产品、保证金交易、撮合成交等符合证券期货交易特征的交易模式招徕投资者的案件也时有曝光。③ 就此而言,金融类法律纠纷类型已经突破传统,不断呈现出新的样态与特点。即使是作为传统类型的金融法律纠纷案件,也因为融入了一些"新要素"而使得案件的内容发生了显著的变化。以信用卡诈骗犯罪为例,一方面虽然仍以恶意透支型为主,另一方面也出现了多种新型作案手法的案件,如利用声讯电台等骗取信用卡信息后,勾结相关票代公司,以被害人的名义购票机购票,并通过网上支付票款给票代公司再予以分赃;又比如在网上非法购买获得客户信息之后,使用网络融资交易平台,以虚假投资交易的形式盗划

---

① 李杨主编,黄文俊副主编:《中国金融司法报告(2018)》,人民出版社2019年版,第35—36页。而根据2017年度上海法院金融商事审判情况通报,上海法院受理的案件标的金额居于前三位的案件类型为金融借款合同纠纷336亿元,占标的总额的53%;信用卡纠纷107.9亿元,占标的总额的14%;融资租赁合同纠纷52.43亿元,占标的总额的17%;其他标的金额较大的案件类型还有保理合同纠纷25.27亿元,票据纠纷16.7亿元,保险类纠纷8.95亿元。其中信用卡纠纷案件的标的金额增长了近一倍,这与信用卡案件数量增幅度较大有关。参见《2017年度上海法院金融商事审判情况通报(白皮书中文版)》。

② "上海法院2018年受理一审 金融商事案件标的总金额突破千亿元",《民主法制报》2019年8月10日第4版。

③ 李杨主编,黄文俊副主编:《中国金融司法报告(2018)》,人民出版社2019年版,第37页。

他人账户资金,如此等等,① 均属于新型的金融法律纠纷。金融法律纠纷类型的变化,特别是新型法律纠纷的频频出现,对金融法律制度也提出了新的要求与挑战,同样也为金融法剩余立法权的司法主张的实践提供了现实可能。

二 金融法律关系主体的扩大

金融领域创新发展所引起的金融法领域变革,应该说这当属经济基础与上层建筑之间关系的具象化。就金融法律关系中的主体而言,随着金融不断变革和发展,相较于传统金融活动表现出了明显的差异性与发展性。

金融法律关系主体的变化,排除个体性差异,进行类型化区分,至少表现为三个方面:第一,金融消费者范围发生了明显的变化。在从金融抑制朝金融深化转向的过程中,在互联网金融以及在此基础上发展出来的智能金融、数字金融的助推下,普惠金融获得了长足发展。其中尤为明显的一个现象是金融科技的应用使得金融产品和金融服务的可及性和便利性实现了质的飞跃,比如随着电子支付特别是移动支付的普及以及今后数字人民币的广泛投入应用,我国已实现基本金融服务城乡全覆盖,在移动支付普及率和规模位方面目前居全球首位;此外,截至 2020 年 10 月末,中国银行业服务的小微企业信贷客户已达到 2700 万,普惠型小微企业和个体工商户贷款同比增速超过 30%,农户贷款同比增速达 14.3%。② 基于我国经济发展水平和金融发展的阶段性特点,社会成员参与复杂的金融交易活动日益盛行,但金融消费者自身的能力和金融素养却与金融的发展速度不相匹配,打破了民商事法律关系中主体地位平等性的预设,因而不能再固守于形式的平等而无法真正达至法律的公平正义,这就对金融消费者和普通投资者保护提出相应的需求。与此同时,金融产品和服务的专业化程度不断提升、复杂性愈益增强,也给交融交易活动的参与者带来了挑战,面对专业化的金融产品和金融服务,金融消费者的识别能力、谈判能力以及风险抵御能力都与传统的金融交易的要求有所差别,以传统的思维和路径

---

① 李杨主编,黄文俊副主编:《中国金融司法报告(2018)》,人民出版社 2019 年版,第 36 页。

② 郭树清:"在 2020 年新加坡金融科技节上的演讲",中国青年网,http://news.youth.cn/jsxw/202012/t20201208_12609574.htm,2020 年 12 月 9 日。

甄别其间的金融法律纠纷并对相关主体进行法律评价，显然也会出现力所不逮的问题；在金融消费者和普通投资者保护方面，如果沿用传统思维会在实现法律形式上平等的同时，可能也掩盖了实质上的不平等。此外还需要关注到的现象是，为了保护金融消费者和普通投资者的合法权益，避免其因有限理性的行为而遭受扩大化损失，投资者与金融消费者之间的边界需要重新厘定，也就是需要将普通投资者与专业投资者进行有效区分，进而将前者作为金融消费者予以保护。[①]尽管专业投资者也是金融法律关系的主体，但是法律保护的力度有所差异，因之，这也属于主体变化的范畴。第二，金融机构的专业化和集团化趋势明显。金融法的主体显然并不囿于金融消费者这一端，尽管有关金融法主体的范围有不同的主张，[②]但不同的主张中均认为金融经营主体或者说金融服务提供者是其中一个非常重要的主体。而金融机构在金融创新和金融深化过程中并非一成不变，特别是在金融深化不断推进过程中，市场化发展趋势日益明显，为了解决金融资源的分散、金融行业整体竞争力不高以及对经济支持度不高等问题，金融机构的集团化经营成为一个重要的演进方向。在具体实践中，我国一部分金融机构通过并购重组等方式，已经进行了集团化组建，或者是设立金融控股公司，其业务范围涵盖多个领域，规模与实力也得到了飞跃发展。金融机构集团化经营的发展背景下，尽管能够为金融消费者提供更为丰富和便利的金融产品和服务，但在与消费者力量的对比结果中，无论是专业化程度还是协商能力以及有效信息获得与分析方面，金融机构都尽占优势，在金融交易合同的条款中显然也可能会打破平等协商的局面进而形成不平等的交易关系。除此而外，随着金融科技的迅猛发展和广泛应用，互联网金融科技公司、数字金融公司等作为一类新兴的主体脱颖而出，有

[①] 有研究成果指出，2008 年金融危机之后，金融立法与金融监管未能适应金融市场变化，仍将零售客户或一般投资者与专业客户或特定投资者一视同仁地予以保护是金融危机爆发和蔓延的一个原因，因而都开始关注零售客户和一般投资者的特殊性，侧重从行为经济学和行为金融学的角度研究其有限理性和异质性问题。参见杨东《论金融法的重构》，《清华法学》2013 年第 4 期。

[②] 有学者认为金融法主体包括三类，即金融消费主体、金融经营主体、金融管理主体，参见徐孟洲《金融法》，高等教育出版社 2007 年版，第 21—23 页。也有学者提出金融法的主体应当包含"金融消费者、专业投资者等交易相对人、金融服务提供者和金融管理者"，参见杨东《论金融法的重构》，载《清华法学》2013 年第 4 期。

的公司拥有经营多种金融业务的资质，具有综合化的趋势，其规模和实力显然也明显超越了一般的普通公司，甚至还可能会形成垄断的可能，而且金融科技公司与传统金融机构间的频繁互动使得风险传染渠道增多，业务延展形成了风险层叠，这也是金融法需要予以关注的重点对象。第三，在智能金融日益盛行的背景下，人工智能类主体参与到金融交易和金融运行环节，并将成为金融领域的一支新兴力量。金融交易和金融服务具有层次性，尽管普惠金融是金融民主的重要表现，但同时也需要认识到，金融所具有的高风险特性，并不是所有的金融交易都要具有普及性或者适合所有社会成员参与。而在金融智能化发展不断加速的背景下，技术改变了传统的金融运营模式，技术也突破了传统金融的边界，技术平台正逐渐替代专业的金融中介从事金融活动，亦即数字化金融中介，[①] 比如人工智能程序替代了自然人从事金融业的数据分析、处理与服务，由普通的金融中介转变为智能金融代理。[②] 传统金融法律和金融监管中，金融机构和金融从业人员是重要的主体，但随着金融科技的发展，传统概念正接受挑战：一方面诸如金融科技企业等相关主体坚持其不属于金融机构的范畴，结果可能造成相关的业务和行为游离于法律规制之外，因而金融法对此是难以精准规制的；另一方面随着智能金融的发展，新兴金融主体出现并加入到金融交易过程中，金融法在规制时就显得捉襟见肘。以智能投顾为例，原先以金融从业人员为一方主体的法律关系发生了改变，义务主体也相应发生了变化，从传统的人际沟通改变为人机沟通，然而智能投顾并不天然就拥有独立的法律人格，如何识别法律关系中的主体？法律显然不能鼓励借助智能金融的名义，而让金融交易活动的责任主体和义务体系遭到冲击。因而需要将以自然人为规制对象的法律体系在智能投顾语境中予以重构。[③] 在传统的投资顾问模式中，金融消费者对于投资顾问的选择有一定的人格标准和技术参考，不仅需要投资顾问提供专业判断水平，还要其具备相应的职业伦理水平，而在智能投顾中，这一标准如何识别并通过法律予以保障，是金融创新中金融法需要直面和回应的问题，也是金融法在金融创新

---

① See Gregory Scopino, "Preparing Financial Regulation for the Second Machine Age: The Need for Oversight of Digital Intermediaries in the Futures Markets", 2015 Colum. Bus. L. Rev. p. 510.

② See Samir Chopra & Laurence F. White, "A Legal Theory for Autonomous Artificial Agents", Ann Arbor: University of Michigan Press, 2011, p. 6.

③ 高丝敏：《智能投资顾问模式中的主体识别和义务设定》，《法学研究》2018年第5期。

过程中容易产生漏洞的环节。

三 金融交易权义结构的更新

不同的金融工具所形成的法律关系大致包括四种：一是以贷款、存款、金融衍生品以及固定收益产品为代表所形成的债权债务关系；二是以各类权益凭证、股票等为代表所形成的权益关系；三是以基金、集合资产管理计划以及信托受益凭证等多种金融产品为代表所形成的信托关系；四是基于大数法则而形成的保险关系。① 在这些金融法律关系中，有一些传统的金融工具权利义务明确，在此无须赘言；而对于一些新兴的金融工具或者是传统的金融工具因为植入了新的因子，其权利义务结构也发生了相应的变化。

金融科技发展使得金融交易更加具有可获得性，也极大提升了交易的便利性，但同时也掩盖了复杂金融交易结构和据此生成的复杂的金融法律关系中权利义务的配置。特别是各种金融衍生工具的出现，通过层层嵌套，拉长链条，错配期限，加大杠杆，名为分担风险，却在此过程中隐匿了风险的源头，甚至通过所谓的信息披露而实质规避应该承担的法律义务。这在实践运行中也多有案例涉及，比如2008年的金融危机中就有因金融衍生工具权义结构的失衡所引发的一系列的法律纠纷，并对金融危机的演化产生了推波助澜的作用。不仅如此，在新兴的智能投顾业务中，金融行为有被技术化的倾向，由第三方开发的智能投顾，其中包含匹配顾客特征和市场产品特征的算法，② 智能投顾既有按照人类特定的标准进行预设的行为，也有机器根据深度学习和深度强化学习所作出的基本判断，因而其输出的结果具有混合性，而对此权义结构进行规范，显然是智能金融发展过程中需要直面的问题。由智能投顾的原因所引发的法律责任究竟应该由谁承担？虽然在理论上可以通过穿透的方式，明确相应的责任主体，但法律条文对智能投顾的法律定位并没有明确，2019年修订的《中华人

---

① 吴晓灵：《金融工具法律关系存在四大争议》，中国银行保险报网，http://xw.sinoins.com/2019-11/07/content_311122.htm，2020年3月20日。

② 算法指的是计算机完成特定任务的一系列指令的方式总称，包含计算、处理和推理。See Robyn Caplan, Joan Donovan, Lauren Hanson & Jeanna Matthews, "Algorithmic Accountability: A Primer", Data Society Working Paper (April 18th, 2018), p. 2, https://datasociety.net/wp-content/uploads/2018/04/Data_Society_Algorithmic_Accountability_Primer_FINAL-4.pdf。

民共和国证券法》在第 116 条中规定证券投资咨询机构及其从业人员不得代理委托人从事证券投资，这也使得智能投顾取得合法化地位缺少了相应的法律依据。在实践中，虽然法律对此规定尚付阙如，对智能投顾的开发方、制造方以及运营方等主体责任界定尚未形成定论，然而就此所形成的权义分配的需求已为人们所共识，这也是金融法律制度需要进取的方向。

随着经济社会发展变化，新型社会关系自然也会滋生出新型的法律纠纷，比如银行、证券、保险创新等业务中出现的新型金融法律纠纷以及金融与信息技术结合以后使得交易形式更为复杂，权利义务结构也发生了相应的变化，这些新型法律纠纷缺少相应的法律规范，也是容易产生金融法漏洞的地方，需要通过穿透识别、嵌套解构、前置判断等方式将表象与真相、形式与实质予以界分。但问题在于，尽管通过穿透识别的方式可以穿透表面的法律关系，进而识别金融交易工具以及金融交易关系中的嵌套结构，但如果屡屡通过穿透进行识别，对于金融的风险转移与分担又会起到何种效果？无可否认的是，基于金融风险的防范和风险的转移等现实需要，借助合理的架构设计划分金融交易及金融产品风险和收益是金融创新的一部分，如果都需要解构和穿透，那么金融产品的设计以及收益与风险的匹配也就失去了法律价值上的安定性，无法确定法律规则何时会对此进行穿透审查，显然无法让金融市场交易参与主体形成合理的预期，这也是目前成文法中难以进行有效回应的原因与困惑之处。而在突出金融消费者保护目标和价值的时候，就需要重新平衡法律关系主体之间的权利义务的配置，为金融机构与金融消费者之间的平等交易提供法律保障。比如通过金融立法对金融机构设定信息披露义务、风险说明义务、最大损失揭示义务和投资者适当性审查义务以增强金融产品或金融服务的透明度和匹配性，提升金融消费者在金融交易中的协商或自主决策的能力；与此同时，还要对金融机构诱导特别是借助大数据、算法等工具通过暗模式等方式诱导金融消费者和普通投资者做出非理性决策或者是破坏市场公平性等非法行为进行规制，这些都是通过对传统理念下金融消费者和金融机构之间权利义务结构的更新与再平衡。

四 金融交易对象范围的发展

传统的金融活动以资金融通和支付结算等活动为主要内容，而随着金融进一步深化发展，金融交易对象和服务内容发生了深刻的变化，历史上很多未曾出现过的金融产品和金融服务已经进入金融交易的范畴。首先，传统金融业务中以存贷款为主的格局正在逐渐被改变，金融产品日益丰富，除了早期业已存在的保单、存单、股票和债券等金融产品之外，还在相关基础产品之上通过各类金融产品的组合或者层层嵌套而形成的金融衍生品。这些金融衍生品相较于传统金融产品，专业化程度得到了明显增强，非金融专业人士已经很难通过通念和直觉对金融交易产品的结构和金融法律关系予以深刻把握，这在产生金融法律纠纷时对金融法律的适用也就提出了挑战。不仅如此，金融产品和金融服务除了在种类和范围上不断扩大之外，更重要的是这些商品和服务在质量上良莠不齐，一些"有毒"的金融产品或服务投入市场之后，造成了金融市场秩序紊乱，金融市场的相关主体合法利益遭到了不法侵害。由于金融产品日趋复杂，信息不对称也日益严重，尽管信息披露的要求不断提高和完善，但作为金融产品的重要组成部分，信息居于其中具有不可替代的地位。其次，不仅如此，金融交易的范围不只是局限于金融领域，金融发展使得金融交易已经超越了传统的金融范畴，金融的思维与金融工具已经覆盖众多领域和行业，比如互联网金融、离岸金融、能源金融、数字金融等相继出现，对基于传统金融业务而制定的金融法构成了全新的挑战，这就需要通过修法或者补法等方式予以及时回应。最后，在金融科技加持之下，金融业务的运行效率得到大幅度提升，金融交易也不再局限于特定的工作时间和工作场所，7×24小时不间断在线服务，能够随时随地提供金融交易服务，金融交易对象的范围也因此在时空维度得以延展。金融科技为金融交易对象带来的变化还不止于此，其还重塑金融客体、赋能金融工具的同时，也带来了复杂的技术风险，包括内部的"去中心化"风险和外部网络风险。[①] 所以，不仅仅要重视传统金融，还要重视新兴金融。传统金融交易中，货币使用权抑或是所有权的让渡是金融交易的主要对象，而现在除了货币使用权抑或是所有权的让渡之外，金融合约作为金融交易对象也不鲜见，比如在期货交易中，标的物本身往往就是合约。所有这些交易对象的拓展，都对金融法提出了更高的适应性要求，也会使得金融法在回应现实发挥法律功能的时候屡屡显得滞后。概而言之，金融交易对象的变化，不仅表现为金融交易的客体种类发生变化，而且传统交易客体的范围也在不断拓展，与此同时，

---

① 郑丁灏：《论金融科技的穿透式监管》，《西南金融》2021年第1期。

数字技术应用背景下金融交易过程中还出现了个人信息消费的伴生现象，个人信息成为金融交易的重要内容，进而使得金融交易客体的复杂化和专业化程度明显提升。

五 金融法律规范技术性增强

法律规范根据其内容的性质，一般可以区分为伦理性规范和技术性规范。通常情况下，民事法律中伦理性规范所占比例相对较高，而在商事法律中因为基于商事交往与商业模式的变更，伦理性规范固然不可或缺，但技术性规范所占的比重就相对比较突出。作为具有私法属性的金融法，其技术性规范实际上占据了重要的地位，特别是随着数字技术和智能金融等迅猛发展和深入应用，金融产品和金融工具更加专业化，就此而言，这对立法技术和立法水平提出更高的条件。以技术性规范特征比较明显的证券法为例，[①] 证券市场中有着一套完全不同于日常生活的习惯用语体系，其中包含了大量的金融专业概念，比如权证、融资融券、股指期货、债券回购以及CDS、CDO、KODA等，这些与实体经济中的容易被识别的交易内容相距甚远，相关市场交易参与主体很难在短时间内就能够把握金融产品或服务的实质以及与之相对应的法律条款。因此，技术性规范较多的法律，对其规则的制定和发展也会更加慎重，这也与法律的安定性目标追求相契合。但由此引发的是金融法定分止争的功能减弱，无法适应金融发展的良好秩序建立的要求。金融科技发展，特别是人工智能运用的算法区别于传统的程序化设计，涉及神经网络的拟合，拟合结果会涉及成千上万个变量和庞大的数据。而大数据成为当今金融有序运行的重要资源，也是金融运行的重要表征，这使得金融与技术之间的连接更为紧密。算法本身也具有非中立和封闭性等特点，算法的价值判断由设计方予以决定，包裹在数学外表之下的设计者意见无法抹杀人类的偏见并因一次设计而形成较长时间的固化，并且是隐蔽在算法背后的价值选择偏在;[②] 将用户束缚在由兴趣和先入之见所引导的狭隘的信息领域，就容易形成信息茧房。[③] 在此

---

① 赵万一、赵舒窈：《中国需要一部什么样的证券法》，《暨南学报》2018年第1期。

② See Robyn Caplan, Joan Donovan, Lauren Hanson & Jeanna Matthews, "*Algorithmic Accountability: A Primer*", Data Society Working Paper (April 18th, 2018), p. 2, https://datasociety.net/wp-content/uploads/2018/04/Data_Society_Algorithmic_Accountability_Primer_FINAL-4.pdf.

③ [美] 凯斯·桑斯坦：《信息乌托邦》，毕竞悦译，法律出版社2008年版，第59页。

还要防止智能金融发展的异化,比如要防止智能投顾成为相关基金的导流平台,智能投顾算法的"黑箱"掩盖了其中的价值判断和利益输送,虽然主张技术处于中立地位,但是智能投顾技术的设计者却恒有其自身的价值判断,如果再与相关利益方进行勾连,在算法设计中偏向于相关利益方,显然违背了其应承担的信义义务。此外,智能投顾的同质化运行,还可能会引发金融市场的单边系统性风险。这些由于金融科技广泛应用于金融领域必然也会促使金融法律规范的技术性增强,并且进一步推动法律条文的技术化倾向得到强化,在守法者、监管者以及司法者等主体之间形成认识的差异,认识差异的结果就会导致法律在不同主体之间的理解出现偏差,这也是金融法需要弥补的漏洞,因此对金融法律规范技术性特征达成共识是金融法得以健康有效运行的前提。

第三节 实定法视域下金融法运行的追问

以实定法为切入点,在金融法律关系要素不断更新过程中,审视金融法运行的适应性与应对能力。梳理现有的金融法律体系,对金融法律制度的目的和逻辑关系进行对照比较,从金融立法到金融执法再到金融司法等环节分别进行考量,是全面准确地理解金融法律制度的前提。同时也必须承认,现有的金融法理论体系中各分支体系内部所要解决矛盾的特殊性、相对完整性和系统性以及与相关法学理论的衔接性和对应性之间的关系依然留有很多探索的空间,[①] 特别是基于金融司法裁判的角度来审视金融法理论体系与金融法律制度体系的完整性,需要作进一步深入追问和检视。

一 金融立法真的已经逻辑自足了吗?

近现代社会受到法治主义思潮的广泛影响,使得人们曾经迷信法律的统治就是完美的统治,并且假设法律是一个封闭的、完整的具有连贯性和异质性的体系,它本身没有漏洞,也没有自相矛盾和歧义。[②] 具体而言,

---

[①] 刘少军:《金融法的基本理论问题研究》,《经济法论坛》,群众出版社 2008 年版,第 319—339 页。

[②] Jan M. Broekman, "Beyond Legal Gaps", *Law and Philosophy*, Vol. 4, No. 2, *Legal Reasoning & Legal Interpretation*(Aug., 1985), P. 217.

法律的逻辑自足性是概念法学派的观点，认为法律体系的逻辑自足性，不承认成文法律遗有漏洞，继而否认法官在法律适用中的能动作用，只能对成文法作"三段论"式的逻辑操作，遇到法律疑义时则须以立法者的意思为依归，强调法律自我完善的逻辑。回顾我国历史可以发现，对于法律的自足性自古以来就有争议。古人对"法深"向来不以为然，如批评秦法"法密如凝脂、繁于秋荼"，先秦老子也曾说"法令滋彰，盗贼多有"。① 我国南宋时期思想家、文学家陈亮的《陈亮集·补遗》有云："操权急者无重臣，持法深者无善治。"意思是说，用权过于急躁苛求的人没有持重稳固的臣下，过于依靠绵密的法律则没有好的治理绩效。"法深无善治"体现了前人对于法律规则在国家治理中所发挥的作用的看法，认为用法律网罗一切的"唯规则论"难以形成政通人和的善治局面。② 投射到现代法治进程中，从这一角度也可以说明金融法律制度即使在规则密布的情形下也难达善治，毋宁说在规则尚处于健全过程中的金融法律制度。

在多具成文法特色的我国金融法律体系中，金融法本身就属于新兴的法律领域，并且有很多规则条款还属于法律移植的产物，需要不断地本土化，即使从逻辑本身进行检验，金融法的体系性还尚未完整。比如就金融运行的系统而言，除了市场准入和经营过程中的法律规范，还应有相应的主体退出机制，而国内有关金融机构的退出机制在法律上长期处于空缺状态，当然在金融机构市场化退出方面，法律也在逐步完善，比如随着存款保险制度的推出，就为金融机构的市场化退出奠定了关键性一步。在金融领域具体法律适用过程中金融法的不完备现象也是屡屡进入人们的视野，无论是基于金融创新而衍生出的新型金融法律关系纠纷，还是基于金融深化而爆发出内涵得以不断丰富和拓展的传统金融法律纠纷，既有的金融法规范无法也无力作出有效的应对。就此而言，金融法依然具有非常广阔的纵深空间去不断更新和完善。从法律与金融之间的发展来看，二者之间并没有呈现出同步发展状态，甚至金融的发展有时并不是因循线性发展规律，周期性特征比较明显，"但愿金融不再

---

① 柳长浩：《从"法深无善治"看经济法治的辩证法》，《人民法院报》2020年8月14日第5版。

② 柳长浩：《从"法深无善治"看经济法治的辩证法》，《人民法院报》2020年8月14日第5版。

有周期"只是一个虚拟语气,在此,法律作为应变量要及时作出有效的调整和针对性回应。鉴于法律稳定性的要求,又使得金融法无法表现出高度敏感性,不能对金融的变化随时做出基于成文法表现形式的应变,所以形式上的金融法要实现逻辑上的自足,显然困难重重,更不用说对金融运行实践进行有效规范了。

通过比较可以发现,多数全球金融中心城市所在国家或地区一般都是采取判例法体系,而希冀建成全球金融中心的上海目前则是多属于成文法体系。在此背景之下,如何博采众长建构独特的金融法律体系?如果说判例法的设立更多是因应定分止争的需求,而不是通过先见之理性设定法律,那么成文法的制定如何通过应有的预见性来对社会未来之发展和金融法领域的趋势形成具有洞见性的判断,显然是充满挑战。我国的金融法还处于持续完善过程中,尚未形成成熟的金融法律体系,究其原因:一方面是法律所规制的领域属于创新性比较强的领域,尤其是晚近 10 年,我国金融的发展日新月异,有科技因素和数字经济的介入,也有市场规模效应的挖掘与应用,还有金融发展理念的转向,就此而言,即使金融法体系内部在特定时点已经达到自足状态,但面对金融领域这一开放体系,其自足性也无法达到恒常状态;另一方面,金融法律自身在这方面尚未有做好应对的准备,依然是多依靠传统的法律思维应对已然发生深刻变化的金融交易活动,没有做到因时而变、随势而动。特别是金融法不像民法等传统法律那样具有相对稳定性和成熟度,金融法还处于不断探索和完善之中。既要积极回应社会现实与未来的需求,也要能够响应政策的倡导,这应该是当前我国金融法发展的基本面向。除了逻辑上的亟须之外,对于金融法适用及其法律生成的思考还有来自于现实的需求。金融法律的完善和功能臻至理想境界,离不开其对实践的推动和完善。建立上海金融法院、北京金融法院、成渝金融法院等实际举措,目的就是适应金融领域纠纷高度专业化等发展趋势,统一金融法律适用、规范金融司法自由裁量,在推动完善金融领域法治化方面迈出积极的一步,上海金融法院定位于要形成"中国标准""上海规则",所提出的目标更具高度,显然并不满足于以金融案件集中管辖等这些表象的目标为限,而应是意图立足于金融法律有效适用和金融法律制度完善这一角度,将推动金融实定法体系自足性不断增强。事实上,上海金融法院自 2018 年 8 月 20 日揭牌成立至今,高效审理了一批重大、疑难、复杂、新型案件,特别是通过首创性审判和探索"金融市场案例测试机制"等一系列举措，为金融创新业务提供了前瞻性指引。①无论是总结既往，还是立足现在，抑或是面向未来，金融法自足性都应是持续追求的目标，在推进过程中实现金融法治的目标和价值，也在推进过程中不断探求金融法新的发展方向。

二 法官适用金融法真的没有续造吗？

尽管在大陆法系国家和地区坚持以法律为准绳，但在法律实际适用中，法官真的任由立法者所制定的法律"摆布"吗？在司法过程中法官或者法院对法律必要的解释以及自由裁量是其接受法律并依其解决个案纠纷的重要基础。最高司法机关所形成的判决有时可以发展成为一种具有普遍指导价值的案例，对其他司法机关的审判活动能够形成影响。下级法院在其对相同或类似案件进行裁决时必须遵循同一管辖区域内上级法院的裁决，② 这种现象被称为司法立法。司法立法不仅是英美法系国家的法律渊源，而且在大陆法系国家，司法审查所确立的原则和规则也具有司法立法的性质。即使是在我国，大量的"司法解释"构成的新的法律规则已经成为事实上的司法立法。③ 而根据相关研究发现，中国的司法解释自出现之日起，就具有浓厚的立法色彩，属于"替代立法"的司法解释。④ 必须承认的是，法律作为一个"封闭完美的体系"观念在20世纪就已式微，渐渐遭到大多数法学家抛弃。如果要求法官在一切案件中都依法审判、绝对禁止造法和回溯用法，必须立足于这样一个前提：即既有的法律规范已经巨细靡遗地规定了社会发展进程中既往、现在和未来所有的事态和可能，任何案件被提请审判的时候，法官只要进行法律适用，而不必求助于任何法律以外的尺度去断案。⑤ 但事实上，法律本身并不是完备的，逻辑上没有实现自洽，这既源于经济社会的向前发展，也源于人的认识的有限

---

① 胡蝶飞：《上海金融法院今迎三周岁》，《上海法治报》2021年8月20日A2版。

② "遵循先例"有两点重要的限制：一是任一法院的裁决只能约束同一权力体系中的下级法院；二是后来的案件必须在时尚或实质上与先前的案件相同或紧密先关。参见彼得·J. 麦西特《普通法系的几个特点》，《法制日报》1999年3月24日第4版。

③ 戚渊：《论立法权》，中国法制出版社2002年版，第203页。

④ 洪浩：《法律解释的中国范式——造法性司法解释研究》，北京大学出版社2017年版，第96页。

⑤ 林立：《法学方法论与德沃金》，中国政法大学出版社2002年版，第3页。

性等众多因素所限。尽管司法不是解决纠纷的唯一途径，如果因为没有法律规定而拒绝裁判，这本身也就承认了法律存在漏洞。

实践中，法未经解释无法适用，正如帕特森所言，"毋庸置疑，我们的时代是解释的时代"。① 法律解释学作为一门学科，早在罗马法时代即已存在，经过两千多年的发展，如今它在西方已经成为一门内容十分丰富的学科，而我国的法律解释学起步比较晚。尽管如此，并不能否认法律解释学所应有的功能，进入到民法典时代，法律解释的重视程度已经得到进一步提高，这在我国金融司法中也是如此，不存在例外。但是法官的司法解释必须受到法条字面含义的严格限制。这正如法条主义者所坚持的一样，确定一个司法判决的是法条，对法条所进行的司法解释必须受到"解释法则"的制约，这是法治的要求。② 所谓的"法官续造法律"，虽然毋庸讳言，或多或少有法官评价的空间存在，但仍是要遵循某些根本的法律原则及法律体系所揭橥的价值方向，绝非放纵法官胡作非为。③ 所以，归结起来，法官通常必须以法条所确立的标准含义来判决案件，裁判在形式上要能够从法条中推断出来，因此他们解释法条的自由度是有限的，不能因为偏离法条字面含义的解释而葬送法律本身。同时应强调，法律的安定性并不是表明法律没有漏洞，而着重强调法律的价值不能轻易嬗变，尤其是对处于变革过程中的金融法而言，更应是如此。因为这个世界是由无数不断推陈出新的事态所组成的，尤其是随着金融科技的加速发展，产生很多新的金融产品和金融服务，必定是让市场交易参与主体始料未及的。因此，法律既不是始终自足的，当然也不是封闭完美的，需要紧跟社会发展节奏，甚至有时还要适时地引领社会发展。而对法官而言，其在司法过程中，并不仅是宣示既有的法律，而且也是就裁判规则的生成不断进行创新。

我国的法律多具成文法体系的特征，从理论上而言，法官在法律有明文规定的情形下只能严格依法裁判，相较于判例法国家的法官所拥有"造法"的权力，我国法官所拥有的自由裁量权显然要小得多。而在实践中我

---

① 王利明：《法律解释学读本》，江苏人民出版社2016年版，第14页。

② [美]理查德·波斯纳：《法官如何思考》，苏力译，北京大学出版社2009年版，第38—39页。

③ 林立：《法学方法论与德沃金》，中国政法大学出版社2002年版，第6页。

国的司法裁判过程也不仅仅追求个案裁判的实现，事实上也在寻求对于既有法律规则的固化和在规则出现空白状态时对法律原则应用的尝试和探索。而法律非经解释，都无法适用。法律解释是法律得以有效适用的基本前提，因而法律的适用意味着必然要对法律进行解释，包括在法律思维方式指导下发现、理解、准确适用法律意义的过程。[1] 波斯纳指出，"法律解释是一种解码活动（Decoding），其主要功能在于通过解码，还原成文法制定过程的原貌，探索立法者在立法交流过程中的真实意图……成文法是立法者和法官之间的一种交流活动（Communication），立法者通过这种交流向法官传输行为指令，就像将军向士兵传达命令一样。但是，如果法官无法找到立法历史，且法律模糊，则法官就失去了指令。其需要按照自己去想象，立法者会向自己发出何种指令？"[2] 从这一意义上说，法律解释也是探寻法律规则立法目的和意旨的过程。金融法是一个新兴法律领域，这一特性表现尤甚。一般法律条文与个案事实之间的缝隙亦即法律可能存在的空缺结构，决定了法官在处理案件时必须发挥选择、识别功能，才能发现最具操作性可供适用的法律规则。凯尔森在《法与国家的一般理论》中指出："制定法和习惯法可谓只是半制成品，它们只有通过司法判决及其执行才趋于结束，法律由此继续不断地重新创造着自己的这一过程，从一般与抽象走向个别与具体……司法判决的个别规范是抽象的一般规范的必要的个别化和具体化"。[3] 由此可见，制定法或习惯法与裁判规则并不是同一概念，而且以通常认识看来，从制定法或习惯法到裁判规则的作用是单向的、一维的，而这样的流动性，缺少了反馈机制，不利于法律的适应性。需要明确的是，裁判规则在很多情形下并不同于行为规则当是无疑，一般而言裁判规则要通过相应的转化，将裁判规则中有关行为规则的内容予以提炼和抽象，才能形成行为的指引功能，并对行为后果进行预测。

通过研究分析可知，司法过程中法官的自由裁量权的行使以及利益衡量法律方法的具体运用，都是不争的事实。以形式作为标准进行判断，在

---

[1] 吴庆宝：《避免错案裁判的方法》，法律出版社 2018 年版，第 44—45 页。

[2] Richard A. Posner, "Legal Formalism, Legal Realism, and the Interpretation of Statutes and the Constitution", 37 Case W. L. Rev. p. 179（1986-87）.

[3] ［美］凯尔森：《法与国家的一般理论》，沈宗灵译，中国大百科全书出版社 1995 年版，第 152—153 页。

中国裁判文书网中以"利益衡量"为关键字搜索，出现这一词汇的司法文书比比皆是，即使将样本缩限到金融法律纠纷的案例中，这一情形也不鲜见。而以实质性标准进行判断，在全国首例网贷评级不正当竞争案①以及陈某诉甲银行借记卡纠纷案②等具体案件裁判中，都可见到利益衡量的踪迹。就此而言，在成文法体系下，法官在金融案件的司法裁决中并没有机械地适用法律，至少可以表明司法过程中不完全在机械性地适用法律，而是在能动地适用法律，从而达致个案正义的效果。所谓个案正义更多地体现在案情特殊、法律适用针对性不强、有一定社会影响的案件的处理，其实饱含了法官探寻和追求体现实质公平正义的规范与规则的艰辛过程。需要强调的是，这一结论并非逻辑推演，而是能够得到实践验证。比如上海高院发布 2019 年度金融商事审判及证券虚假陈述白皮书时就指出，上海法院金融商事审判中新型疑难法律问题频现，如电子票据隐名"代持"行为的法律关系认定、物流企业"错投"货损险的损失赔偿，以及新三板市场是否适用证券虚假陈述司法解释等，而在这类案件中，司法裁判对于金融交易规则的形成与确认都发挥了重要作用。③

从名义上来看，在中国法官个体不是立法者，作为整体出现的司法机关才是立法者的组成部分，当前，司法机关主要不是通过个案的裁判来生成法律规则，而是往往通过司法解释的颁布来实现其剩余立法权的，当然这只是司法主张剩余立法权的最显性方式，其实还有通过法律方法的应用来填补法律漏洞的方式，这一过程虽然没有形成法律文本，但实质的功能依然表现为对法律漏洞的填补。因此，与其默认司法过程中法律续造现象

---

① 北京市海淀区人民法院于 2016 年 12 月 27 日公开宣判"网贷评级第一案"。原告主要就如下问题起诉被告：一是被告不具有合法的信用评级业务资质，也未与原告就手机经营数据信息达成相关协议，即根据所谓的评级标准对短融网进行评价并公布评级结果（其中 2015 年 2 月 9 日发布的《融 360 首发 2015 年网贷评级 100 家平台结果公布》报告，将原告评为 C 级，2015 年 5 月 19 日发布的《融 360 网贷评级名单出炉：多家知名平台降级》，将原告评为 C⁻级。根据融 360 的评级 C 和 C⁻级别意味着被评机构不安全或者投资风险较大，投资需谨慎考虑或需特别谨慎考虑）；二是被告对原告的两次评级毫无事实依据，纯属捏造臆测，该评级行为给原告带来负面影响，构成了对原告进行商业诋毁的不正当竞争行为。参见邓建鹏《通过司法为互联网金融指引新秩序——"网贷评级第一案"引发的思索》，《中国法律评论》2017 年第 3 期。

② (2013) 沪一中民六（商）终字第 152 号。

③ "上海高院发布 2019 年度金融商事审判及证券虚假陈述白皮书"，澎湃新闻，https://www.thepaper.cn/newsDetail_forward_7410523，2020 年 6 月 29 日。

的存在,[①] 还不如将其公之于阳光下运行。通过公开并接受监督等方式防止潜规则的暗流涌动,加强司法机关法律续造的程序性和规范性。探寻法律续造现象出现的缘由,既有金融法自身特性所决定的因素,也有司法裁判从法律规则到裁判规则自身转换的问题。但是,如果换一个视角来审视,在实然中必然体现了应然,[②] 事实上,也在实然中找到了应然的依据。

三 金融立法与金融司法真的无涉吗?

既往金融法的研究多从金融的不同分支领域展开,比如对银行法、证券法、保险法、信托法、期货法、基金法等进行研究,这也符合事物研究的一般性规律。而随着金融领域发展不断深入推进,是否需要依然固守这一进路?金融法治运行具有众多的环节,相互之间是何种关系?是彼此绝缘还是彼此互动并形成相互渗透?这一问题的答案对于金融法立法目标的彻底实现和法律功能的有效发挥具有重要的意义,而且从金融法治环节对金融法展开研究,也提供了另外一个崭新的视角。在此需要从实践和逻辑两个维度进行论证,从应然到实然的进路予以分析。法律的现代化,维系于法学研究方法的认识、接受与应用。法学的进步,仰赖于研究方法上的进步。我国金融立法的研究,必须重视面向日常生活的历史分析和比较分析,突出案例和实例的个案分析。这些面向立法和司法的研究方法,有利于研究者纵看历史、横观世界、俯览现实,从而进行制度设计和规范完善。[③] 不可否认的是,在立法过程中就其进路性要素而言,立法机关往往忽略司法方面的资源,如对判例中隐含的原则提炼不够,与司法机关沟通讨论不多,也造成了法律难行的重要原因。[④]

事实上,立法与司法之间并不存在绝对的界限,尤其在我国现行法治中,立法权与司法权是分工合作关系不同,权力之间有分别但并不是一种

---

① 事实上,在我国并不是法官法律续造,而应是法院进行法律续造,法官个人并不能对法律进行续造,多是以法院作为主体发布司法解释、指导性案例,甚至运用法律方法进行司法裁判。
② [德] 古斯塔夫·拉德布鲁赫:《法律智慧警句集》,舒国滢译,中国法制出版社2001年版,第32页。
③ 管斌:《金融法的风险逻辑》,法律出版社2015年版,第42页。
④ 王爱声:《立法过程:制度选择的进路》,中国人民大学出版社2009年版,第46页。

绝对的对立和制衡关系。即使放眼世界各国的法治进程，司法机关介入法律制定的环节也获得了不断发展，内容从程序性规则拓展到了实体性规范，法律创制的对象从立足于个案解释权延伸到了一般规范制定权，而司法机关创制法律的国家和地区并不限于英美法系，大陆法系国家和地区也已经积极参与其中。① 有学者提出金融统合法的概念，建议将金融商品、金融服务、金融组织、金融消费者保护等进行统合规制能减少立法空白，并赋予金融一定的前瞻性，同时还提出要以金融消费者保护为金融服务统合法的核心目标。② 还有学者就指出，应将金融法作为一个整体（the act of combining into an integral whole）加以研究。③ 不同金融分支领域进行统合立法自然必不可少，但针对不同规制对象的统合立法无法代替不同法治环节的反馈与互动，所以金融法的系统性构建，不仅要在金融的不同领域或分支需要加以融贯，而且要打破从立法到司法的一维和单向的运行路径，在金融法治的不同环节加以联动，以及从金融的不同领域向金融的不同法治环节延伸。

  作为多具成文法特色的我国金融法律体系，司法机关在司法过程中，必须将抽象的法律规则转化为具体个案中适用的裁判规则，这是法官对案件进行有效裁决的必由之路。我国的法院判决包括指导案例目前还不能被定性为正式的法律渊源，也就是通过个案的裁判来创制法律规则的司法权力行使方式未有得到承认，各级法院公布的司法判决能在多大程度上对其后类似案件中相关法官的推理和思考产生影响还是处于非确定化状态。但可以肯定的是，法院通过判决一些重要案件从而对公众的生活产生影响力已逐渐呈扩大的趋势，甚至可以说有一些判决之所以重要，原因恰恰就在于这些案件的司法裁判已经获得了超越案件本身的价值。④ 但是如果深入分析立法过程就会发现，立法过程既包括显性立法也包括隐性立法。显性立法过程通常为人们所认识并肯认，但是隐性立法过程则不易被察觉，表面上没有剧烈的变化，但在相对平静过程中进行渐变，隐性立法因为过程

---

① 洪浩：《法律解释的中国范式：造法性司法解释研究》，北京大学出版社 2017 年版，第 253 页。
② 杨东：《金融消费者保护统合法论》，法律出版社 2013 年版，第 1—90 页。
③ 管斌：《金融法的风险逻辑》，法律出版社 2015 年版，第 31—32 页。
④ 黄韬：《公共政策法院——中国金融法治变迁的司法维度》，法律出版社 2013 年版，第 152 页。

透明度不足而常被忽略，却不能因此否认其行使立法之功能。① 金融法的立法过程当然也是两种立法形态过程并存的格局，而法官在这两种立法过程中的角色和作用不可或缺，事实上也发挥了实际的作用。特别是在司法裁判文书通过互联网进行公布以后，司法公开得到进一步推进，法院裁判对人们的行为具有示范引导作用，这种作用就是实现法的指引、预测、评价等功能。司法过程中对法律的解释是法律从文本中的法律走向实践中的法律的重要途径，而这是法律得以有效实施的桥梁，也是我国法律发展的途径之一，司法与立法之间在此过程中建立了紧密而又重要的关联。

四 适用创新真的打破成文法体系吗？

英国自 12 世纪创造了普通法，从此走上了与欧洲大陆其他国家和地区不同的道路，② 自此，以法官造法为基础的判例法体系与以立法机关创制的成文法体系之间的比较从未间断。需要明确的一个事实是，判例法国家和地区并没有排斥成文法，成文法国家和地区也在逐步引入判例法，并且有一部分大陆法系国家和地区引入判例制度的现象比较明显。《瑞士民法典》第 1 条规定法官在填补法律漏洞的时候应参酌学理和判例。这事实上就表明在成文法国家也可以引入判例，二者并不是排斥和不相容关系。还有学者判断，成文法国家对判例运用具有不可避免的刚性需求。即便是在具有典型意义的法国，20 世纪法官的司法权已经广泛渗透到立法权之中，生效的法规大部分是来自判例汇编，而不是《拿破仑法典》，在法国私法的大部分领域内，规则是法官地道的创造物，法官的职能不是也不可能机械地适用那些众所周知的和已经确定的规则。在法国，传统的静止"法官造法"的理论和制度步入了逐渐消亡的通道，司法适度"创制法律"的时代已经来临。更具说服力的是，德国的法官立法还赶超了法国，在某些法律部门，其发展是受到判例操纵的。③ 因此，所谓成文法体系，应该说，只是以成文法为主要法律渊源的体系，并没有否定其他法系所固有的特点和优势，而是在扬弃成文法体系优点和缺点的同时，适当借鉴其

---

① 王爱声：《立法过程：制度选择的进路》，中国人民大学出版社 2009 年版，第 7 页。
② [比] R. C. 范·卡内冈：《英国普通法的诞生》，李红海译，商务印书馆 2017 年版，第 135 页。
③ 徐国栋：《民法基本原则解释——成文法局限性之克服》（增订本），中国政法大学出版社 2001 年版，第 333—335、338 页。

他法系的有益做法,让法律更加趋于完善,具有更强的适应性。

　　进一步比较分析可以发现,"法律续造"与"法官造法"甚至"司法立法"并不是同一概念。法律续造是大陆法系国家特色,"法官造法"或"司法立法"是英美法系国家的传统。虽然二者主体都是法官或者司法机关,但是法律续造只是在个案裁判时成文法存在的漏洞的情形下,对法律进行有限度的创造性解释和发展,以填补漏洞,妥善解决待决案件,通过法律续造产生的规则仅仅是为了补充立法机关所创设法律体系。而法官造法则是判例法国家法律创制的一种方式,法官所造的判例法是英美法系国家法律的主要形式。[①] 严格按照制定法条文进行判决并没有原则错误,问题在于:当制定法规则在适用于具体个案时出现模糊、矛盾或者是规则缺失的情形,法官应该怎么办?法官不能因为现实中没有可依据的法律就拒绝裁判案件,严格按照条文主义训练出来的法官将难以正确地发现法律和把握正义,"执着"于制定法条文可能得出荒谬的裁判结果,从而从根本上违背了法律的精神。[②] 在我国的法律解释体制中,具有立法权性质的司法解释在很大程度上剥夺了法官在个案中对法律的解释权,使法官在个案中对法律的解释权保留在很低的层次。[③] 因此,无论是立足于两大法系的融合,还是基于中国法律体系不可逆转性特征进行审视,在金融司法中赋予法官法律续造的权力,并没有从根本上否认成文法体系的本质属性,只是在不完备的金融法中植入了赋予法官在一定范围内进行法律续造的权利基因,这恰恰也验证了在坚持成文法为主体的前提下,适当地发挥司法主体的相应功能进而实现对法律漏洞进行有效填补的这一构想是有现实可能性的。

　　在这个"中国归来"(China Redux)[④] 的时代中,我国法治的发展应有独立发展之路径,特别是金融法制的建构更应充分结合本土之特色,不能无视千差万别的中国现实环境而直接做出制度选择。中国金融法律制度的发现与建构,更需要从中国本土环境和条件出发,以金融稳定为前提,以法治秩序为基础,以均衡参与为原则,以循序渐进为节奏,以国家安全

---

　　① 王保民、祁琦媛:《最高人民法院的法律续造:问题与对策》,《理论探索》2018年第2期。
　　② 陈金钊、刘青峰:《审判解释:法官最基本的法律方法》,《法学论坛》2003年第1期。
　　③ 陈金钊、刘青峰:《审判解释:法官最基本的法律方法》,《法学论坛》2003年第1期。
　　④ 康晓光:《中国归来》,台湾八方文化企业公司2008年版,第1—20页。

为底线，① 缔造适应中国发展需要而且具有正当性的金融法。历史证明，一部用事实和逻辑论证可能解决针对的社会问题的法律更为有效，而不是用权力、财富以及所谓发达国家法律的成功经验或者某种形式的政治协调来论证合理的法律。② 就此而言，中国金融法制因循法系的选择并不一定需要囿于现状，需要结合中国之现实作出相应的调适和发展。

第四节　金融法剩余立法权司法主张的理论基础

金融创新与金融深化共同推动金融法的发展，在此过程中，金融法在金融发展系统中多处于被动状态，因此也多充当应变量而非自变量。也正是源于金融自身的发展和金融法相应被动的变革二者之间无法共时实现无缝的衔接，因而就产生了通过司法主张金融法剩余立法权之主张。而在厘清金融的发展趋势和金融法律关系要素更新之后，再探究金融法剩余立法权的司法主张也就有了相对坚实的基础。

在金融社会化和社会金融化的进程中，金融已像基因一样深深植入到经济社会生产生活各个领域之中，由此而滋生和累积的矛盾投射到金融领域中所呈现出的就是金融纠纷自然也日益增多，对于此类纠纷的司法途径解决自然是金融活动当事人的重要选择。以金融法适用为核心研究对象的金融法律方法论，其重要功能在于保障金融法律的正确适用，保障法官依法公正裁判。但社会转型背景之下的金融改革创新尤为突出，在具体案例中，现行有效的金融法未能对金融法律纠纷进行充分有效规范，司法机关需要弥补法律规范与案件事实之间的空白，调和法律规范之间的冲突。③ 而司法机关在此进行司法主张，其理论基础何在？这是研究不断推向深入过程中不得不正面回应的一个问题。

一　金融法剩余立法权司法主张是针对法律建构主义的修正

全能主义作为一种立法指导思想，主要是指政治机构的权力能够随时

---

① 管斌：《金融法的风险逻辑》，法律出版社 2015 年版，第 56 页。
② [美] 安·赛德曼等：《立法学：理论与实践》，刘国福等译，中国经济出版社 2008 年版，第 9 页。
③ 孙光宁：《案例指导的激励方式：从推荐到适用》，《东方法学》2016 年第 3 期。

随地、毫无限制地侵入和控制社会中的每一阶层及每一领域。① 它着重强调立法对社会领域的渗透无所不能、无处不在，这显然有悖于法律运行的实然状况，与我国立法规律不符。考察我国法制的发展历程，法律体系不断完善，然而司法解释的数量不减反增，金融类疑难案件也不鲜见，这说明制定法没有达到完全涵摄的效果，也显然是对法律全能主义的证伪。法律的全能主义虽然是对法律功能的一种理想追求，但法律的全能主义理念往往会成为法律构建模式的理据，然而，这可能会在事实上对法律的功能与法律的生成形成误判。

在人类社会发展进程中，制度变迁是渐进试错式还是整体建构式？哈耶克和布坎南分别作出了不同的解答：哈耶克赞同渐进试错式，而布坎南则支持整体建构式。② 如果说英美法系的判例法传统代表了经验主义哲学视野下的"进化理性"，其强调制度（包括道德、语言、法律）是以累进的方式，在不断的试错过程中进化而来的，那么，我国法律制度所具有的制定法特征，就更为倾向一种"建构理性"，其更为注重通过人的理性来对社会制度予以设计把控。③ 博登海默也指出，有序所描述的是一种具有一致性、连续性和确定性的状况，而无序则表明的是一种非连续、无规则和不可预测的情形。④ 回溯国内金融法律体系的建立过程，也是通过不断"试错"摸索的过程而逐步架构其体系的。⑤ 在以连续性为基础，在各种力量相对平衡、主体认识不断深化、系统保持稳定的条件下，立法过程同时表现出渐进发展的特点，而谈到立法过程渐进时，是指过程的相对稳定性。⑥ 过程的渐进性是渐变，而不是突变，因为事物之间的继承秩序不易被打破，已经以某种方式构成的现实事物的秩序，使各种因素之间的相互

---

① 邹谠：《二十世纪中国政治：从宏观历史与微观行动角度看》，牛津大学出版社 2012 年版，第 81 页。

② 叶兴艺、王波：《论政治制度的演进性与建构性——以哈耶克和布坎南关于制度设计的辩难为核心》，《大连民族学院学报》2008 年第 6 期。

③ 张志铭：《转型中国的法律体系建构》，《中国法学》2009 年第 2 期。

④ [美] E. 博登海默：《法理学——法哲学及其方法》，邓正来等译，华夏出版社 1987 年版，第 207 页。

⑤ 金融法律制度建构的"试错"一个比较明显的例证就是 2016 年年初指数熔断机制的生效与夭折，在股市形成震荡的同时也为法律法规的制定提供了警示效应。

⑥ 杨进明：《过程论》，宁夏人民出版社 1999 年版，第 100 页。

作用处于相对稳定状态。如果立法突破既已形成的利益格局，就会影响过程的延续性甚至稳定性，并可能造成利益攸关者的激烈对抗。所以，立法者就要致力于对复杂利益关系作出建设性的调整。就此而言，立法总的倾向处于保守状态，以立法促改革具有一定的理想性。①

事实上，在中国经济发展进程中，法律的角色和地位比较特殊，存在一个"中国之谜"，即法治的低水平运行与经济高速增长同时并存。② 针对这一奇特现象，有研究者强调，对中国法律体系进行评价的时候，只局限于中国正式法律条文显然是不够的，还要关注到中国正式法律与非正式执行机制相互之间的作用和影响。③ 考察我国法律的生成过程，在平稳社会秩序运行中，鲜有整体变革，除非是社会制度发生更替，才会作出系统性变法。因此，在当前经济社会发展环境下，通过整体建构法律体系是不符合中国实际和传统的。虽然就金融领域法律而言，可以予以系统性构建，但从部门法的演进历史与其应有功能发挥来看，渐进式立法更具有现实意义。因此，对法律漏洞的填补，渐次矫正法律的不足与缺陷并逐步使其臻至完善，而不是选择颠覆性变法，是法律内在安定性之需求，也是法律渐进试错的思维路径，符合金融深化与金融创新阶段塑造法律规则的内在运行机理。

二 金融法剩余立法权司法主张是对立法实践不完美的确认

制定法之不完美在理论界和实务界已形成了共识。追溯历史，《史记·商君列传》就描述了商鞅所为制定法的事实，通过判例方式所采取的系列活动，表明判例对制定法的实施具有效力上的补强作用，也就是说制定法公布之后，需要通过判例确定其含义，界定其范围，补强其效力。④ 成文法系国家和地区在历史上也曾试图通过体系庞大的制定法来发挥理想中法律的完美功能。比如在德国，1794 年威廉二世颁布了《普鲁士民法典》，条文多达 16000 条，目的就是防止法官立法和释法的企图，法官遇

---

① 王爱声：《立法过程：制度选择的进路》，中国人民大学出版社 2009 年版，第 62 页。

② 卢峰、姚洋：《金融压抑下的法治、金融发展和经济增长》，《中国社会科学》2004 年第 1 期。

③ William Alford, "The More Law, the More…Measure Legal Reform in the People's Republic of China", Working Paper no. 59, Stanford Center for International Development, Stanford University, 2000.

④ 汪世荣：《中国的判例文化传统》，《法律适用》2017 年第 2 期。

到疑难案件，必须将解释和适用问题提交一个专为此目的而设计的"法规委员会"，法官是不能对法律作出任何解释的，否则便被认为是对腓特烈大帝的冒犯。① 但法律并没有因此而达到完美状态，如此庞大的法典最终还是无法逃脱成文法不完美之宿命。

纵观法律的实际运行，部分立法权已经从立法机关向司法机关发生了转移。审判的功能与作用也有所变化，这是法律运行实践所形成回馈，也是法律运行的实然状态。竭力排斥法官进行合理地法律续造也是徒劳的，最终也无法达致意欲实现的法律功能。片面追求法律的稳定性已然成为不切实际的守株待兔之举而显得缺乏意义。立法机关无法全面应对社会发展对之所提出的所有立法要求，虽然立法机关试图制定明确、系统化的法律，以便适应一切可能发生的情况，但是立法活动总是落后于迅速变化的现实。② 从主张只有立法机关行使立法解释权和采取严格分权原则，到立法性法院的出现，再到有权纠正下级法院错误的"复审法院"的产生这一过程中，伴随着对司法机关法律解释权的逐步确认，司法机关最终也因此享有了部分立法权。③

在司法机关享有司法解释权观念广为人们所接受的情况下，立法机关主要通过两种途径实现这一目标：一是在严格限制的情况下，将审判的自由裁量权授予法官，如《意大利民法典》第 126 条规定，由于被告违反义务对原告造成损害的准确价值不能被证明时，法官可以根据"衡平"原则加以确定；④ 二是颁布有关"审判自由裁量"的法规，供法官适用，如《意大利民法典》第 1337 条规定，契约当事人在订立契约时，必须遵守诚实信用原则，由于"诚实信用"在法律中并没有确定的内涵而显得笼统，以至于不会对法官产生任何拘束力，事实上等于立法机关通过立法将审判的自由裁量权交给了法官，以实现公平正义，使制定法适应社会的发展变化。⑤ 在我国法律实际运行中，已经构成了显而易见的法律续造，最明显的例证是司法机关通过运用司法解释权而创制了相关的法律规则。如何对待我国实际存在的法律续造的问题？一种选择是通过立法加以废除

---

① 戚渊：《论立法权》，中国法制出版社 2002 年版，第 213—214 页。
② [美] 梅里曼：《大陆法系》，顾培东等译，知识出版社 1984 年版，第 165—170 页。
③ [美] 梅里曼：《大陆法系》，顾培东等译，知识出版社 1984 年版，第 29—34 页。
④ 戚渊：《论立法权》，中国法制出版社 2002 年版，第 214—215 页。
⑤ 戚渊：《试论我国行政法援引诚信原则之意义》，《法学》1993 年第 4 期。

和禁止，但在我国完全排除司法机关法律续造是不符合更高的法的价值要求的，也与世界各国和各地区通行做法相悖；另一种选择是通过立法加以授权和确认。因为我们知道，立法机关制定的成文法要做到完备详尽并且能为后来发生的任何社会矛盾都能从以往成文法中找到法律依据并获得圆满解决是很难实现的；况且经济社会不是相对静止的，有时所产生的变化甚至可能冲破成文法规定的范围，在金融领域中更是如此。为此，对事实存在的司法主张通过立法加以确认和授权，用宪法和法律规定最高司法机关等机构享有在法律适用过程中在必要时对原生性法律法规作司法性"解释"的权力，使其成为最高司法机关的固有权力。同时，还应赋予最高人民法院逐步扩大法律续造的权力以及增强指导案例的约束力，允许法官在活生生的事实面前对僵硬的法律作出一定范围的解释，司法解释等活动也可以使有智慧和素质好的法官脱颖而出，还能竭力确保法律的一致适用，使法律的适用具备可预见性，可以在不改变大的政治体制的同时，完善我国的司法体制，使司法独立的体系更加巩固，使我国的法制与法治适应变动不居的社会发展的需要。①

三 金融法剩余立法权司法主张是维护法律实质公平的选择

通过剩余立法补足金融法，是维护金融法律系统性与完整性的需要，也是金融司法实践的需求。在很多情况下，人们往往把公平看作是法律的同义词，公平是法律所应当始终奉行的价值观。② 而在金融司法实践中，形式公平与实质公平的实现并没有总是呈现同步的状态。③ 由此可以追问的是，在追求实质公平过程中可能发生的所舍却的形式公平的价值应如何弥补？还是说形式公平在金融法中根本就不重要，本来就不需要在法律中予以回应？实际上，形式公平与实质公平都是法律所应追求的价值，只是二者之间并不是自始至终保持一致的，当出现不一致情形的时候，就需要

---

① 戚渊：《论立法权》，中国法制出版社2002年版，第219—220页。
② ［英］彼得·斯坦、约翰·香德：《西方社会的法律价值》，王献平译，中国法治出版社2004年版，第2页。
③ 在李少清与国信证券股份有限公司深圳深南中路证券营业部、国信证券股份有限公司证券欺诈责任纠纷一案中，二审法院考虑到社会发展及价值变迁的基础上综合运用多种解释方法，体现出在实践中探求法律意旨的主观思维与客观正义的结合过程。参见余智晟《金融创新法律问题与纠纷解决》，法律出版社2018年版，第42—57页。

予以甄别并作出相应的选择,而这在金融司法中是常常需要面对的问题。所以,当在实质公平与形式公平能够统一存在于具体金融法律关系中,则无所谓悖论;当实质公平与形式公平不能兼顾并且二者均能实现的时候,则实质公平优先同时兼顾形式公平,并要修正程序力求形式公平;当实质公平囿于条件暂时无法实现,而形式公平可以达致,则取向形式公平;而当实质公平可以实现,形式公平无法体现的时候,需要完善形式公平,让公平更加趋于完美。

现代金融体系中,金融工具的层层嵌套、金融交易结构的复杂多变以及交易关系的多层架构,使得权利义务关系往往并不能通过表面判断就能够进行直接有效识别,有的行为通过构造表面完整的证据链而实际上是非法侵占他人合法财产为其真实目的,如果只是根据法律规定作表面审查,尽管可能满足了形式公平之要件,却偏离了实质公平之坚守,显然无法达到法律所追求的公平正义的目的。又比如在创新型金融工具交易中,通过交易结构的设计掩盖或者有意回避风险的有效披露,进而不正当转嫁风险,损害金融消费者或者普通投资者的合法权益,如果根据金融交易合同的表面文字条款进行判断,也有可能陷入违背实质公平的旋涡。之所以在金融领域这些违背实质公平的行为能够大行其道,根本原因还是在于金融法存在漏洞或者空白,无法有效抑制交易行为向违背实质公平的方向逃逸,结果形成了表面合法而实质违法的局面。进入数字经济时代,金融领域发展又有新表现,通过算法、大数据、人工智能等工具,表面上公平的金融交易活动却可能隐藏着损害金融消费者或者普通投资者利益的企图,这在互联网保险等领域都有生动的案例可以作为注脚。

四 金融法剩余立法权司法主张是满足经济基础巩固的需要

生产力与生产关系的矛盾是世界金融危机酝酿、发展和爆发的根本原因。实际上金融发展过程中金融工具不断创新,而金融工具本身也属于生产工具的范畴,生产工具的变革必然会引起生产力的发展。因此金融创新所推动的制度创新,金融法的自我革命只是表征,本质在于经济基础决定上层建筑所形成的必然。探微金融变革之根本,阐发金融创新对于生产力与生产关系的影响,继而深入分析其所引起的法律制度变革的基本逻辑。正如马克思所言,政治的立法和市民的立法,实质上都只是在表明和记载经济关系。法律是以社会现实为基础,而不能颠倒法律与社会现实之间的关系，将社会现实建立在法律之上。法律应该是社会共同的、由一定物质生活方式所产生的利益和需要的表现，而不是个人的恣意横行。① 可见，立法权行使的价值取向乃是由一定的物质生活条件决定的。而一定社会的生产关系应该是该社会人民意志的体现，也是人民的根本利益之所在。法律作为反映经济基础的政治上层建筑，其基本功能就是保护生产力，促进生产力的发展，把符合生产力发展的生产关系建立在一定的政治秩序之上。②

具象到金融领域，比如在智能投顾中，建立在大数据基础上的机器人自我深度学习、判断和决策的算法，为投资活动带来了相较于传统人工投资顾问方式更大的便利，推动了社会的进步，区块链等技术的应用之于信用的价值也是如此，一方面都在客观上推动了生产力的发展，另一方面，金融科技等技术的发展与应用，也赋予了生产关系新的内容。在互联网金融的众筹模式中，通过互联网平台，让不同主体之间形成了相应的分工合作关系和利益分配关系，当然，还有风险和损失的承担。而众筹中的资本筹集方式不仅通过脱媒的方式使得资金的获得更加便利，而且跨越"熟人社会"的传统关系模式形成陌生人之间的直接融资关系，并且是在金融脱媒的情形下，相较于传统融资方式，其资金渠道与分配方式均发生了变化。尤其是在分配方式上的表现更为明显，股权类众筹与债权类众筹的分配方式和分配机制就有很大的差别，与此同时，因为风险的分担机制不同，以及所采取的权利配置方式的差异必然会造成收益分配的不同。因此说，金融的创新与发展，背后折射的是生产力与生产关系的变化，作为上层建筑的法律也应随之发生变化。为此，现代金融体系应从狭隘的逐利群体或阶层自觉走向深刻的"人民金融"内涵，坚持人道主义宗旨，改变与之相应的一切不合理的社会制度安排，尤其是改变"以资本为轴心"的社会核心制度形式，确保实现金融的民主化、人性化和社会公正性。③

金融工具的创新和变化，不仅仅体现在生产力的变化上，更重要的是还会体现在通过生产工具的变革所引发的生产关系以及社会关系的变化，

---

① 《马克思恩格斯全集》（第6卷），中共中央编译局编译，人民出版社1961年版，第291—292页。
② 戚渊：《论立法权》，中国法制出版社2002年版，第88页。
③ 张雄：《金融化世界与精神世界的二律背反》，《中国社会科学》2016年第1期。

这就要求法律关系的构建也要作适应性调整。毫无疑问，金融领域的创新发展导致金融法律制度供给出现不足，这也是生产力与生产关系二者之间作用与反作用在金融与金融法之间的生动体现。面对不断变化发展的金融领域，立法机构的反应相对比较迟钝，这对金融领域的有序发展和合规运行都形成了窒碍，故而要通过剩余立法权的有效行使，尽量让金融法的不完备性予以收敛，使得金融法的实践性品质更为明显，从而能够推动金融更加有序、有效发展。

第五节　金融法剩余立法权司法主张的现实动因

在合乎法律逻辑并具有理论支撑的基础上，现实的需求是金融法剩余立法权司法主张的最直接动因。金融领域的固有并且被日益放大的不确定性和风险，对人们的思维方式和行为模式产生了影响，进而推动着法律的制定和制度的构建，为此，现代金融法的理念和制度都应当积极回应这一时代的挑战。[①] 这是金融发展对金融法提出的现实需求，也是金融法产生法律空白、法律漏洞或者法律冲突的根源所在。法与金融理论认为，法律及其执行机制对金融的创新和发展起着至关重要的作用。金融法剩余立法权的问题不只是停留在理论探讨层面，业已上升至实践层面。金融作为一种配置其他资源的资源及机制，法官裁决方式和裁决结果对金融资源及其他资源的配置有不可忽视的外部性影响，具有明显的示范效应。金融市场的发展历史表明，有些市场参与者确实诡计多端，他们策划的那些欺诈投资者的阴谋已经再三被证实为非现有法律所能力及。试图仅仅依靠提高判例法或成文法的完备性来对这类行为形成阻吓，已被证实是不成功的，因为法律总是滞后于新的市场发展，包括滞后于那些欺骗投资者的新方法。通过金融监管等途径虽然提升了执法的力度，但是依然存在很多需要完善的空间。金融法具有强烈的实践品质，并且在不同的历史阶段其功能定位也有所差异。但是无论如何演进，时代应该是金融运行最鲜亮的底色，实践需求是金融不断发展的最强动力，司法主张金融法剩余立法权也要从中获汲现实的动因。

---

① ［德］科殷：《法哲学》，林荣远译，华夏出版社 2002 年版，第 142 页。

一 金融的开放性与广域性致使法律难以实现无缝规范

广域性突出金融的全时空不间断性运作以及参与主体的动态性和行为的延展性。金融创新不断深入推进,对金融主体、金融行为、金融市场、金融领域都产生了深刻的影响,比如金融机构的利润来源已经从完全依赖存贷差向存贷差、中间业务和表外业务利润多头发展;而随着在金融科技推动下的云计算、大数据、区块链和人工智能等技术的应用,金融机构的信息处理能力和信息获得能力大幅提升并进一步强化了其优势,从而可能更加激励其从事风险更高的业务,特别是金融衍生产品具有高收益等特点,而实质上带来的是虚拟化程度和杠杆率也随之不断提高。随着金融科技的应用与升级,金融交易也已经突破了疆域和时间的限制……如此种种。金融法律制度如果固守于传统业务的思维模式,依然以分业经营的单一视角进行法律思考,则可能出现金融法律不适应甚至脱节的现象。反观现实,包括金融资产管理公司在内的许多金融机构已经实现了全领域经营,许多金融资产管理集团拥有银行、信托、保险、证券和基金等几乎所有金融业务牌照。[①] 而在金融深化和金融创新背景下,我国现有的银行法、证券法和保险法多是针对传统金融业务范畴和金融运行模式所开展的立法,尽管已经将银行与保险监管机构予以合并,由新设立的银行保险监督管理机构统一行使监管职能,但现存的金融法律制度对于新型金融业务和金融运行模式显然还是有所缺漏。

历史上,坚持理性主义者认为"只要通过理性的努力,法学家们便能塑造出一部为最高立法者指挥而由法官机械地运用的完美无缺的法典"。[②] 但事实上,法律的不完备性无论是从经验还是从逻辑都得到了充分地证实。兰德斯和波斯纳就认为:"人类远见的局限、语言的模棱两可以及立法研究的高成本相结合,使得大部分立法只能以一种极度不完备的形式加以颁布,而许多不确定的领域则留给了法院解决。"[③] 所谓的信息对称永远是处在一个动态完善过程当中并且无法彻底实现其理想状态即消除信息

[①] 乔新生:《中国金融立法需要考虑五个问题》,证券时报网,https://news.stcn.com/pl/202003/t20200326_1355891.html,2020年4月28日。

[②] [美]庞德:《法律史解释》,杨知等译,华夏出版社1989年版,第13页。

[③] William M. Landes & Richard A. Posner, "The Independent Judiciary in an Interest-Group Perspective" 18 J. L. & Econ. pp. 879, 1975.

不对称，但对信息不对称的程度可以调整，并可以形成相应的机制保证满足相关的金融交易主体能够获得交易所需的信息。如果金融市场完全透明，就可能会形成相对均衡的市场定价，必然会降低金融机构的盈利能力，迫使金融机构需要进一步创新乃至破坏性创新金融产品和经营模式，隐藏金融产品信息以形成新的信息优势从而在交易中掌握定价权等。正是因为金融的广域性运作和开放性发展，导致法律对于金融的规范相较于其他领域的规范具有更强的动态发展性。这也就推动了金融市场对金融法的不断完善有了直接的现实需求，在动态发展努力中实现法律对事实的有效涵摄。

二 法律运行中人化努力不足与人际差别对金融法误解

经过人化努力所形成法律，由于因人而异的认识、利益以及规避等目的使得不同主体之间的法律认知会有所不同，而在金融运行中的博弈行为和心理因素等作用也非常突出，这也会对金融法提出相应的要求。因此，在金融法律生成过程中，人化的努力将使得金融法的发展一直处于动态之中，也能够促进金融法律不断发展并向完善靠近，尽管人化的努力始终无法到达法治完美的彼岸，但人化努力的充分与否依然会产生不同的法治效果。

金融立法主导的金融法治彰显的是立法理性，从制定法的视角来分析，成文法国家或地区对于金融问题的治理，必然会形成特定的路径依赖，动辄以立法思维来破解金融问题的困局。诚然，通过法律形式来定分止争，这应该是矛盾解决的正常诉诸方向。但是，这也形成了相应的问题：一是动辄建章立制的思维导致制度过密现象存在，虽不至于达到"繁于秋荼，而网密于凝脂"[①] 的境地，但过密的法律制度造成的冲突问题也就在所难免；二是法律法规只是提供了金融交易等活动中的遵循依据，还需要对法律运行的效果进行检测。当然，现在全国人大及其常委会对于立法的理性也在逐渐增强，比如有关证券发行注册制改革的谨慎推进过程就是一种值得肯定的理性转变，这不仅为立法积累相应的经验，也是在为行业的改革获得更多的时机。而与此形成鲜明对比的是，股票市场"熔断"

---

① （汉）桓宽：《盐铁论·刑德》，载王利器校注《盐铁论校注》，中华书局1992年版，第565页。

机制的匆忙推出到瞬间夭折，则折射出了规则制定中的仓促与非理性。金融是发展变化异常大的领域，新的立法需求依然会不断出现，这并不妨碍整体立法思路走出"法律万能"的工具崇拜。从动辄"立个法"的路径依赖，转向可能在特定问题上主张"暂缓出台"的立法理性，是金融立法人化努力的一个重要转变。事实上，立法只是法治中一个最为基本而位于前端的环节，它也不能一劳永逸而当然地解决所有社会问题。只有在立法时最大限度地坚持基本的立法理性和立法原则，尽可能地摒弃那种试图包揽一切的立法冲动，更加全面地虑及立法本身的可执行性和内在合理性，立法才不会陷入"法律万能"的泥淖。

案例是金融法律规范不断构建和完善的一个重要基础，很多新型案件的出现，本身就是金融快速发展的一个侧面表现。而随着金融深化的推进，随附产生的一个效应就是金融交易日趋活跃，由此引发的金融纠纷也急速上升，仅以上海地区法院而言，统计数据表明，2013—2017年期间，受理的涉金融案件数量年平均增长率为51%，5年期间审结一审金融案件共计47.8万件，包括期货、信托、委托理财、保理、私募基金、金融机构破产等专业性非常强的案件类型。[①] 但面对既定的法律规则和法律条文，包括守法者、执法者以及司法者在内的不同主体所形成认识和理解可能是存在差异的，无论是语言的因素还是环境的因素，最终根源是因为人际差别所形成的认知不一致。为此需要通过法律解释等途径来解决因为法律语言模糊、法律条款技术性强等原因产生的问题，这也从另外一个侧面验证了法律未经解释不得适用的深刻道理。人际的差异性不仅体现在个体的差异中，还体现在理性的区别上，更体现在不同主体处于特定法律关系中所坚持的立场和价值取向不同。原生性立法当然也会关注到这一客观现象的存在，但因人际的差异结果是基于个体分散性而凸显出来的，通过抽象和概括的方式在原生性立法中予以体现并实现更广范围的覆盖性调整具有一定的难度，而剩余立法权行使过程中不仅可以面对个案更能接近分散个体的真相，而且通过个案的识别可以形成更具有针对性的规则和举措，有助于金融法不断趋向于完备。

---

① 史洪举：《金融法院的重要作用值得期许》，《人民法院报》2018年8月24日第2版。

三 "不得拒绝裁判"形成了剩余立法权司法主张时机

"不得拒绝裁判"最早可追溯至 1804 年的《法国民法典》第 4 条规定:"法官借口没有法律或者法律不明确不完备而拒绝裁判时,得以拒绝裁判罪而追诉之。"① 我国现行司法制度中并没有明确建立"不得拒绝裁判"的规则,但这在国外法律制度中却是一项明确的规则。《瑞士民法典》第 1 条就开宗明义地规定:"法官裁判案件,如果有法律规定,应当根据法律规定;没有法律规定时,如有习惯规则,应当依据习惯规则,如果既没有法律规定,也没有习惯规则,这种情形,法官应当把自己当做立法者,创设一个法律规则裁判案件。"② 这也就表明,即使在没有法律规定,或者法律规定不明确不完备的情况下,法官也不得拒绝受理案件、拒绝作出裁判。否则,"得依拒绝审判罪追诉之"。据此可以把"不得拒绝裁判"界定为:法官不得因为没有法律规定,或法律规定不明确、不完备而对所受理案件拒绝作出裁判。也就是说,法官在面对诉讼请求的时候,对所受理的案件不能以法律条文意义模糊、法律条文规则冲突抑或是法律漏洞等为由而拒绝裁判,这其实也是司法判断是非的决疑职能的体现。事实上,不仅不能拒绝裁判,而且还必须做到依法裁判,而不能脱离法律依据进行裁判。简言之,即使在三段论大前提缺失的情形下,法官也不能简单以"于法无据"而予以驳回。③ 在此,理解"不得拒绝裁判"的含义,关键是界定"拒绝裁判"。而所谓"拒绝裁判",就是在法律规范欠缺的情形下,司法裁判表现为不作为。所以,"拒绝裁判"至少应包括两个要素:一是法律缺位或者规则不足;二是裁判不作为。在此情形下,如果相关法律关系主体的正当利益无法获得救济,则可能违反司法裁决的终局性和指引性原则,而如果适用有缺陷的法律规范甚至套用不相关的法律规范,则会出现违反司法公正的结果。

"迟到的正义是非正义",从这一角度也表明了司法裁判具有时间价值。如果拒绝裁判,显然是将争议搁置而延迟正义到来。虽然在实定法中

---

① 庄绪龙:《"法无明文规定"的基本类型与裁判规则》,《法治与社会发展》2018 年第 2 期。

② 梁慧星:《裁判的方法》,法律出版社 2003 年版,第 179 页。

③ 曹磊:《习惯在"法外空间"的规范效用》,《法律适用》2017 年第 20 期。

没有明文规定不得拒绝裁判，但是当金融法律纠纷提交法院并已经被立案后，在实务中表现为有诉必有裁判，即使不符合受理条件，也需裁定驳回起诉。总体而言，"不得拒绝裁判"的缘由可以归纳为多个方面，关键在于司法救济是权利救济的最后一道保障，如果司法对此保持沉默，那么社会正义将无法得到伸张。虽然不得拒绝裁判的法律缘由可以不同，但司法要进行裁判，就可能要行使金融法剩余立法权，无论是求助法的非正式法律渊源还是探寻"活的法律"，抑或是发现金融运行过程中的"自然法"，都属于金融法剩余立法权司法主张的重要依赖路径。

因此，在开展金融司法裁判的时候，即使在法律缺失、法律规定不明确甚至不同法律规定之间存在冲突的时候，法官也不能因此而拒绝裁判，因为法律纠纷不会因为法律的空缺而自然消解，依然需要定分止争、息诉止讼。法官在此情形之下进行司法裁判，就必须运用自己的司法经验、人性良知，以公平、正义的法律观念为基础，以逻辑分析为前提，根据法律的基本原则和精神，作出公正合理的裁判。① 如果拒绝裁判，则与法律的正义相违背，因为法律不应该允许遗留任何属于法律调整范围却又"无法解决"的问题，这也是法律与其他学科的根本区别。② 也不会因为法律尚未制定，就缺乏实质的判断标准，法律只是将判断标准予以具象化和明示化，而对于法官而言，除了文本法律之外，还包括司法解释、指导案例、习惯等裁判渊源。③ 因此，"不得拒绝裁判"是法院和法官履行职责过程中，面对金融法的不完备需要发挥能动而行使剩余立法权的重要推动性因素。而恰恰在此过程中，司法无法通过在法律规范的事实还原妥适地解决案件纠纷，亦即既存的法律规范难以容纳案件事实的情形，为了达到"案结事了"的效果，④ 司法必须创设既存法律规则之外的法律知识，而这恰恰是司法主张剩余立法权的活动场域。

四 金融法的渊源为司法主张其剩余立法权生成了空间

在此需要思考一个本源性问题，即金融法是来自何处？这一问题不是

---

① 彭世忠：《论"无法"司法——一种对司法过程的另类思考》，《政法论坛》2007年第5期。
② [德]伯恩·魏德士：《法理学》，丁晓春、吴越译，法律出版社2005年版，第137页。
③ 刘作翔：《司法中弥补法律漏洞的途径及其方法》，《法学》2017年第4期。
④ 谢晖：《法律规范的事实还原与司法中法律知识的生成》，《法律科学》2015年第4期。

探讨其民意的基础，而是探寻法律生成的源泉，亦即专注于法律渊源的角度。有关法律渊源的讨论持续不断，观点纷呈。根据周旺生教授的观点，他认为法律的渊源包括三项基本要素：资源、进路和动因。① 而在三个基本型要素中，资源型要素又是属于更基本的要素。所谓资源性要素就是法和法律制度的原料和质材，也就是所谓的资源，习惯、道德、政策、法理和判例等等都是法律资源型要素。在此需要区分法律的渊源和法律的表现形式，在多具成文法系特色的我国法律体系中，法律的渊源就是包括习惯、道德、政策以及法理、惯例、宗教礼仪、乡规民约、外国法、国际法、司法判决等等在内的各种法律资源，而法律的表现形式则为宪法、法律、法规、规章、条例等等输出性规范，二者所指涉的并不是同一层面的内容。要使得已有的材料资源和条件形成现实中的法律规范和制度，就必须考虑进路要素。立足于法律渊源，其进路要素具体是指法律得以形成的途径性要素，是社会与立法的接口，最主要的途径包括立法途径、行政途径、司法途径以及国际交往途径等。而动因性要素则是根本的要素，主要探究立法的动因，根据马克思主义的观点，人们的实际社会生活的需要是法和法律制度生成的最主要的动因。② 亦即前文所分析的，从金融运行过程中金融交易参与者的交易需要、司法主体的职责需要等，都可以成为金融法剩余立法权最现实的动力。

  对于法律渊源的探究，可以发现通过司法途径主张金融法剩余立法权是可以找到相应依据的，从资源性因素来看，司法解释、判例以及法律理念等等显然可以作为金融法律制度的资源性渊源之一，而从进路性要素进行审视，除了金融监管和金融自治之外，司法也是法律生成的重要途径，自然也是金融法剩余立法权推进过程中进行主张的依赖路径。而从动因性要素来看，显然金融法剩余立法权的行使缘于现实金融运行过程中矛盾的纷扰，纷繁复杂的金融活动以及由此演绎而来的金融法律纠纷，是对金融法不完备进行完善的最直接的动因。所以，从法律渊源的三个基本型要素来看，都为金融法剩余立法权的司法主张描述了广阔的作为空间。

---

① 周旺生：《重新研究法的渊源》，《比较法研究》2005 年第 4 期。
② 周旺生：《重新研究法的渊源》，《比较法研究》2005 年第 4 期。

第六节　金融法剩余立法权司法主张的悖论破解

金融法剩余立法权的行使，于金融法律体系的建立与完善而言，具有充分的现实需求，而通过法院行使审判权发现法律规则并借以形成法律规范也是当今世界各国和各地区普遍的司法实践。① 司法裁判一头联结着金融交易实践，一头联结着金融法律规范，居于金融法律适用的最前沿，同时也是将法律规定的普遍正义转化为个案正义的重要途径，司法主张金融法的剩余立法权也因此有了现实之可能。但在探讨司法主张金融法剩余立法权的可能进路之前，还有必要澄清对司法主张金融法剩余立法权的模糊认识甚至谬误，需要对金融法剩余立法权的司法主张的种种质疑进行回应，通过破解悖论，进而为奠定好剩余立法权司法主张的基础扫清障碍、作好铺垫，也为进路的选择和机制的探索提供启发。

一　成文法体系中金融法剩余立法权司法主张的可能性

虽然我国的法律更接近于大陆法系，以成文法见长，但是纵观我国的法制传统，最早保存下来的法律资源并不是成文法典，而是司法判例，西周青铜铭文《亻朕匜》，就是亻朕诉牧羊一案的判决书。② 事实上，根据考证，我国西周就曾实行过"判例法"；③ 而在清朝时期中国就已经形成了判例法与制定法相互为用、相互促进的法律体系。④ 应该说我国具有运用判例法的先行做法，但在现今多具成文法特征的法律体系下，司法是否就只能局限于法律的严格适用而不能进一步完善法律？还是可以通过适当拓展实现金融法的灵活适用并对金融法进行补充和完善？作为多具成文法系特征的我国法律体系，金融司法究竟能否创制法律？能在何种情形下和多大程度上创制法律？以及如何创制法律？这需要立足于我国大陆法律体系的视角加以思考。

不同法系的法律对金融市场发展的功能虽然尚无定论，但存在一种具

---

① 洪浩：《法律解释的中国范式——造法性司法解释研究》，北京大学出版社2017年版，第176—177页。
② 汪世荣：《中国古代判词研究》，中国政法大学出版社1997年版，第27—28页。
③ 武树臣：《论判例在我国法制建设中的地位》，《法学》1986年第6期。
④ 汪世荣：《中国判例文化传统》，《法律适用》2007年第2期。

有一定倾向化意见。"法和金融"（Law and Finance）学派的代表人物的研究将不同国家和地区按照法律渊源分为普通法系、民法法系、法国法系和斯堪的纳维亚法系四组，并在此基础上证明普通法传统的国家和地区拥有更为发达的资本市场，具体表现包括资本市场的价值更高，人均上市企业数目更多，IPO 金额更大，不仅如此，支付红利也更多，等等。① 还有学者通过研究认为，普通法系的法律规则形成具有灵活的机制，能够更快地适应瞬息万变的金融市场发展需要，因此能够助推国际金融中心建设对法律规则的需要。② 成文法的实践也表明，无论通过如何努力，严格法条主义无法自然就能达致法律的完备性，18 世纪末腓特烈大帝主持的《普鲁士民法典》就是一例，也就是说，即使法律规则制定得非常详细，依然不能适应经济社会发展变化的需要。因此，固守于传统的成文法体系框架寻求法律不完备的解决之道，显然不切实际。无可否认的一个事实是，大陆法系与英美法系的融合也日趋明显，以英美法系中的美国法律体系为例，它并不属于成文法体系，但是在金融法领域，却有着远比欧洲大陆国家和地区更为详尽的文本法律形式的规定。而且美国的这部分成文法发展在先，欧洲大陆相关国家发展在后。比如 1933 年的《美国银行法》、1935 年的《美国银行法》、1956 年的《美国银行控股公司法》、1995 年的《美国金融服务竞争法》、1998 年的《美国金融服务法》、1999 年的《金融服务现代化法案》等这一系列成文法构成了美国完整的金融法律体系。③ 与此形成鲜明对比的是，在欧洲大陆及亚洲的韩国与日本等大陆法系国家的金融立法却越来越多地借鉴甚至移植英美法国家的判例法规定。④ 英美法系和大陆法系在 19 世纪中叶以前可谓泾渭分明，是完全不同的两个法律体系，但进入 20 世纪以后，两者之间开始互相学习和借鉴并出现了融合的发展趋势。事实上，在英美法系，各国各地区在保持判例法的基础上加快制定法的制定步伐，制定法的数量不断增加，地位也迅速提升，已逐渐

---

① La Porta, Rafael, La Porta, Florencio Lopez-de-Silanes, Andrei Shleifer & Robert W. Vishny, "*Law and Finance*", Journal of Political Economy, 1998, 106 (6): p. 1113.

② ［美］罗伯塔·罗马诺：《司法判决与金融创新：债券契约中保护性约定的一个案例》，陈秧秧译，《证券法苑》第 4 卷，法律出版社 2011 年版。

③ 柴荣：《从法律继受的角度看美国对台湾地区金融法律的影响》，《法学家》2006 年第 4 期。

④ 冯果：《营造与国际金融中心地位相适应的司法环境》，《法学》2016 年第 10 期。

成为与判例法体系并重的法律渊源，目前美国所颁布的制定法规模和数量，已经不亚于任何一个成文法系国家或地区。大陆法系国家和地区也逐步重视体现同案同判、尊重先例等原则和精神的判例制度，甚至主张判例法与成文法"两条腿"走路的呼声日益高涨。[①] 与制定法不同，判例法产生于诉讼案件之中，制定法可以预先通过，并适用于一般案件，而不仅是特定的案件；而判例法来源于特定的案件，其结果不是详细的成文法规范，而是具有权威性和约束力的原则或规则。在此，需要进一步思考的问题是：金融法体系究竟应属于成文法还是属于判例法抑或是二者兼而有之？还是有新的解释路径可供选择？甚至可以进一步思考，在特定主权范围内金融法一域可否单独但探索不同于成文法体系的新型的法律框架和法律生成模式？易言之，在同一主权范围内，是否所有不同部门法都必须采用同一套法律生成方式？这一问题的提出并非异想天开，迪拜在金融法律适用方面所具有的开创性特征为深入探索该问题的答案提供了一个思考维度。

究其本质，金融法的适应性并不必然取决于成文法或者判例法的形式，大陆法系或者英美法系下都能孕育金融市场的蓬勃发展，综观全球金融市场发展的变迁史就可以证实法系并不完全是金融市场蓬勃发展的决定性因素。而与此相对应的是，大陆法系与英美法系之间的边界并不是不可跨越，而是呈现不断融合之趋势。因此，金融司法在大陆法系国家是否禁止创设法律？法官究竟有无自由裁量的空间？这都是需要回应的问题。另外，法官的法律续造与我国立法的民意基础之间的悖论如何调和？在英美法系中，依据相关传统，判例是主要的法律渊源，法官具有法律解释和规则创制权，是法律规则的重要提供者。当出现法律空白或存有漏洞以及规则冲突等情形时，法官可以基于对法律精神的理解，根据具体情形作出应有的价值判断，可以根据实际需要能动地确认或创制法律规则。我国作为多具成文法体系特色的国家，按照现有的法律规则，无法采用判例制度，但是通过废、改、立、释补充法律的不足却是法律不断适应经济社会发展的现实需求。然而无可否认，制定法所固有的局限性，是坚守所谓的大陆法系传统而放弃改进其不足的可能，还是探寻适应金融创新发展需要的制度供给的新路径？这是需要进一步深化和挖掘的方向。

[①] 于同志：《案例指导研究：理论与应用》，法律出版社2018年版，第58—60页。

成文法比判例法更具有稳定性，成文法的这种优点同时又成为其具有僵化性弱点的原因之所在。当成文法无法适应社会发展状况的时候只有用变法的方法完成这一适应，但剧烈的变法运动又会打断法律发展的连续性，造成社会动荡和民众不安。利用司法判例等辅助与补充作用，可以在不知不觉中相对容易地使法律条文的内容变得更加符合社会现实，保持一种动态的、可矫正的特征，而且能够把形式理性与实质理性两者予以巧妙结合。因此，司法能够赋予法律更大的灵活性和连续性，弥补成文法的不足。有学者指出，在同一时间内，成文法能保证法在空间上的统一性；而判例法则能在同一空间实现法在时间前后的统一性。但是各有缺点并且通过自身的努力又无法消除，只能将二者的优点有机结合起来才能生成更加完美的法律。[1] 当今社会是一个经济快速发展、文化价值多元的社会，对法的适应性和灵活性提出了更高的要求，这也就决定了具有较强适应性和灵活性的司法途径和司法判例制度，对任何一个法治国家或地区都是不可或缺的。所以就上述分析而言，"'判例制度'在中国所面临的主要问题已经不是简单的是或非、要或不要、行或不行——只要法治仍然是我们的追求目标，'判例制度'的发展就是必然结果，不论最后通过什么方式或名目实现。"[2] 综观域外，凡法律制度发达的国家或地区，多存在司法判例制度，究其原因，根本还在于制定法自身固有的局限性，诸如其滞后、模糊、不周延等缺陷一直困扰着法治实践。[3] 因而，在成文法体系中，行使剩余立法权，并不是从根本上颠覆现有的法律传统，只是更加完善成文法律的价值体系，探寻成文法更加灵活的运行方式。

二 金融行为规则与金融司法裁判规则的逻辑关系梳理

司法机关通过对个案争议的处理形成了相应的司法裁判，通过个案的解决方式为整个行业或者说类案提供司法指引，特别是对于金融交易活动以及可能存在法律真空的新兴金融领域，通过司法裁判有助于建立并完善金融运行秩序和金融运行规则。需要指出的是，鉴于金融法兼具公法和私

---

[1] 武树臣：《从成文法、判例到混合法》，《检察日报》2017年7月18日第3版。

[2] 张千帆：《"先例"是什么？——再论司法判例制度的性质、作用和过程》，《河南社会科学》2004年第4期。

[3] 于同志：《案例指导研究：理论与应用》，法律出版社2018年版，第12页。

法属性，金融个案裁判不只是商法层面的判决，还可能涉及经济法层面，① 继而引起经济法层面的法律功能发挥，因而在规则的生成中不只是涉及平等商事主体之间的交易关系，还可能对金融监管层面的法律规则产生影响。在此过程中，司法的监管化趋势就是最直接的表现，全国首例网贷评级不正当竞争案②就为此提供了一个生动的注脚。法官裁判案件所依据的并不是立法者已经创立的法律，而是直接依据案件事实所形成的裁判规则，法官则是裁判规则的创制者，继而为金融法律纠纷的解决提供法律思路。③ 需要补充的是，这里的裁判规则不是法官直接援引的裁判规则，而是因为实定法存在真空状态或者模糊、冲突情形下，无法在现有的法律中援引裁判规则，而按照金融法律制度的精神和原则，借助法律或者其他社会规范，并发挥其经验、直觉和理性，对当下案件具有适用性的方案并加以构造的裁判规则。

金融作为强监管行业，"法无禁止即可为"在此是否可以适用？金融领域的强监管与法律的严格规则主义又有什么关系？两者看似有相通之处却又界限明确，实质上还是存在明显区别：严格规则主义多着眼于司法领域，而强监管则多着眼于监管领域，严格规则主义强调法官无须在司法过程中为法律的正义操心，其将会在立法中得到有效解决。但追溯绝对严格规则主义可以发现，19世纪期间的欧洲大陆基本上是坚持绝对严格规则主义，在这一阶段都相继制定了一批法典，借助于法典编纂，试图对可能出现每一个问题进行规定，同时对通过法律解释等方式进行法官立法途径进行一概否决。④ 并"试图对各种特殊而细微的实情开列出各种具体而实际的解决举措，最终目的是为法官有效地提供完整的办案依据，以便其能得心应手地引律用典审理案件，同时又对法官解释法律予以禁止。"⑤ 在此情形下，"大陆法系法官审判过程呈现出来的画面则是一种典型的机械

---

① 根据通说，金融法的调整对象包括金融交易法、金融监管法和金融调控法，但对于宏观调控行为是否具有可诉性问题上，目前存在明显争议，是故在此未有纳入。

② 北京市海淀区人民法院于2016年12月27日公开宣判"网贷评级第一案"。参见邓建鹏《通过司法为互联网金融指引新秩序——"网贷评级第一案"引发的思索》，《中国法律评论》2017年第3期。

③ 谢晖：《大、小传统的沟通理性》，中国政法大学出版社2011年版，第316页。

④ [南]约洛维奇：《普通法与大陆法的发展》，《法学译丛》1983年第1期。

⑤ [美]梅里曼：《大陆法系》，顾培东等译，知识出版社1984年版，第93页。

式适用法律的操作图,从现存的法律规定中觅得显而易见的法律后果,其作用也仅仅在于找到正确的法律条款,把条款与事实联系起来,在法律条款与事实的结合中会自动产生解决办法,法官赋予其法律意义"。[①] 甚至"法官的形象就是立法者所设计和建造的机器的操作者,法官本身的作用也与机器无异。"[②] 就此而言,19世纪大陆法系的立法者希望运用详密严格规则主义在司法中绝对地排除自由裁量的因素,近代意义上的法典法,首先是作为排除自由裁量可能性的手段出现的。[③] 正如绝对自由裁量主义具有非安全感的缺陷一样,绝对严格规则主义也具有使法律陷入僵化而不能满足社会生活需要的缺陷。因此,人们只得摆脱这两种极端主张而寻求严格规则与自由裁量相结合的方法,这就是亚里士多德提出的用衡平法处理法律之局限的方法。

具象到金融司法领域,一是新兴的金融领域没有法律规范和相应的法律规则规定应该如何进行司法裁判?二是现有的法律规范适用于传统金融领域,而在新兴金融领域出现的新问题,是否依然可以继续适用?相较于金融领域的创新发展,很多法律都是在金融新兴之前就已经生成并且发生了效力。由于法律具有天然的滞后性,指望通过原生性立法一次性对变动不居的新兴金融领域进行全方位规制,结果终将无能为力。这些超越现有法律的金融领域交易等行为,显然是当时立法者所无法预测的,而法律的前瞻性并不要求也无法要求对尚未出现的领域作出超越现实的预测性的规范,否则巨细靡遗的法律规则也必将阻滞未来的发展。就此而言,以全面的立法来规制金融领域的思路必须得到改变。在金融领域中,当新兴技术的投入应用或者全新的商业模式出现时,如果继续沿用原有的法律规则,不作实质性区分一概将创新行为等排除于合法性范畴之外而对其正当性予以否认,这本身就是对法律的误解,同时也是否定了金融及经济发展试错与探索的努力,显然会阻碍经济社会向前发展的节奏,也会抑制社会的创新活力。面对此类情形,当已经形成的纠纷交由司法途径解决的时候,司法不能沉默甚至消极助推法律偏离正义的轨道,司法拥有可以积极作为的空间,对原处于法律灰色地带的行为或者事项确立初步裁判规则,通过法

[①] [美] 梅里曼:《大陆法系》,顾培东等译,知识出版社1984年版,第40页。
[②] [美] 梅里曼:《大陆法系》,顾培东等译,知识出版社1984年版,第40页。
[③] 徐国栋:《民法基本原则解释》,中国政法大学出版社1992年版,第153页。

官发现或创制规则，完成规则供给，并与既有法律规则形成有效的对接。

事实上，司法裁判并不只是针对个案简单地定分止争，而是还通过公正判决为法制暂时缺位的新兴领域的运行与发展提供指引。从网贷评级的个案裁决可以发现司法可以发挥重要而又独特的作用，在"无法"司法的过程中，对金融新兴领域发展的前瞻性认识和深入本质的洞见是这一背景下对司法者提出的要求，对社会需求、风险防范和民众的福利要有深刻的理解，甚至需要有卓越的远见与相当的司法智慧。这些智识还可能超越法律规则本身，是对社会领域综合的洞见，才能有效发挥司法审判的创造性，并且符合既有的法律原则以及与社会政策导向相吻合。① 法官在面临金融领域没有相关法律规定的情形下，如何进行合法司法？特别是新兴金融领域相较于传统金融领域具有更强的开放性与试错性，当然也会产生更多新的法律问题和新的法律纠纷。如果司法裁决针对个案而不是针对抽象的法律关系作出法律适用，其裁判规则并不具有普遍效力，并且在裁判规则与行为规则之间依然有转换的空间，因此也不能被称为"法"。这种只涉及个别和特殊的对象，与涉及共同和普遍对象立法行为有别的行为，被卢梭称为非立法行为。② 法院在司法裁判中所用之法是法律规则吗？法官所用之法是"活"法，是基于法律规范而进行有效的转换，是书本中未明示的法律，可能是对法律漏填补的技术，也可能是对抽象法律规范予以具象化的规则，等等。但是，行为规则在规制金融法律行为的同时也应为裁判规则，因为如果行为规则不同时为裁判规则，则行为规则所预示的法律效果不能在裁判中被贯彻，行为规则便失去生命力或诱导人们为或不为某种行为的可能。反之，裁判规则并不必然是行为规则，因为裁判规则所规范的对象是裁判者，其规定之中有一些只适用于裁判者，不像行为规则首先是对行为者而发生作用，然后载明规范该行为的法律意义，才又进一步要求裁判者依据讼争行为的行为规则作出相应的裁判，从而使这些行为规则兼具有裁判规则之性质。③ 而裁判规则还可分为初级裁判规则和次级裁判规则，所谓初级裁判规则是设定义务的规则，其涉及的是个人必须去

---

① 邓建鹏：《通过司法为互联网金融指引新秩序——"网贷评级第一案"引发的思索》，《中国法律评论》2017年第3期。

② ［法］卢梭：《社会契约论》，何兆武译，商务印书馆1982年版，第179页。

③ 黄茂荣：《法学方法与现代民法》，中国政法大学出版社2001年版，第111页。

做或者不做的行为；次级裁判规则是规定初级规则的规则，即其规定了初级规则被确定、引进、废止、变动的方式，以及确认违反初级规则行为方式。① 尽管裁判规则与行为规则之间的关系依然存在争议，② 但是在特定情形下裁判规则所具有的规范性和权威性依然决定了其能够为相应的行为提供有效的指引，在行为规则存在漏洞的情况下可以作为司法裁判有效的补充。

三　金融立法强制保留与剩余立法权行使的合法性辨正

合法性问题是司法主张金融法剩余立法权不容回避的问题，也是需要作出正面回应的问题。《立法法》第 8 条规定金融领域的基本制度只能制定法律。③ 所谓的"立法权保留原则"，就是指特定领域的国家事务保留由立法机关通过制定法律加以规定，并据此形成专属立法权。也就是说，一定范围内规范社会关系的事项，只能由特定的最高国家权力机关制定法律规范行使相应的权力。对属于最高国家机关专属立法权限的事项，其他任何机关非经授权，不得进行立法；如果其他机关未经授权又认为必须立法，也只能向专属立法权机关提出立法的动议，而不得自行立法。鉴于金融是各种金融机构之间以及与个人或者其他组织之间，从事的货币发行、信贷、结算、信托、保险、票据贴现、汇兑往来、证券交易、资金托管等活动，对经济安全以及个人财产等具有重大影响，而对金融活动的统一和有效管理，是巩固公有制为基础的社会主义经济制度，落实国家的经济政策，协调经济发展，保持社会稳定，改善人民生活和促进对外金融交往的重要保证，所以须由立法机关予以专门立法。但是这一规定是否对金融法剩余立法权的司法主张形成了窒碍，需要在理论上予以阐释，才能为司法主张金融法剩余立法权提供坚实的基础。

有学者认为，《立法法》第 8 条并不属于行政法上的法律保留原则，它属于宪法意义上的法律保留原则。④ 也就是说，第 8 条的规定就是一个标准的"立法保留"的例子。因为这一规定实际上是对立法权的限制，

---

① ［英］哈特：《法律的概念》，许家馨、李冠宜译，法律出版社 2005 年版，第 91—92 页。
② 张骐：《论裁判规则的规范性》，《比较法研究》2020 年第 4 期。
③ 2017 年 7 月 14 日至 15 日召开的全国金融工作会议指出金融是国家重要的核心竞争力，金融安全是国家安全重要的组成部分，金融制度是社会经济发展重要的基础性制度。
④ 陈新民：《中国行政法原理》，中国政法大学出版社 2002 年版，第 35 页。

它限制了授权制定法律的范围，要求对它所列举的范围内的事项只能并且必须由法律来规定，亦即只能由全国人大和全国人大常委会制定法律来规定，而不能由其他国家机关尤其是行政机关制定行政法规或者规章来规定。那么在此情形之下，金融法剩余立法权司法途径又如何主张？既然明确有关金融的基本制度只能制定法律，那么非以法律形式出现的金融基本制度显然无效。这里的关键在于，何谓金融基本制度？法律上似乎并没有对此作出明确的界定。类比"基本法律"的概念，我国宪法将全国人大制定的法律称为"基本法律"，而将全国人大常委会制定的法律称为"其他法律"，在此以立法主体作为区分"基本"和"其他"之间的差异。而在金融基本制度的识别中，制度内容本身应该是"基本"确定的依据，而创建制度的主体则是"基本"外在表现形式。金融司法过程中对金融法律精神、金融法律原则所作的补充性解释并不属于原生性立法，只是作为补充立法的一个途径。因此这一行为与立法行为应有本质上的差异，需要作以区分，同时也要明确的是，这也是司法主张金融法剩余立法权的刚性边界，是我国整个立法体系的基本特色。职是之故，金融法立法的强制保留并不会对其剩余立法权的行使形成阻滞，也没有因此而挤压剩余立法权的空间，只是剩余立法须以金融法基本制度为依归，并以此作为权力行使的界限。

四 金融法剩余立法权司法主张的民意基础扩张性阐释

民意，又称为舆论或者公众的意见，是社会中多数人对于某种公共问题的态度或者意见。① 在剩余立法权行使过程中，所存在的民意悖论在于"法官并非由选举产生这一事实会使其与那些人民选出来的立法者相比"，② 哪一群体更具有民意的代表性？③ 也有观点指出，司法机构的裁判不能作为判例，不能作为法律，因为它不具有人民的代表性，进而也不具有把裁判升格为判例和法律的合法性。④ 当然还有观点认为，在成文法国家，人民主权的集中形式只能表现在议会主权上，司法并不行使人民主

---

① 谢瑞智：《宪法辞典》，台北文笙书局1979年版，第67页。
② William N. Eskridge, Jr., "Dynamic Statutory Interpretation", 135 U. Pa L. Rev. 1479, 1530 (1987).
③ 周旺生：《立法学》，法律出版社2000年版，第209页。
④ 谢晖：《法律方法论：文化、社会、规范》，法律出版社2020年版，第2页。

权,不过是对议会主权表决结果的执行和落实。① 为了体现人民主权这一理念,在立法模式上就倾向于更愿意接受通过公民选举的代表并由代表所组成的人民代表大会制定法律,而不愿意接受由精英组成并实施的司法制定法律,哪怕是补充性法律。②

民意基础是立法的人民性之所在。民意可以分为普遍的民意表达和个体的民意表达,以此区分不同民意基础的构成。立法权的最高存在就是立法权的最终来源,而最高存在就是哲学上所谓的"本体",也就是事物的终极来源。③ 法律的合法化来源有哪些呢?根据范·胡克的观点,合法化包括形式合法化、实质合法化和沟通合法化。而形式合法化是现代法律合法化的最主要类型,其经历了三个历史进程:16、17 世纪时期,以霍布斯和马基雅维利等为代表,认为政治权力合法化来自于是否服务于一般利益;18 世纪时期,以卢梭为代表的社会契约论支持者,认为政治权力和法律的合法化来自于是否经过公民的同意。在现代社会,以卢曼为代表,强调政治权力和法律的合法化来自于立法程序。而实质合法化主要是对具体规则和决定的要求,但法律系统作为一个系统在很大程度上是在形式上被合法化的。④

其一,由权力产生权利的逻辑:立法权的初始来源。从政治学视角来分析,权利主体的权利行使才产生权力。但是如果引入经济学分析方法,可以将权利——权力的关系影响置于更为深刻的领域来分析。立法权是国家权力体系中的一部分,立法权是一种相对权力而不应是最高权力,但是立法权与行政权、执法权又不是平行而互不相干的权力。因而,立法权的行使方式也就会以多种方式予以呈现。广义上的立法权包括所有创制、修改、废止法律规范等权力。以此进行审视,立法权主体就不局限于代议机关,还包括因授权而获得相应立法权的行政机关与司法机关等。所以立法机关的立法权是包括行政机关、司法机关在内的可以行使立法权机关的权利来源。在英美法体系中,司法立法权虽然不是直接来自于议会的授权或委托,但是法官在创制判例时,不能违背立法机关已经制定的法律原则或

---

① 谢晖:《法律规范的事实还原与司法中法律知识的生成》,《法律科学》2015 年第 4 期。
② 谢晖:《作为第四规则的法律方法及其功能》,《政法论丛》2013 年第 6 期。
③ 戚渊:《论立法权》,中国法制出版社 2002 年版,第 53 页。
④ [比] 范·胡克:《法律的沟通之维》,孙国东译,法律出版社 2008 年版,第 10 页。

精神。就此分析而言，议会立法权与司法立法权之间也属于"源"与"流"的关系。这些都为司法主张剩余立法权奠定了理论基础。但是具体到我们国家的立法权而言，立法权、行政权以及司法权的边界在哪？我国的人民主体地位赋予了人民参与立法活动的权力，也是民意基础之所在。在我国现行体制下，国家立法机关与司法机关之间并不是对立和制衡关系，而是统一于人民代表大会制度之下各自分工与合作关系，通过不同的法律生成路径能够适应社会发展需要的严格规则主义与自由裁量主义相结合的立法机制。事实上，国家立法权主要由立法机关行使，但在不同程度范围内由行政机关和司法机关分享行使补充立法的权力，这也是社会发展的现实需要。① 其二，剩余立法权民意基础的有效表达。对于立法权的来源可见于多种学说，包括立法权来源于或资本②，或征税③，或国家④，或主观权利⑤，或私人等级⑥，除此之外，也有认为源于或人民⑦或公意⑧，那么这里面究竟什么是最终来源呢？公意的概念出现应归功于法儒卢梭。但是公意的确是立法权的基础么？事实上，法律不仅仅表现为多数意志的反映，多数意志仅体现为一种"程序合理性"，这种"程序合理性"应该服从于具有更高价值的"实质合理性"，即法律应是普遍合理性。⑨ 传统理念中，立法权仅限于制定法律，只能由立法机关行使，因为立法机关是唯一由人民选举产生的，因此只有它才能反映人民的意志。司法机关则负责司法，丝毫不能染指立法权力。这种立法权与司法权严格区分的思想带有浓厚的狂热、偏执的革命理想主义气息，对革命过程中出现的国家权力问题处理过于简单明了。实际上是立法至上主义的表现，相信多数意志的绝对正确性，司法权和行政权只能从属之。按照传统的法律观念，法律是

---

① 戚渊：《论立法权》，中国法制出版社 2002 年版，第 114 页。
② ［德］滕尼斯：《共同体与社会》，林荣远译，商务印书馆 1999 年版，第 20 页。
③ ［美］达尔：《论民主》，李柏光等译，商务印书馆 1999 年版，第 25 页。
④ 《马克思恩格斯选集》第 1 卷，第 145 页。
⑤ ［法］狄骥：《宪法轮——法律规则与国家问题》，钱克新译，商务印书馆 1962 年版，第 200 页。
⑥ ［德］黑格尔：《法哲学原理》，范扬、张企泰译，商务印书馆 1979 年版，第 323 页。
⑦ 《马克思恩格斯全集》第 46 卷，第 186 页。
⑧ ［法］卢梭：《社会契约论》，何兆武译，商务印书馆 1982 年版，第 35 页。
⑨ 戚渊：《论立法权》，中国法制出版社 2002 年版，第 56 页。

全民意志的表现，而金融法剩余立法权的行使，在强行政弱司法的背景下，有可能沦为监管机关独享的权力。在此需要追问的是：第一，金融监管机构行使金融立法权的法理基础是什么？第二，金融监管机构可否成为民意的代表？第三，金融监管机构如何实现民意基础？第四，剩余立法权的行使是否只有金融监管机构？是否还有其他机构也可以行使金融剩余立法权？第五，民意表达是否有所区分？其实现的形式有哪些……如此种种。事实上，民意的表达应有所区分，有普遍的民意表达和具体的民意表达，在法律制定过程中的民意表达与具体司法适用的民意表达是两个不同层面的民意表达，事实上也是范·胡克沟通合法化的另一种表达形式，那么如何形成逻辑自洽，才能以此破除剩余立法权在司法部门行使的障碍？还需要思考如何破解成文法系国家也可以通过司法进行法律的续造和创制。① 尽管在成文法体系下，法院和法官仍然是解释法律与适用法律的主要力量，但任何制定法的出现本身都隐含了对法官的约束和不信任，即要求裁判者严格遵从制定法的法规，不得恣意判断。② 在个案具体裁判中，如果法官以及案件所涉当事人均达成一致意见，并且意见的达成是在法律的框架下，比如在金融法律存在空白或者漏洞或者冲突的情形下，法官通过利益衡量的方式进行法律漏洞填补，解决个案问题，这本身在法律的框架中开展，同时又形成了针对个案的裁判规则，起到定纷止争功能，这在实然上就形成了一种确认的民意表达。如何回应法律是全体人民意志的表现，而当在行政机关立法或者是司法机关立法过程中，民意又是如何体现？英美法系中制定法地位高于判例，给我们的启示就是在金融案件司法过程中，如果制定法与司法主张出现冲突，二者在效力位阶上可以确定制定法优于司法主张。作为集中民意的立法机关当然也不能为所欲为，它也须遵守法律制定、修改和废除的程序。在金融法可能生成的途径中，究竟哪一种更加符合民意具有更广泛的基础以获得合法性？毫无疑问，全国人民代表大会及其常务委员会所制定金融法律制度，理论上具有最广泛的民意基础和最完备的立法条件，人大代表是通过民主选举因而是代表民意的。而通过司法途径生成的相关金融规则，其在全国人民代表大会及其常务委员会制定的法律框架下，这是民意表达的间接形式，并不能因此断定

---

① ［美］本杰明·卡多佐：《司法过程的性质》，苏力译，商务印书馆 2000 年版，第 69 页。
② 赵可：《浅谈利益衡量的若干基础问题》，《湖北社会科学》2009 年第 2 期。

司法主张会被视为缺乏民意基础而对立法权形成僭越。其三，法律适用与民意彰显的辩证关系。司法的根本目标是通过法律适用，推动各种社会矛盾和法律纠纷在法律框架中得到化解，以此获得民意的支持，这也是司法的归宿，毫无疑问，法律与民意在此具有高度的一致性，因为通过民主程序制定的法律实质上就是民意的最高形式、最集中的体现，而有效执行法律就是顺应民意、代表民意、执行民意。事实上，在司法过程中，司法机关处于民意反映的最前沿，能够更有利于积极吸纳民意，也为及时汲取民意的智慧并转化现实的法律制度自带了有利条件，而在倾听民声的过程中不断克服法律的不足，又会进一步增强司法的民意基础。①

---

① 潘云波、周荃：《能动司法语境下金融创新对金融司法的新需求与回应——以金融创新"大众化现象"为视角》，《金融理论与实践》2012 年第 8 期。

第四章

金融法剩余立法权司法主张的持法达变理念

老子在《道德经》中指出"执古御今，持经达变。"所谓"持经达变"，简言之，就是有所变也有所不变。这是由《易经》中一阴一阳之谓道所衍生出来的道理，也是持法达变理念目前可以追溯到的最早源头。事实上"以不变应万变"就是我们所说的持经达变，① 而持法达变是由此演化而来的概念。梁启超在《论不变法之害》中指出："法者，天下之公器也；变者，天下之公理也。"② 持法达变是化解发展和稳定之间矛盾的利器，是克服法律人随意和武断的思维模式，法律人在持法达变的理念下，应坚持根据法律开展思维活动，尊重法律，进而更好地适用法律。持法达变要求法律解释等行为不能脱离法律的精神，否则就变成了非法"造法"，因此就违背了基本的法治精神。在面对不断变化和发展的金融领域，在成文法体系下司法主张金融法剩余立法权，就应当以持法达变为理念，在成文法的体系框架下坚持"有所变也有所不变"，继而采取合适的方式弥补成文法的局限。

第一节 金融领域发展之变

金融是国家重要的核心竞争力之所在，也是当前经济社会发展进程中更新和变化异常显著的领域，无论是金融交易的内容还是金融的发展模式，抑或是金融交易的参与主体，一切都处于变化和流动之中，尤其是其跨周期、跨市场和跨区域交易的出现并逐渐形成常态，这一特征更是得到

---

① 曾仕强：《中国式思维》，北京联合出版公司2017年版，第164页。
② 梁启超：《变法通议》，何光宇评注，华夏出版社2002年版，第15页。

了强化。金融交易相较于其他要素市场具有频率更高、强度更大的变化，应该说金融唯一的不变就是时刻在变，亦即所谓的"唯变不变"。先哲们就曾指出"万物皆流""万物皆变""运动变化是物质存在的方式"，英国哲学家怀特海曾表示，"现实世界是一个过程，这个过程就是各种实际存在物的生成。因此，各种实际存在物都是创造物，它们可称为'实际场合'"。① 这就要求我们将法律生成活动看作一个不断运动、变化和发展的有机过程，同时还要求我们全面、完整地把握事物和现象的过程及其规律性，注重法律生成过程中各种具有实效性的因素，这样才能凸显出金融法剩余立法权行使的整体性与系统性。

一 金融交易领域的创新之变

创新是金融发展的灵魂，也是现代金融最鲜明的特色，金融领域每一次重大的变革，都有创新的引领，无论是基于制度的创新，还是基于技术的创新。审视我国金融的发展与演进，其动能转换非常明显，从依靠规模驱动逐渐发展成为依靠科技驱动，再到依靠制度创新释放动能，并且相互之间可以形成叠加和轮换，已经成为金融发展中一个非常显著的规律性特征。《中国上市银行2017年回顾及未来展望》表明，上市银行主动拥抱金融科技的发展，充分利用金融科技促进金融经营模式的转变和金融服务领域的拓展。② 传统模式中依靠中国市场特有的规模优势，易言之，即使以一国作为其业务经营的范围和领域，亦能形成巨大的规模效应，已经成为中国金融业经营思路转型的起点。不仅如此，金融的变化还体现在传统业务和模式被赋予新的功能和价值，比如相关司法审判实践统计数据表明，保理业务的占比近年来不断上升，与此同时，保理的功能已经突破了传统的意义和价值，其功能正在从传统的应收账款转让、债务催收等综合性金融业务转向大额融资，成为了融资市场领域的新兴力量。③

在科技迅猛发展并且在金融领域的应用不断深入之际，一方面通过金

---

① ［英］阿尔弗雷德·诺思·怀特海：《过程与实在》，杨富斌译，中国城市出版社2003年版，第38页。

② 《金融业"驱动"之变：从规模到科技》，腾讯网，https://stock.qq.com/a/20180614/010880.htm，2018年11月26日。

③ 《2017年度上海法院金融商事审判情况通报》，《上海高院发布2017年度金融商事审判白皮书》，搜狐网，http://www.sohu.com/a/283577640_120059668，2018年12月29日。

融科技可以放大规模效应,另一方面通过金融科技可以开拓新兴的业务领域,进一步提升金融的运行效率。金融因此所具有的创新特征也更加明显,金融之中已经植入了创新的基因,金融的发展和突破在很大程度上是基于创新所驱动。如此鲜明的属性,在通过法律方式解决金融纠纷的时候需要充分虑及这一因素,否则会削弱现阶段金融法回应型制度的特征,而对于此所作的探索也在实践中有所尝试。比如《关于为温州市金融综合改革试验区建设提供司法保障的若干意见》就明确,在保证金融安全的前提下,司法对有利于温州市金融综合改革的举措应给予支持;同时还明确,在审理涉及金融创新型法律纠纷的时候,法律没有规定或者规定不明的时候,提出要尊重商事交易的特点、理念和惯例,对没有违背社会公共利益的金融创新行为一般不应否定其效力。虽然这只是地方试点所形成的意见,但也说明对金融领域作出司法探索尝试并不是无中生有,而是司法基于金融发展的特征所作出的及时因变。当然,金融法所要面对的不仅是真创新,还有伪创新与假创新。特别是近年来各领域的"泛金融化"特征表现明显,比如以近年来长租公寓所引起的一系列风波为例,就其运行模式而言,与金融并无直接联系,但是当互联网平台和银行介入以后,"金融化"的特征就异常明显;此外,金融脱实向虚等空转现象也经常出现……正是在这些行为助推之下,导致市场上的金融风险点增多,并且而呈现突发性、隐蔽性、分散性等特点,所形成的风险样态也具有跨市场、跨业态、跨区域的因素。

二 金融交易领域的人性之变

康德曾指出:"人是生活在目的的王国中。人是自身目的,不是工具。"[①] 人在金融活动中居于不可替代的地位,因而要深入把握金融运行规律,对于人的分析和研究就无法回避。人性如水,随物赋形,人性因为利益牵引的跌宕起伏在金融领域中表现得尤为明显。特别是基于我国资本市场的金融交易参与者的结构分析,个人投资者和金融消费者等草根阶层居多,这会因金融本身的不确定性共同催生羊群效应等非理性投资决策和行为,[②] 并且这已经在证券市场股票交易、P2P 网贷等领域被相关经济数

---

① 康德:《实践理性批判》,韩水法译,商务印书馆 2003 年版,第 95 页。
② 黄辉:《中国股权众筹的规制逻辑和模式选择》,《现代法学》2018 年第 4 期。

据所验证,也引发了局部金融风险。① 金融法律制度的研究,归根结底是对人的行为的研究,要考虑金融法律对人行为的引导,对经济、社会所可能产生或已经产生的效应。借鉴其他相关学科的研究成果,在专业对话的基础上,寻求对问题的全方位解决方案,更加注重发挥法律对人的行为的作用,从而发出更加切合实际、令人信服的法律之声。通过深入分析可以发现,无论是从金融的特性,还是就金融法适用过程中法官的内心价值体系而言,都会有浓厚的行为心理因素介入其中。人性问题是所有社会科学的研究对象,但不同的学科对人性的研究视角有所差异。法律不仅表达和关怀人性,更为重要和内隐的是,法律是以人性假设为本学科的基本研究范式。② 因为法与人性的关系密不可分,法的价值中就有弥补人性弱点的功能,或者说法律的产生是来源于人的某种属性,这就是法的人性因素。为此,要研究法律就不能不对人进行分析,而对人的分析不能只包括行为这些外化的特征,还应对内隐的人性进行分析,而行为往往又是人性的外在反映,相互之间彼此交织。人性具有丰富的内涵,基于法学维度进行考量,人性之于法学,是研究法与人之间的需要与满足的对应关系,在此是表明法是以人作为服务对象和目的的,因此法应当切合人性和人道的。

  理性法律的生成要求有理性化的立法行为,只有通过立法者的理性行为,才能产生合理的法律,使立法、执法和司法成为一般法律原则和规则指导下的活动。③ 事实上,人的有限理性在立法者身上也展露无遗,特别是在金融立法中,鉴于金融自身的发展规律和特点,以及不断深化和创新的金融发展趋势,对金融立法者的理性要求更加严苛,而因此显现出的理性有限性就更加突出。立法者不可能预见到未来的一切并设计出能够完美覆盖未来的法律制度方案。金融关系纷繁芜杂,不同利益之间的冲突也不失频繁和激烈。尤其在金融领域中所形成的矛盾,直接涉及到金钱利益的定分止争和价值分割,毫无疑问,立法者无法对所有的具体金融法律关系提供一一对应的调整范式。因此,随着金融不断发展所出现的各种新问题、新情况就会层出不穷,而法律漏洞和法无规定的情形出现的频率也会

---

  ① 廖理等:《观察中学习:P2P网络投资中信息传递与羊群行为》,《清华大学学报》(哲学社会科学版) 2015年第1期。

  ② 杨志坤:《法的人性因素及其方法论意义》,《江汉大学学报》(社会科学版) 2017年第1期。

  ③ 葛洪义:《法与实践理性》,中国政法大学出版社2002年版,第36—37页。

升高。金融法的价值判断要与金融活动中的人性相符，才能有针对性地弥补法律的不完备性。立法者的有限理性决定了成文法体系中文本法律的缺陷无可避免。但是金融法律本身又具有体系性，法律功能的发挥需要立法者、执法者、守法者以及司法者等参与主体共同作用，形成一个合作体系。

金融法中所规制的相关金融行为，也与人性密切相关，当然也需要对人性予以精准地把握，金融法的制定和适用要立足于现实生活中的人，法律不是立法者臆造出来的，而必须以人性和人类社会的现实为依据。所以从这个意义上来讲，人"不是在制造法律，不是在发明法律，而仅仅是在表述法律。"[①] 为此，作为现实的表述，法律要忠于人的本性，而不同时空中的人性又各有差异，特别是在不同的领域又有着不同的表现。金融法应当以人的共性作为基本假设，同时，在法律规范的设置中尽可能观照到金融不同细分领域中人性的差异，并应在法律规则中得以体现。

事实上，对理性人的假设一直是诸多学科理论展开的前提。但人是有限理性、有限自利和有限自控的，并不完全是经济人，而是具有多重性格特征的"复杂人"，可能会在很多场景下作出良心善举，唯独要求放弃其自身自利追求的本能是难以办到的，这些内隐而又能被识别的心理选择需要通过外部力量进行规范和约束。[②] 同时，个体的理性与群体的非理性也为金融法的规制提供了人性居于其中所应具有的重要价值的另外一个视角。由于理性和正义是反映人的本性的一种社会价值取向，所以只有符合正义和理性的法律才能最大限度上摆脱人性的弱点，寻求法律的合理性。毫无疑问，良好的、善的法律，应该也必定是与人性相符的法律。

三 金融交易领域的未来之变

金融的发展不仅要面向过去、立足现在，还要能面向未来，因为金融活动不是静止不变的，相对于其他领域，其流动性更强，这就要求金融法应具有一定的面对金融未来之变的适应性。而在面向未来的时候，金融的发展与变化是其能够规范未来甚至引领未来的价值所依。金融科技创新和金融制度深化正在推动金融不断向纵深发展，在可以预知的近未来和不可

[①] 《马克思恩格斯选集》（第1卷），人民出版社1995年版，第183页。
[②] 王爱声：《立法过程：制度选择的进路》，中国人民大学出版社2009年版，第156页。

预知的远未来，金融当会如何呈现？

　　从实用主义视角进行考察，旧的法律举措已经不能够解决当前的社会问题，那么应该探索新的法律框架。但是社会瞬息万变，尤其是当今金融领域发展更显变动不居，科技对金融的渗透和影响愈益深刻，在此过程中，科技还对金融不断赋能，并且以此作为生产力不断促进金融实现快速发展，也让金融的未来充满不确定和未知。从社会发展既有的轨迹来判断，科技对金融的推动将会形成不可逆的发展趋势，已经融入科技基因的金融也无法析出科技的基因再回归到金融的初始状态。从这一角度进行审视，科技与金融已经融为一体。面向未来，金融领域的发展是否具有可预测性？应该说金融有其本质，亦即通过金融功能的发挥实现人对金融价值或者利益的追逐和索取。但是在人性的背后，金融所表现出的形式却充满变化，形式多样。金融的未来，不仅决定于科技的发展，还在于社会的分工变化，会凸显金融在社会运行机制中的独特地位和日益重要的作用，金融活动将成为未来社会人类活动的主要组成部分，尤其是在人工智能不断替代人类从事并完成各种程式化劳动之后，人类将有更多的时间和精力投入到自我价值的实现和提升过程中，货币财富作为度量人的外在价值一个重要标杆，因为其具有外显性、可测度等特征以及通行的标准并且相应的金融产品具有可交易性，有时甚至会异化为一部分群体或者个体的终极目标和评价工具，金融领域的参与将成为人类自身活动的重要场域，而在更为广泛主体参与的情形下，金融法面对未来金融之变化显然要做好充足的准备。

　　金融领域的变化复杂多样，原因各异，既有内源性因素所激发，也有外源性因素所引致，并且相互之间存在交织渗透的情形。传统的内源式金融危机，在人类历史上已经爆发过数百次，人类都接受了考验，并经受了一次又一次的挑战，但对其规律的认识和把握依然还不够深入，在每次应对的时候捉襟见肘的情形时而呈现，这其中既有金融危机本身控制的问题，当然也有金融危机不断演化的问题。而鉴于金融与其他领域的密切关系，不仅其自身风险具有溢出性，同时也易受其他领域风险的波及。所以，由微生物世界所引爆的新冠疫情，不仅对人类的生命健康造成了严重的损害，同时也对宏微观经济运行形成了重大的冲击，金融领域也无法幸免，许多正常的金融交易都受到影响，当然在形势所迫之下，也推动了在线金融活动和非接触式金融交易不断发展。虽然没有中断金融的运行，但在新旧模式转化过程中，却对金融交易的组织者、参与者和监管者等各方主体都提出了挑战。面向未来，随着大数据以及人工智能等新兴工具与技术的深入应用，人类所面对的金融风险不仅来自于有形的宏观世界和微观世界，还要接受来自无形的数字空间与网络世界所形成的金融风险挑战，新型风险可能还混合其他不同类型的风险突发或者并发，这可能是金融领域未来之变中最大的变数。

第二节　金融领域之变的法律依归

金融法在中国历经多年的发展，金融之"变"是有目共睹的事实，无论是从经验还是从逻辑都可以对其形成有力的论证。但在关注到金融之"变"的时候，我们还要看到金融的"未变"，亦即"常"。在"常"与"变"之中把握并塑造金融法的运动轨迹，推动金融法在开放中保持稳定，在适应中坚守价值，在发展中秉持规范，从而实现"以不变应万变"，达到"万变不离其宗"。

一　金融领域不能脱法治理

金融领域是人们众多行为和活动价值得以度量和汇聚之地，尤其当实用主义理念占据主流的时候，金融领域更是人们目光聚焦之地、是人的各种价值货币化之地、也是各种利益角逐之地。当"人才是最终的目的"和"人的自由追求"以货币财富作为衡量的手段的时候，金融在社会中的地位已经超越其传统的定位，这其间也必然伴随着利益的博弈与争夺。如此具有超载意义的角色定位，规范、有序、安全应成为金融运行坚持的价值追求。离开了这些价值的支撑，就无法成为现代之金融，这也验证了法治应该是现代金融应有的属性这一基本判断。

习近平总书记提出："要用法治思维和法治方法化解社会矛盾"，"凡属重大改革都要于法有据"。而所谓法治思维就是以合法性和正当性为出发点，以公平正义为目标，坚持按照法律逻辑和法律价值观分析问题的思维模式，在这过程中坚持法治理念，运用法律精神、法律原则、法律逻辑和法律规范对各种社会问题进行分析、综合、判断、推理并且形成结论。[①] 这对于

[①] 晏兵，《如何运用法治思维和法治方式化解社会矛盾、维护社会稳定》，重庆第五中级人民法院网，http：//cq5zy. chinacourt. org/article/detail/2017/01/id/2510411. shtml，2018 年 12 月 1 日。

运用法治思维和法治方式化解金融法律纠纷作出了精练的概括。金融就是属于经常变革的领域，因而需要依法而变，但不能脱法而行，否则就成为法外之地，这显然不是现代金融所应具备的特征。

从辩证的角度审视人与法律的关系，法治离不开人的能动性作用。法治离开了人的探索，将会失去灵魂，也无法贯彻人的意旨，显然也不是法治之初衷。金融领域人的行为与活动如果只有道德和人内心的确信予以约束，显然将会引发无序甚至灾难。因此需要有规则，亦即法律，并且法律还不能僵化，而应能动地回应金融领域所发生的变革。

二　金融领域不能守法不变

《唐·欧阳询·艺文类聚》指出："治国无其法则乱，守法而不变则衰。"金融之变呼唤金融法要适时作出应变，金融是金融法直接作用的领域，离开了对调整对象的关切，金融法也就失去了赖以生存和发展的基础。法治是要维护现有秩序，而改革则是要改变现有秩序，因而二者之间就形成了一定的紧张关系甚至可能会产生冲突。但是也要意识到法律的安定性与法律的发展性之间的关系，偏执一方都可能陷入错误思维的泥淖。持法达变是对形式主义法治或者说法条主义固守的一种批判，在实质上是对机械司法的否定。依法办事只是法治的初步形式，法治中内含治理之要义，治理则强调多方参与性，并且引出法律思维与法治思维之间的区别，前者突出对具体矛盾或者相关个案的处理，而后者则注重对整个社会矛盾的调整，法治思维更强调法律与社会的互动，不仅解释法律文本固有的意义，还涵盖了法律规范与其他社会规范之间的相互联系。[①] 持法达变之法，不应局限于业已制定好的法律条文，还应包括整体意义上的法律，包括法律的理念、法律的意义、法律的价值以及法律的程序等等，这其中既有制定法、法学原理、法律知识，还包括法律方法。[②]

金融交易是市场主体有预期的活动，立法行为如果无法让金融活动的市场参与主体形成有效的预期，必然会降低金融市场的运行效率、活

---

① 陈金钊：《法律如何调整变化的社会——对"持法达变"思维模式的诠释》，《清华法学》2018年第6期。

② 陈金钊：《法律如何调整变化的社会——对"持法达变"思维模式的诠释》，《清华法学》2018年第6期。

跃程度及其规范性。因此，政府干预虽然可能会暂时性地化解风险，但其相机抉择的行为或者强制性的行为并不能必然为金融市场带来可以普遍适用的行为规则。在此有必要区分法律的安定性和法律的稳定性之间的区别，前者强调法律变化的时间维度，保持法律的安定性就不应该过于频繁地调整法律，如果法律变化无定则，则对于其所要规范的社会行为难以达到法律追求的效果；而后者强调法律变化的价值维度，在法律内容的价值取向上要具有延续性，不能相互矛盾甚至形成抵触，尤其是在法律修订调整之后，一般不应出现这种冲突，否则将会导致社会心理预期不足，无法实现法律对人们行为指引功能。但是强调法律的安定性与稳定性并不是表明法律没有漏洞，恰恰相反，因为经济社会的发展，新旧价值观念的转换会与法律之间形成矛盾，尤其是对处于变革过程中的金融法而言，更是如此。因为这个世界是由无数不断推陈出新的事件所组成的，随着金融科技的创新发展和金融制度的改革深化双重推进，产生了很多新兴的金融产品和金融服务，必定是让很多市场主体始料未及。因此，就此而论，法律并不是始终自足的，当然也不应是封闭完美的，需要紧跟经济社会发展节奏，及时回应经济社会需求并且还要努力适时地引领经济社会发展。

  法律的安定性与稳定性是法律生命之所系，它要求法律的意义不能处于任意流动之中，但法律的稳定性又是相对的，并不是说法律不能有任何调整而处于静止状态。如果法律处于静止状态，那么法律的理念、精神、原则以及规则等就不可能得到发展。从法治的视角审视，要实现法律对社会的治理，不能任由所调整的社会关系不断发展而法律自身却岿然不动。法律的时间维度上的稳定性以及其价值意义上的安定性，所强调的是法律节奏变化上的连续性而非跳跃性、法律意义变化上的承继性而非颠覆性、法律规则变化上的有序性而非任意性，防止法律意义的流变而造成法律意义的不确定性与社会心理对法律预期的落空。事实上，在持法达变过程中，只是在坚守法律精神和法律原则的基础上而对具体法律规则所做出的调适，相较于变动不居的金融现象而言变化还是比较缓慢的。面对日新月异的金融之变，如果没有相对恒常的规则予以应对，社会将失去预期，也不会是连续的发展状态，甚至会出现发展的断点。因而，以不变应万变才能避免乱变，经济金融领域的推陈出新需要法律之中的经验、理性和智慧来解决其发展过程中出现的问题。

三 金融领域不能屈法而行

所谓屈法就是曲行其法之意蕴，亦即在法律所应对的社会关系发生变化的时候，法律也在变化，只是所作出的变化歪曲了法律的本意，结果在实际上破坏了法律应有的秩序。金融法律的相对滞后不能要求金融发展也相应停滞，一是因为金融发展取决于市场选择而非个人意志，市场行为有其自身内在的发展规律；二是政府干预则会扭曲金融运行的机制，显然又会落入了历史中曾经出现的金融抑制的窠臼。在此背景之下，如何让金融与法律的步调保持一致？

在金融发展领先于金融法律的步伐时，法律自然不能放任金融肆意无序发展，当然也不能歪曲法律的精神去迎合金融无序发展，或者以不变的法律应对发展中的金融，更不能任意解释金融法律规范，金融的市场属性决定了不可能要求金融的发展等待法律的同步完善，显然这些都与法律的正义相违背的。曾有评论指出："现代中国人迷失了自我，法对自己有利时，要求依法办理，不利于自我时又强调依理解决。这种投机取巧的心态是中国人最为鄙视的行径。依法办事可能产生'只要合法，不必凭良心'的恶果。"① 如果以金融作为自变量，而以金融法作为应变量，显然是强调法律是处于被动的地位，是由金融来推动金融法律的发展。但是在法律滞后的时候，不能歪曲法律的本意去调整金融法律关系，比如对以金融创新为名而企图掩盖金融风险、进行制度套利或者是为了规避监管的违法违规行为，就要以其实际构成的法律关系确定其效力和各方权利义务内容，否则将违背金融法律制度设计的初衷，显然也不是正义的选择。如果通过屈法的方式去调整不断发展和进化的金融领域法律纠纷，那么对金融风险的控制、金融消费者的保护、金融安全的维护又何以能有效地实现？

第三节 金融法剩余立法权司法主张的持法达变基因

既然金融领域的发展离不开法律，又不能固化法律，更不能歪曲法律，那么面对复杂多面的金融领域，当出现法律空白或者法律漏洞的时

---

① 张传新、贾建军：《当下司法中权变思维的滥用与规制》，载陈金钊、谢晖主编《法律方法》第 22 卷，中国法制出版社 2017 年版，第 231 页。

候，如何实现金融领域之法治？可能的路径包括：一是以简约的法律进行调整，即"以简约应对复杂"；二是以不变的法律应对变动不居的金融；三是持法达变。事实上，对于法之适用，实则隐含法律规定与具体情况之间可能存在的冲突，立法目标与司法实践间存在冲突的可能，因而更要讲究"法意""人情"兼顾，追求顺"人情"而行"法意"，使法之必行、法可长守。①

一 金融变法之现实不可能

这里的金融变法主要指大范围、根本性、颠覆性的法律变革，而不是指金融法律制度渐进式的调整和完善。在金融领域中，动辄进行立法、修法乃至废除法律，一方面所需成本巨大，另一方面更重要的是可能伤及金融法的权威性，而整体性法律变革是建立在金融领域发生重大或者根本性变革的基础之上，否则不应选择这一路径。

以持法达变的视角对这一问题进行审视，"以不变应万变"的特点在于"变到好像没有变一样，使大家在不知不觉之中接受变化而不知抗拒"，如此可以达到消减变化的阻力、减轻震动，获得顺利变革。这不是从顶层设计切入进行整体变革，而是通过渐进式达致法律适用的标准和要求。事实上，"以不变应万变"就包括"有所变"和"有所不变"，非常切合金融法与金融现象之间的关系，"有所变"就是指金融现象千变万化和由此引起的具体法律适用的变化，"有所不变"则是指法律的内在价值是稳定的。

二 金融深化之现实不可逆

如果法律不作彻底变革，要让法律与金融相匹配，还可以从金融这一端进行思考。亦即让金融适应法律发展的节奏，以法律的发展阶段来决定金融的具体行为方式和发展模式以及创新步伐。从惯常的思维来看，在金融法与金融的互动中，无非是法律赶上金融发展，或者是金融运行等待法律的完善。但是，金融是市场经济产物，其自身具有市场经济的品质，是在自由、竞争状态中逐渐形成的。而在由计划经济向市场经济发展进程中，以现有的社会经济制度发展的历程来看，具有明显的单向性特征，并

---

① 张田田：《宋人如何论"法意"》，《人民法院报》2018年12月7日第5版。

且在制度上也不具有可逆性。我国的金融发展的路径是由抑制到深化的演变过程，如果为了迎合法律的滞后性而再次抑制金融的发展，那显然是对市场经济发展规律的漠视与违背，也不符合金融的内在进化规律。就此而言，金融发展路径具有不可逆性。在金融法适用于金融纠纷解决过程中，不能通过抑制金融发展的思路来获得法律适用贴合性，这会有削足适履之嫌。

更何况当今金融发展已经不同于新中国成立初至改革开放中期之前的状态，金融抑制阶段有其特定的国际国内环境，经济社会发展对金融的依赖程度已经达到了新的高度，并且金融要素的发展和金融信息的流动已经突破一国之疆界。金融的普惠性使得金融的覆盖面更为广泛，影响的利益群体更为众多，在既已形成的利益体系中进行非发展性抑制或调整，显然也会缺乏共识基础。金融抑制如若不在风险管控或者是增进社会福祉的名义下进行推进，当然也是属于偏离了法律正义的轨道，以此再去迎合滞后的法律，绝非法治所倡导的发展方向。

三　持法达变之现实不可缺

法律的生命力应在于其能够对社会生活作出有效的回应，但在制度迭代方面，金融创新的迅猛发展一般不会被动等待金融法律漫长而又复杂的制定程序，所以这一回应机制还可以在司法过程中寻找。持法达变渗透着辩证法思想，既突出法律的权威和根本以维护法律的稳定性，又强调法律自身的调适以应对社会变化的意义。这是对客观现实的观照和回应。坚持持法达变就要求认真对待法律制度，充分运用包括法律解释方法、法律论证、法律推理等在内的法律逻辑思维方法，解决法律纠纷，规范法律行为，在情、理、法之间构建一座桥梁。[①] 在此，需要明确的一个问题是：在持法达变过程中，适用法律的语境是自变量，而法律的调适是应变量，语境变化才会引致法律的变化，而这里法律的变化不仅包括实定法的微调，还包括具体法律规则从无到有的过程，法律之改变是为了使得法律规则更加适应变动不居的现实而又不违背法治的基本精神，从而形成语境与法律的良性互动。持法达变中所变化的不是法律的精神、意义

[①] 陈金钊：《法律如何调整变化的社会——对"持法达变"思维模式的诠释》，《清华法学》2018年第6期。

和原则，而是在法律精神、意义以及原则指导之下具体适用规则的调适，坚守的还是在法律连续发展状态下法律的可预测性，避免法律虚无主义，不能因为法律的调适而侵蚀法律的权威，这是持法达变理念的根本之所在。

持法达变理念依然坚守法治之思想，这里之"变"是法律规则及其适用方法之变，但不是无序之变、随意之变，而应在法律框架中进行适度调整。"变"的内容包括法律具体适用规则和适用方法的变化，还包括法律所调整的金融法律关系的改变。在金融法剩余立法权司法主张过程中坚持持法达变理念，能够消除权力行使之任意性、克服为盲目追求效果而导致的法律不确定性，从而维护法律稳定性之根本要求。具体而言，持法达变在金融领域中就是要求在处理问题时，坚持原则性与灵活性相结合，也就是有所变也有所不变。在一定的时间范围内，金融法律的精神、原则是不会发生根本性变化的，但是金融法的调整方式、其与事实的连接方式以及基于具体案件事实的法律适用规则会发生变化。而持法达变要发挥预期的作用，则需要实现其自身的合法性，尊重法律的内在价值体系并对法律赋予新的意义，从而获得法律更高层面的合理性。

第四节 持法达变理念下金融法剩余立法权司法主张正当性

从法律方法论的角度予以审视，持法达变没有反对依法办事思维模式。相反，司法主张是在金融发展无法停滞而金融立法又无法改变滞后局面之下，从思维层面进行变革所开拓形成的新的进路选择，从而为金融法功能的有效发挥提供可靠的依赖。梅因就曾指出，法律的稳定性与意义的变动性是法律"运动"的基本形式。① 持法达变理念下的司法主张就是在金融法稳定的框架之下为应对金融发展所作出的有效选择。

一　司法主张金融法剩余立法权不可替代

剩余立法权的不同行使途径都有其自身的特点和优势，当然也存在各自的不足。既然存在诸多途径，不得不思考的一个问题就是它们相互之间

---

① ［英］梅因：《古代法》，沈景一译，商务印书馆1959年版，第1页。

是以何种方式相容的？而且需要确定彼此之间是互补关系还是替代关系？特别需要追问的是，金融法制更新的内源动力和外在动力在哪里？持法达变理念之下，为何司法主张之于金融法剩余立法权的行使具有不可替代性？

金融监管部门在监管执法中，可以根据金融市场发展的动向和金融监管的目标和功能，制定相应的部门规章等规范性文件，以此规范监管对象的行为并可以成为金融监管执法的依据，具有成文性、外显性等特点，并且能够针对类似行为予以反复适用，因而也就具有了抽象规范的特征。而我国无法通过判例的方式实现对金融法律的漏洞进行弥补的目的，但通过司法主张则是一条可以探索的路径。故而，司法主张金融法剩余立法权的必要性自不待言，司法主张金融法剩余立法权也有相应的可能。在金融司法裁判过程中，由于我国法律多具成文法体系的特征，并不能通过司法生成判例，因此即使针对个案形成的裁判规则，也只能适用于该具体个案。其所表现出的是不成文的、隐性的，并且无法对其他案件形成普遍约束力。但是金融司法行使金融法剩余立法权也有其独特的优势，并能为金融法律体系的完善注入新的活力，特别是基于持法达变的理念，更显示出契合性。

金融的迅速发展与法律的稳定性之间存在时空不一致性矛盾。随着社会发展和技术进步，金融法律关系也呈现出不同的特征，但是相关金融法律不能同步修改造成法律出现漏洞或者现实与法律之间的矛盾和冲突时有发生，即使是依据"后法优先于前法、特别法优先于一般法"的灵活解释也并不能总是奏效。实定法的静态应对所形成的弊端显而易见。事实上，在金融法律适用中，如果后法的一般法与前法的特别法不一致时，如何进行法律适用也会显得无所适从。一般而言，有两种途径可以选择：一种是以静态的处置方式，提交全国人大常委会裁决，事实上也就是表明立法机关制定的法律存在瑕疵，需要予以完善；另一种则是以动态的处置方式，以法律漏洞予以对待，亦即对提交至司法机关的法律纠纷，通过司法能动，填补法律漏洞，发挥剩余立法的功能，至少在个案层面消弭其中的罅隙，并且能形成特定的事实拘束力。不仅如此，通过司法途径填补立法剩余空间，还可以避免立法中"小法重复大法""后法重复前法"的痼疾，与此同时，通过司法途径，提升法律的明确性和具体性，避免了法律规范可能存在的倡导性、宣示性之流弊，不会出现政策性语言主导而回避实际问题的解决。事实上，通过司法途径也更加容易达致法律"平易"的追求，也更能够为受众了解和熟知，①并且能够在坚守法律精神和法律原则中实现法律应有的价值。

二 持法达变对简单依法办事观念的完善

传统思维中，依法办事应该是法治的应有之义，也是遵循法治理念的行为准则。但是法律规则中不仅有行为规则还存在思维规则。依法办事在法律存在缺失或者瑕疵的时候，就可能出现不符合法治要求的情形，还可能被利用而成为维护法治的幌子，结果以法治之名行专制之实。因为依法办事不是简单地将法律覆盖到特定的社会关系之上就会实现法治的目标，不能罔顾社会关系之复杂多变性而生搬硬套，而是要对包括法学原理、法律价值、法律规定以及法律方法的应用进行关联思考，申言之，所依的"法"不只是具体法律规则，更应包括法律的基本理念，法律的精神和法律价值。就此而言依法办事中的"法"与持法达变中的"法"具有同等意蕴。

当行为模式在实现法治的过程中出现窒碍时，就必须借助于法治思维重新寻找进路。在金融和法所固有的动态关联中，如何弥合二者之间的缝隙以求法治的实现？在法律、金融以及法律适用于金融领域这三者之间，法律适用是最具有能动性的要素。鉴于人们的思维方式制约着人们的行为模式，如果对依法办事固守于法之静态，那么就等于承认有了法律就实现了法治，不问法之善恶，不顾法之变通。如此，简单地依法办事对复杂多变的社会关系不会形成有效反馈，社会关系只是被动地接受法律的调整，法律也不会虑及社会关系的进化和更新。而这种封闭的司法模式容易导致机械司法的出现，结果可能是貌似高举依法的旗号而实质是在破坏法治的价值。

通过法律思维的修正弥补法律行为模式的不足，以"持法达变"在社会之变与法律稳定中寻求突破路径，对传统意义上的依法办事思维进行优化，这是法治理念下应对复杂多变社会的应有思维模式，司法的能动可以在法律与社会关系之间建立合理的连接，进而实现"以不变应万变"之可能。因为"以不变应万变"的根本特性在于捍卫法律的稳定性，同

---

① 田林：《关于确立根本性立法技术规范的建议》，《中国法律评论》2018年第1期。

时还注重保持法律文本意义的固定性，而其活力在于"不变之中有变"，"不变"体现的是对法律权威的尊重，"有变"是对包含社会变化语境因素的反馈，而且"有变"是建立在准确把握法律的基础之上，要对法律正确地把握和深入地理解不可能仅仅建立在文本之上。只强调法律规定，而不顾及社会关系的变化，法治的价值就可能落空，甚至是不可能实现的。简单依法办事的行为模式就是如此，孤立地看待问题，显然违背了这一原则，放弃了对法律所要适用语境的思考以及语境对法律的反馈作用，固守于静态的视角，未能考虑到在法律、社会关系之外，还有法律适用这一动态的要素，而这是一个至关重要的因素。

持法达变的主体是法律的适用者，在司法过程中就是法院和法官，他们正是法律适用于特定社会关系过程中的最为能动要素。法律对社会关系的作用以及社会关系变化对法律所形成的反馈，它们无法形成自给自足的修正机制，需要有外部力量的有效介入。所以法律调整社会关系，不是将法律简单地覆盖到社会关系当中，而是要恰当地化解社会矛盾，在人、法律和社会关系之间实现法律的意义。法治是服从规则治理的事业，但这里的规则不仅是指行为规则，还应包括法律思维规则。① 而法律思维规则涉及法治的很多环节，司法作为最后的保障环节，法律的思维规则则显得更为重要。法律行为取决于法律思维，要实现对法律行为的有效调整，就要对法律思维予以深入把握。

司法在连接法律和社会关系之时可以充分发挥能动作用，可以在坚守法律的稳定性的同时，以不变的法律应对千变万化的社会关系。正如有学者所言说那样，"中国人的最高智慧是以不变应万变。"② 持法达变是一种辩证思维，在不确定的社会关系变化中寻求相对固定的法律意义以解决法律纠纷，在法律相对稳定的意义中寻求相对流动的价值。未来已来，唯变不变。"不变"是基础，"变"是精义，这也恰恰是司法主张存在于持法达变中的意义和价值之所在。

持法达变正是在上述意义基础上，找到了价值发挥的空间，为了防止法的突变、乱变和不变，在强调法律稳定性的同时，作为最后一道保障，

---

① 陈金钊：《法律如何调整变化的社会——以"不变应万变"思维模式的诠释》，《扬州大学学报》（人文社会科学版）2018年第9期。

② 曾仕强：《中国式思维》，北京联合出版社2017年版，第174页。

司法具有至关重要的作用，也就因此寻得了合法性依据。在持法达变过程中，依据所要调整社会关系的变化对法律进行微调但不是恣意更改法律，进而推动法律的应变，不墨守成规，在法律的调适中赋予法律新的活力。而在此过程中，法律定则尚在，在定则中进行法律调适以形成针对个案的法律裁判依据，为此需要在思维过程中合理运用法律方法论进行调适，这就保证了持法达变是法内之变而非法外之变，这样既符合法治的要求，也缓解法律与其他社会规范之间的紧张关系。持法达变是对中国传统思维模式中精华的吸收和提取，延续而不是断裂国人思维的模式，强调了与传统的思维方式进行衔接，但同时又注入了新的意义，突出体系化思维以及逻辑性思维的重要性。在辩证中强调体系化，有助于推动我国法治进一步臻至完善。有了科学的法律思维，才能将思维转化为行动，以与时俱进的持法达变模式应对千变万化的金融活动。

三 持法达变理念之于司法主张的契合性

法律应具有稳定性，虽然成文法难以做到高频次地经常性修改，但是法律的理解适用、证明标准、证明方式等应当根据实践的需要及时进行调整优化，并不断形成很多具体执法和司法规则。以现行《中华人民共和国证券法》关于内幕交易的相关规定为例，自2005年修正之后保持了很长一段时间，但关于对内幕交易违法行为证据标准的认识发生了变化，从原来的直接证据证明发展到利用间接证据链条证明，在此基础上形成了相关司法解释和会议纪要，较好满足了执法和司法需要，并收获了较好的效果。

持法达变就是要充分虑及金融领域的变化与发展，从而有效避免机械司法而可能造成的司法危机。毫无疑问，人类理性的有限性决定了法律建构的局限，将金融领域无限之变化纳入到相对稳定的金融法律当中，这是以有限理性来应对未来无限事务所设想能够达到的无死角、全方位安排，而事实上以有限御无限显然具有现实不可能性。因而在金融司法当中既要尊重金融法律的权威性，也要拓展金融法之包容性，将金融领域的变化反馈至金融法律控制的范畴之内，继而实现既化解金融变革中所产生的矛盾，也能秉承法治之理念，避免法外现象和法外行为的屡屡发生。在金融法律纠纷中，需要持法达变的法律解释方法和司法思维，要在金融司法中用好金融法、用活金融法，这应该是对金融法立法剩余权的最有效的行使。

  在法律方法之中蕴含着法律思维的"规律",这些规律就是法律思维规则。持法达变思维模式中,运用法律方法既可以限制任意,也可以解决法律的稳定性与社会变动性之间的抵牾。[①] 从金融法的演进方式来看,不可能通过根本性变革来调整复杂多变的金融关系,而转向司法过程中通过法律适用的方式弥补法律的不足,这应该是金融法良性发展的一个基本方向。需要明确的是,在以解决金融法律纠纷包括现实的金融法律纠纷和潜在的金融法律纠纷为客观需求,法律方法并不是只局限于法律文本的表现形式,其中还包括通过法律方法和技术的应用而开展的解释,这也是持法达变理念之于金融司法的契合性所在。

[①] 陈金钊:《法律如何调整变化的社会——对"持法达变"思维模式的诠释》,《清华法学》2018 年第 6 期。

第五章

金融法剩余立法权司法主张的实现机制

在金融法律基本制度形成之后,金融法律规范的有效适用自然是其价值实现的重要途径之一。事实上,金融法剩余立法权之行使,也是需要在金融法主体框架确定之后才能予以主张,否则就是通过原生性立法或者修法途径来实现,而非通过补充立法的方式来填补金融法律漏洞。但是法律的适用绝非简单地依法办事,否则即使再完美的法律都会形成新的法律漏洞,也会消解剩余立法所作出的努力,因此就必须科学地遵循法律思维,并合理地运用法律方法。因为简单地依法办事很可能扭曲法律的意义而走向法治的对立面,出现以"依法"作为掩盖造成错误等情形。① 萨维尼曾言:"解释法律,系法律学的开端,并为其基础,系一项科学性的工作,但又为一种艺术。"② 赫克(Heck)则指出:"在所有的改变中,方法的改变才是最大的进步"。③ 因此综合上述两种论断,对于金融法律的适用,需要基于科学的方法对法律加以诠释并有针对性地解决金融法律争端。而在司法主张金融法剩余立法权的过程中,对于疑难案件的解决,可能涉及法律解释、法律推理、法律论证、效力识别、类推适用、利益衡量、事实替代、法律发现以及法律续造等多种方法,④ 就司法中法律知识的生成而言,并非每一种方法都能达到行使剩余立法权的效果,需要予以有效甄别。

---

① 陈金钊:《法律如何调整变化的社会——以"不变应万变"思维模式的诠释》,《扬州大学学报》(人文社会科学版)2018 年第 9 期。

② 王泽鉴:《法律思维与民法实例》,中国政法大学出版社 2001 年版,第 212 页。

③ Philipp Heck, *Interessenjurisprudenz und Gesetzestreue*, DZJ9(1905), S. 32. 转自王利明《论法律解释之必要性》,《中国法律评论》2014 年第 2 期。

④ 谢晖:《论司法方法的复杂适用》,《法律科学》2012 年第 6 期。

而在具体运行中，金融法剩余立法权的司法主张不能重结果、轻证成。金融法律要从"一纸具文"变成"行动中的法律"，司法在这之中具有独特的价值。特别是要坚持采用融贯性思维，将整体性思维与系统性思维予以打通，以约束强度不断递增的方式构成金融法剩余立法权司法主张的路径体系，适应金融之变的同时不失法律的刚性和安定性。在路径选择上，不局限于既有的思维习惯，而是基于现实的法律框架，从多维度思考剩余立法权司法主张的方式，既要有金融司法理念的变更，也要有金融法律方法的应用，还要有金融司法程序的完善，更要赋予传统的金融司法解释和指导案例等方式新的活力，从而为金融法剩余立法权司法主张构建一个相对完整的体系。

第一节 利益衡量视角下的金融法剩余立法权的司法实现

一 金融司法裁判中利益衡量运用基础

法律作为一种协调社会利益关系的工具，其本身就是利益衡量的工具。① 所有的法律，没有不为着社会上某种利益而生，离开利益，就不能有法的观念存在。② 要有效并且准确处理千变万化并且千差万别的金融法律纠纷，特别是对金融法律漏洞的填补，利益衡量就不可或缺，这也是难以更改的司法规律。拉伦茨指出："个案中之法益衡量"是法的续造的一种方法，法官需要借助"法益衡量"解决原则冲突及规范冲突。③ 正因为如此，金融法需要在金融深化和金融创新过程中找准定位，为利益厘清提供依据、为纠纷解决开辟路径。

（一）金融法律纠纷引入利益衡量的必然性

博登海默曾指出，有序所描述的是一种具有一致性、连续性和确定性

---

① 王利明：《法学方法论》，中国人民大学出版社2012年版，第627页。
② ［日］美浓部达吉：《法之本质》，林纪东译，台湾商务印书馆1993年版，第62页。
③ ［德］卡尔·拉伦茨：《法学方法论》，陈爱娥译，商务印书馆2003年版，第246—247页。

的状况，而无序则表明的是一种非连续、无规则和不可预测的情形。① 所谓的连续则表明法律的发展不存在断点，没有形成突变。而立法过程的发展规律告诉我们，通过立法进行制度选择不应当是跳跃式的，除非是通过革命的形式实现社会颠覆性变革的，在通常情况下立法还是要遵循渐进的发展规律。回溯中国改革开放 40 余年来法制建设的背景，也是通过不断"试错"摸索的过程而逐步架构其体系的。② 法律的成长也因循了这一"试错"路径。季卫东教授曾经详述了立法层面上的法律试行的合理性。③ 也正是因为中国立法层面"试错"的存在，剩余立法权的特征更加明显，司法主张也因此拥有了相应的生长空间。但是立法仅仅为平衡利益资源的有限性与利益主体要求的无限多样性的矛盾所提供的一个一般的制度性框架，当具体利益纠纷依据这一框架难以有效解决的时候，在法官不能直接造法也被禁止法律沉默的前提下，④ 利益衡量是不二选择。

金融法律制度的变迁滞后于金融创新与发展是不争的事实，作为多具成文法体系特色的中国法律制度，制定法更多是对业已存在的金融法律关系进行规范和调整，尽管立法过程中也会以前瞻性视角对未来发展作出合理的预测，但无法观照到金融现实发展的加速度和复杂性，金融法的不完备是无可辩驳的事实。究其原因，金融立法滞后既有金融的因素，也有法律的因素：金融的因素源自金融创新不断推进、金融交易主体博弈心理难以精准测度、金融运行脱离实体经济独立运转时有发生导致基本判断标准并不总是有效，还包括经济金融化的范围不断拓展等等，所有这些源自于金融自身发展的原因造成法律应对的不及和滞后；法律的因素源自立法的指导理念坚持稳健主义的立法指导思想，依然受简单商品经济为基础而形成的宜粗不宜细、回避争议等基本原则的影响，金融实定法规定过于原则和僵化，缺乏可操作性，特别是在新兴金融领域的法律漏洞乃至法律空白现象比较突出，法律稳定性要求也使得已经生效的金融法不能朝令夕改以

---

① ［美］E. 博登海默：《法理学——法哲学及其方法》，邓正来等译，华夏出版社 1987 年版，第 207 页。

② 金融市场相关制度建构"试错"的一个最明显例证就是 2016 年年初指数熔断机制的生效与夭折，在股市形成震荡的同时也为法律法规的制定提供了警示效应。

③ 季卫东：《法律秩序的建构》，中国政法大学出版社 1999 年版，第 145—195 页。

④ ［德］考夫曼：《当代法哲学和法律理论导论》，郑永流译，法律出版社 2002 年版，第 116 页。

及时回应金融领域的发展变化，等等。根据罗伯特·阿列克西的理论，法律是由规则和原则两种不同性质的基本规范组成的，它们相应地依靠涵摄与衡量两种不同的方式被适用，衡量便是以相互冲突的原则双方尽可能实现其自身内容为目标的。①

事实上，针对法律的不完备性，如果因为法律漏洞对某些行为采取"一刀切"的方法，金融司法将某一大类金融活动裁判为违法甚至禁止，比如针对没有具体法律规定的金融交易合同均判处无效等，这会对金融创新活动形成阻吓过度，并不是金融法律不完备情形下司法的最优选择。19世纪后期的德国，在金融市场出现丑闻后，就采取了非常严格的法律措施，结果是几乎扼杀了金融市场的向前发展。② 因此，当金融法与金融事实发展存在空隙的时候，利益衡量要成为法律与现实社会关系之间的有效媒介，填补法律漏洞，对个案进行裁判并对所涉利益进行合理分配，同时通过个案裁判，为今后类案提供准则参考，以为立法提供司法经验和规则制定的基础。③ 金融法律纠纷随着金融发展而不断更新其形式和内容，金融也因创新而远未形成稳定结构、也未处于稳定状态，立法者显然无法预测所有金融法律纠纷的类型，就此而言，金融司法中的利益衡量与金融创新在某种程度上形成同频互动。法律必须稳定，却不能静止。④ 金融正处于活跃期，必然会呼吁法律作出相应调适。因此，实定法无法提供完美的法律规则，注定利益衡量可以作为金融法的有益补充要在促进司法裁判方面发挥重要作用。

（二）金融司法裁判应用利益衡量的实践需求

金融是实践性很强的领域，金融法的应用性特征也非常明显，天然就拥有贴近市场、立足实践的品性。⑤ 利益衡量作为法律方法论起源于德

---

① 余净植：《"利益衡量"理论发展源流及其对中国法律适用的启示》，《河北法学》2011年第6期。

② 许成钢：《法律、执法与金融监管——介绍"法律的不完备性"理论》，《经济社会体制比较》2001年第5期。

③ 杨素云：《利益衡量：理论、标准和方法》，《学海》2011年第5期。

④ [美] 本杰明·N. 卡多佐：《法律的成长——法律科学的悖论》，董炯、彭冰译，中国法制出版社2002年版，第4页。

⑤ 王奕、李安安：《法院如何发展金融法——以金融创新的司法审查为中心展开》，《证券法苑》2016年第2期。

国,并不是发端于我国的司法实践。作为移植而来的法律方法论,其适应性和生命力如何?金融司法通过追求法律效果与社会效果的统一以实现司法权威,利益衡量既要在法律的框架里运作,又能围绕社会效果生成相应裁判规则,填补法律与社会事实之间的缝隙。此外,金融立法者的有限理性、金融利益关系的嵌套交错以及金融法律语言表述的多义性,需要对法律进行相应的阐释,在金融法律纠纷中解释法律规范,是金融法律适用的重要组成部分,① 而这有赖于法官有效运用利益衡量方法以为金融法律有效适用注入新的活力。

事实上,即使是法律形式主义支持者也承认隐蔽于司法三段论背后法官的利益衡量,② 并不会因为刻意回避而否认利益衡量的客观存在和应用的实然状态。在金融司法实践中,利益衡量已成为司法裁判的重要方法,比如在以金钱债权为转让标的的保理业务中,多方利益参与其中形成复杂的法律关系,但立法却滞后于快速发展的保理业务,法院在处理保理法律纠纷的司法裁决中,就要适当衡量各方利益,适应社会融资之合理需求,减少对金钱债权流转的限制,为保理的法律纠纷提供科学的司法救济途径。③ 这些还只是金融领域浮出水面进入司法领域纠纷的"冰山一角",随着"去杠杆"④ 等政策的深入执行,保理、融资租赁、票据、信托、实现担保物权等融资类案件数量仍将继续保持上升态势,⑤ 还有很多与金融创新相关的纠纷或是处于潜伏期,或是尚未寻求司法途径解决,但应都是司法机关在处理金融法律纠纷时必须面对法律滞后或规则供给不足需要发挥利益衡量的重要领域。不仅如此,金融科技运用可以在不同的存款账户或互助基金实现自由变换,但也因此将自身对金融交易的决策权交给了金

---

① 参见最高人民法院关于印发《关于审理行政案件适用法律规范问题的座谈会纪要》的通知,2004年5月18日,法200496号。

② 余净植:《"利益衡量"理论发展源流及其对中国法律适用的启示》,《河北法学》2011年第6期。

③ 孙超:《保理所涉纠纷中的利益衡量与裁判规则》,《人民司法》2016年第32期。

④ 对金融机构而言,利润多寡一般主要取决于两个因素:一个是负债端成本与资产端收益之间的差额,另一个是资产的规模,而资产的规模则由杠杆率所决定。参见绿法(国际)联盟研究院编著《新时代下的中国金融使命》,中信出版社2018年版,第84页。

⑤ 《2017年度上海法院金融商事审判情况通报》,参见《上海高院发布2017年度金融商事审判白皮书》,搜狐网,http://www.sohu.com/a/283577640_120059668,2018年12月29日。

融投资工具，由此形成的法律纠纷诉诸司法就不可避免会出现法律漏洞；再比如以智能投顾和高频交易为例，如果作为其底层技术的算法被实践证明具有优势地位，该算法往往会被广泛使用，结果可能导致大量金融消费者对相同金融产品作出一致反应，从而形成羊群效应，这种顺周期行为会加剧金融市场的波动性，特别是高频交易算法的快速自动交易会导致价格和交易量过度反应，制造一种自我实现的涨跌风险，甚至可能会造成市场"闪崩"；此外，高频交易者还可以通过采用闪电指令、协同定位等交易策略，利用自身的技术优势和交易速度优势，导致金融消费者失去交易机会，造成市场的不公平，并因此为金融司法裁判带来新的难题。[①] 传统消费中金融消费者权益保护规则是建立在金融服务提供者和消费者现场交易的基础上，网络交易中则缺乏面对面的交流和磋商，弱化了契约的合意基础，传统的金融法律规则很难有效保护消费者权益，现行制度无疑存在着法律漏洞和适用障碍，将会阻碍金融司法裁判功能的有效发挥。在此，利益衡量将成为金融创新过程金融法律纠纷得以有效解决的重要选择，其重要性也得到凸显。

（三）利益衡量之于金融深化改革应对能力

中国现代金融的发展是脱胎于计划经济，政府主导推动是必然的选项。作为市场经济中的金融活动，从中国改革开放时起算，也只有40余年。当前中国金融的发展呈加速趋势，尤其是晚近10年更是迅猛发展，实现了由政策性开放向制度性开放的转变。根据经济基础决定上层建筑的理论，法律作为上层建筑会反作用于经济基础。几乎所有发达国家金融发展全都伴随着金融法治的推进，质言之，没有法治，一个国家是不可能有好的金融发展。[②] 金融的深化过程必然伴随着金融法律制度的建立与适用。我国金融法需要在金融深化的背景中转型，具体而言就是进一步减少政府对金融市场的过度干预。[③] 尤为重要的是，中国金融法治建设不能局限于立法对策性研究。有学者指出，仅从法律条文来看，中国对投资者权利的法律保护程度是非常高的，与发达国家相比相差无几，甚至高于法国

[①] 周仲飞、李敬伟：《金融科技背景下金融监管范式的转变》，《法学研究》2018年第5期。

[②] 许成钢：《金融监管、政府与法律》，《广东金融学院学报》2006年第3期。

[③] 冯果、袁康：《社会变迁视野下的金融法理论与实践》，北京大学出版社2013年版，第358页。

和德国，但在法律执行的质量上，中国基本上是世界上最低的，因此其将这种低水平的执法与高速度的金融发展同时并存的现象称为"中国之谜"（China Puzzle），① 这就为中国的金融司法指出了明确的发展方向。

要发挥金融司法的作用，首先，把握金融发展的趋势。从金融抑制朝金融深化的转向就要求在利益衡量时不囿于传统的抑制裁判思维压制市场主体的投融资诉求，不能助长金融市场交易价格扭曲机制，不能阻碍或者异化金融领域符合市场运行规律的秩序建构与规则生成，等等。其次，金融是典型的市场机制作用的领域，同时又因其溢出效应而需要予以强监管的领域。在进行利益衡量的时候，要遵循金融市场运行的规律，比如金融国际化、利率市场化等方面要予以合理赋权、减少管制冲动，让市场机制发挥应有的功能，减少行政替代市场决策的行为，推进金融依法自治，尊重金融市场的发展规律，不能一味强求市场顺应静态的法律，法律适用要能动地适应金融市场发展，回应市场强烈的民心所向和巨大的创新驱动，这应当是利益衡量中重点考量的因素。最后，金融科技创新在一定程度上降低了市场主体参与金融交易所需具备的专业知识，结果金融大众化趋势越来越明显，推动并助长了"泛金融化"现象。② 创新已经成为金融领域发展最本质的特征。金融的变速狂奔与法律的调整待从成为二者最真实的写照，最显性的表征就是它们之间并没有实现同步变革，未能形成有效衔接，金融法律漏洞也就应运而生，亟待通过法律方法的调适为二者建立一种基于效果实现的关联。利益衡量更加注重实质正义，这一因子契合金融深化过程中的价值取向，也符合回应型法的基本特征。如果脱离金融抑制朝金融深化转向的背景、忽略金融创新对传统金融变革所带来社会福利的贡献、无视金融制度利益所产生的巨大效应，那么就称不上金融法律纠纷司法裁决中的利益衡量。

二 金融司法裁判利益衡量运用之调适

利益衡量作为法官行使自由裁量权的一种方式，并非在任何场合、任

---

① See Franklin Allen, Jun Qian, Meijun Qian, *Law, Finance and Economic Growth in China*, University of Pennsylvania, Working Paper, 2002.

② 周仲飞、李敬伟：《金融科技背景下金融监管范式的转变》，《法学研究》2018年第5期。

何条件下都可以直接加以应用。① 即使在弥补成文法不足的时候，也需要对利益衡量所运用的"度"予以关注，才能保证其不偏离司法的初衷。质言之，法官进行利益衡量是在行使司法权，而其作为公权力的一个重要组成部分，无法逃脱公权力滥用的陷阱。特别是在金融纠纷领域，利益的关联更为直接、表现形式更为直观，而且金融有涉众性、传染性、系统性等特征，其纠纷解决效果不只局限于个案，还会在更大范围内产生示范效应。鉴于此，金融法律纠纷中的利益衡量既要调适金融法律纠纷利益衡量自身的方向，也要廓清适用利益衡量的金融纠纷边界，以此赋予利益衡量更强的生命力。

（一）利益衡量应用于金融法领域的转向与改进

回顾利益衡量的发展轨迹，其滥觞与勃兴多以传统民法为作用场域。但在《法国民法典》和《德国民法典》产生阶段，生产力发展水平都不是很高，生产关系较为简单，仍处于一个相对静态的社会。在相对成熟且稳定的民事领域，利益衡量常常只需要常识常理常情和通念加以判断就可以实现。但现代社会是一个动态发展的社会，生产力发展水平很高，生产关系变化迅速且更加复杂，法律适用发生了根本性变化，出现了许多新的特征。② 利益衡量作为一种具有普遍意义的司法方法，不应局限于民法领域，还应当在其他部门法领域发挥作用。③ 事实上，通过研究相关司法文书就可以发现，利益衡量已被运用到金融司法裁判中，而当这一方法被运用于金融领域，不得不关注金融的发展阶段以及金融法的基本属性，不得不把握金融法律纠纷的特性。

纵观中国金融法发展脉络，其虽处于不断发展过程中但尚未成熟，根源在于其规制的领域亦即金融的发展尚处于创新活跃期，金融创新使得金融交易尚未定型，金融深化依然有很大纵深空间。比如 P2P④ 就在其发展过程中有从信息中介向信用中介转变的冲动并导致"跑路"现象频发且有相关法律纠纷诉诸法院；又比如包括"租金贷""现金贷""套路贷"等在内的各种资金运作方式不断出现，金融法的生成跟不上金融发展的步

---

① 梁上上：《利益衡量论》，法律出版社 2013 年版，第 177—194 页。
② 梁上上：《利益衡量论》，法律出版社 2016 年版，第 51 页。
③ 胡玉鸿：《关于"利益衡量"的几个法理问题》，《现代法学》2001 年第 4 期。
④ P2P 自 2007 年上线到 2016 年第一个暂行管理办法出台，其间历经近 9 年。

伐。金融风险的类型也已发生变化，资本不足风险与透明度风险已成为两类来源不同、性质各异的基础风险。① 利益衡量的运用要直面金融市场的急剧变化和金融法自身特性作出适应性调整，在借鉴民事领域利益衡量思维模式的同时，更要基于金融法不同于其他部门法的特质形成独居特色的利益衡量方法，探寻利益衡量在金融法律纠纷中适用的特殊性、规律性及由此可能开启的新视界。创新作为金融发展和变革的灵魂，为金融法带来的最明显变化就是技术性条款更加广泛。很多金融交易和监管规则都是基于技术应用而人为构造的条款，建立在规律之上但又超越了自然法的范畴，无法通过一般的伦理道德标准就能进行清楚地解释。金融科技的广泛应用使得金融风险表现泛化，由此引发的法律纠纷单从伦理角度进行判断是有所欠缺的，需要深入金融的运行机理掌握其运行规律并把握其本质，要洞悉纠纷中涉及的技术性条款，单凭法官从伦理和通念抑或常识的角度进行判断似乎难以抵达正确的结论。因此利益衡量陷入了两难的困境：一方面，需要抛开法律以白纸状态进行利益衡量，另一方面，利益衡量的介入又需要面对纷繁复杂的金融科技，在无通念和常识的背景下，如何面对超越一般生活常识的金融纠纷？在这一过程中，按照日本学者主流观点中有关利益衡量的理念，强调考察国民意志、社会潮流，根据普通人的立场或常识进行衡量，并且赋予社会观念以及常识极高的地位，甚至将其作为案件裁判的实质性依据。但这一应用范围也有其边界，金融法领域很多法律规则已经无法直接运用民法的伦理标准进行识别和判断，单凭直觉无法作出所有符合法律旨意的裁判，这是利益衡量适用于金融法领域需要作出的重大调整。

（二）金融法裁判中利益衡量的适用范围和清单标准

利益衡量产生于"法外空间"又止步于"法外空间"，这包括两层含义：一是"法外空间"并非制定法疏忽，而是因为一部分金融纠纷本不属于法律规范调整的范畴，一些社会关系本就无须金融法律作出规范，亦即属于法律救济不能的领域，此谓法律的局限性，利益衡量不能入侵法外空间，比如金融交易双方因为正常的市场波动造成的损失所引发的利益纠纷，就不属于利益衡量的范围；二是对于制定法疏忽的"法外空间"，特

---

① 吴晓求等：《中国金融监管改革：现实动因与理论逻辑》，中国金融出版社 2018 年版，第 13—14 页。

定的社会关系属于金融法调整的范畴，只是实定法未作规定，这与前者有本质区别，属于就金融法所存在的漏洞，恰恰也是利益衡量的范围。为此，通过建立金融法律纠纷利益衡量的正面清单和负面清单以明确适用标准，既能加强法官的能动司法，也可保证法官对利益衡量保持谦抑。正面清单至少可能包括四个方面：一是相关金融法法意模糊或者残缺，需要通过利益衡量对漏洞补充；二是金融法律的适用解释有复数结果，需要借助利益衡量进行取舍；① 三是金融法律出现立法空白，需要借助立法目的、立法精神或者法律原则等通过利益衡量择取相关进路进行定分止争；四是金融法律的适用将导致不正义，无法为当事人和社会公众所接受，法官不得不遵从流行的正义观念进行利益衡量以作出判决。② 负面清单则至少可能包括三个方面：第一，依据金融法能够作适法性裁判的案件不能进行利益衡量，亦即手段穷尽原则，也是日本利益衡量论学者所反复强调的；③ 第二，通过对金融法律解释能够获取裁判规则的，不能进行利益衡量；第三，通过金融法内法益衡量能够解决法条冲突的，不能径行利益衡量。④

在成文法体系中进行金融法律纠纷利益衡量，不仅要防止法官脱离法律进行恣意衡量，还要防止另外一种极端，亦即鉴于利益衡量的现实条件受限，通过形式逻辑从成文法中获得判决结论，这对法官来说是一种最安全的办案方法。⑤ 也就是出现当为不为的现象，法律没有明确禁止法官采取利益衡量，然而法官由于种种原因而不敢创造性地解释法律并进行利益衡量，这显然也与利益衡量对实质正义的追求是背道而驰的。

（三）金融法裁判利益衡量的规范基础

利益衡量属于法官自由裁量的范畴，但不应是"感情法学"，如何保证法官利益衡量的正当性、合理性是将法意融入利益衡量的重要使命。在德国利益法学派看来，法官通过利益评判来断案，但在利益评判的时候并

---

① 陈金钊主编：《法律方法论》，中国政法大学出版社 2007 年版，第 247 页。
② 房广亮：《利益衡量方法的司法适用思考——基于 274 份裁判文书的考察》，《理论探索》2016 年第 3 期。
③ 段匡：《日本的民法解释学（五）》，载梁慧星主编《民商法论丛》（第 20 卷），金桥文化出版（香港）有限公司 2001 年版，第 78 页。
④ 高金桂：《利益衡量与刑法之犯罪判断》，元照出版公司 2003 年版，第 54 页。
⑤ 章剑生：《论利益衡量方法在行政诉讼确认违法判决中的适用》，《法学》2004 年第 6 期。

不能依据法官自身的价值观念进行,而是要探求法律隐含的立法者的利益取舍。① 即使在日本的利益衡量论中,尽管带有强烈的规则怀疑主义倾向,这缘于其为了解决过去因继受他国法律制度和知识、与本国社会生活衔接契合不够而立志探索一条真正适合日本的法学之路的产物,② 也注重对所寻找到的结论要附相应的法律理由进行检验和论证。鉴于中国的法制传统,并不同于日本当时所面临的法治困境,中国更需要立足于现实,以法律效果、社会效果和政治效果的统一而作出利益衡量。

金融业作为特许经营行业,实行"信息披露监管"和"许可准入式"等规则,而许可准入既包括准入许可也包括业务许可,在很多情形下属于强监管领域。强约束理念不应只及于监管行为,法律宽严的尺度对于金融领域的其他法治环节同样适用,因此金融法律的严格适用也是应有之义。利益衡量本身具有主观因素,与金融业强监管要求似乎产生了冲突。"法条主义"在司法领域对金融领域的强监管起到了呼应作用,但在从金融抑制向金融深化变革的过程中,"法条主义"表现明显不足,不仅因其僵化思维难以适应金融领域的变革,而且"法条主义"也是以法条的存在作为先决条件的。事实上,金融创新造成金融立法滞后,法条并不健全,因此,利益衡量的适用本身就是对金融创新的有效回应。究其本质,利益衡量是在一定的时空中展开的,注定其并不能超出法律的边界,而且利益衡量必须选择在一个妥当的法律框架中进行衡量,否则其结果可能是以新的不公平代替原有的不公平,使得其对于实质正义的追求化为泡影。③ 所以利益衡量并不是自由的舞者,只是戴着镣铐的探索者。因此,金融法律纠纷中的利益衡量必须要拥有坚实的法意基础,法意基础最根本体现就是要符合法律目的,而符合法律目的的途径则可以有所选择。法律目的又分为主观目的与客观目的,前者是指立法者在创制法律的时候所表达或持有的目的,后者则是指法律文本客观上所能体现出来的并能为人们所公认的目的。④ 利益衡量的展开就是基于目的合理性突出结果为取向的思维路径,

---

① 张利春:《关于利益衡量的两种知识——兼行比较德国、日本的民法解释学》,《法制与社会发展》2006 年第 5 期。
② 陈金钊主编:《法律方法论》,中国政法大学出版社 2007 年版,第 239—241 页。
③ 梁上上:《利益衡量的界碑》,《政法论坛》2006 年第 5 期。
④ 李可:《利益衡量的方法论构造——以私法性利益衡量为中心》,《上海政法学院学报》2017 年第 2 期。

法官要为利益衡量披上法律的外衣，法律的原则、概念以及价值和政策等架构而成的法律系统，涵养着法律目的和基本法意，为利益衡量的合目的性展开提供了保障。

(四) 金融法裁判利益衡量与司法三段论的互动

概念法学是依据形式三段论进行判断的，法官并不进行主观判断，而是规规矩矩接受实定法的约束，仅仅是从立法者所决定的法律中引出唯一正确的结论。① 而金融法律纠纷利益衡量突破了概念法学的局限，在法律文本的字面含义难以有效调整纠纷时，亦即存在法律漏洞的时候，赋予裁判者探求法律文本背后所蕴含的立法者的价值判断，权衡法律规范的价值取舍，使得法律文本不断适用于变动不居的金融创新，从而通过法律解释等方法的运用保持法律的生命力。利益衡量注重实质性判断，法官"前见"是实质性判断的基础，"前见"不同，利益衡量就不容易出现趋同理解，要使利益衡量有趋同性，需优化法官的"前见"。② 在资金融通等传统法律纠纷领域形成了很多实践案例，积累了一定的经验，具有"前见"和先验的基础。但对于资产管理等新兴领域的金融法律纠纷，则因缺少相应的"前见"，还是要以实定法作为逻辑起点，再对照小前提得出结论。特别是在科技金融不断发展并趋向纵深的时候，金融法律规范区别于民事法律规范，技术性条款更为突出，仅凭直觉和感知的伦理性条款并不占优势，法官也无法紧密跟踪金融领域的发展以随时对金融法律纠纷形成直觉定性，因此利益衡量思维并不能总是适用于金融法律纠纷。对于普遍性的金融法律纠纷，法官可以通过直觉和通念得到初步裁判结论，然后再通过寻找大前提并予以论证。而对于新型的金融法律纠纷，无法通过直觉和通念获得初步裁判结论，即使金融法律不完备，依然需要从大前提出发，在金融法律框架中寻找到相关的法律依据，然后通过法律解释等方法达成法律规范适用的完整构成要求，继而在法律理由的论证上阐释寻找大前提，在此过程中可能需要目光往返流转于规范与事实并反复斟酌，从而寻找最为恰当的连接。

利益衡量的操作规则，可以概括为实质判断加上法律保护，在作出实

---

① [日] 加藤一郎：《民法解释与利益衡量》，梁慧星译，梁慧星主编《民商法论丛》（第2卷），法律出版社1994年版，第75页。

② 张豪：《一起民间借贷纠纷案件的启示》，《山东审判》2011年第4期。

质判断其中一方应受保护之后，再寻求相应的法律依据，如果找到了法律根据，仍将该法律根据作为大前提，案件事实作为小前提，依三段论推理得出裁决。① 就此而言，金融法律纠纷中的利益衡量并没有脱离三段论，只是倒置了大前提与小前提的顺序。实际上，即使没有进入法律论证的环节，法官在分析案件事实中利益的时候，也不可能完全排除法律的约束，因为法官作为接受过法律专业训练的职业者，在进行利益衡量的时候会不自觉地将所掌握的法律理念和法律知识渗透到实质判断中来。② 需要予以区别的是，司法三段论中，利益的界分因循法律而变，在利益衡量中为了实现利益的合理界分，可以在法律框架内进行灵活适用，金融法律纠纷诉诸司法的最终目标是要达到定分止争的效果，而不在于固守于法律的形式而罔顾利益分配的合理性。

三　金融司法裁判利益衡量之具体展开

金融法律纠纷中的利益衡量不能简单地理解为在司法裁判中对产生冲突诸多利益的比较取舍，而需要从更深刻的背景去思考。司法主张中利益衡量将视角从法律本身转向社会事实本身，尤其是转向特定社会冲突背后的实质即利益的冲突，指出对社会冲突的解决从根本上讲是对案件中相互冲突利益的调和。③ 为此，要形成利益衡量原则，突出衡量重点，细分衡量步骤，系统建构利益衡量的路径。

（一）金融法裁判的利益衡量原则

按照功利主义哲学思想，"效率本身即意味着正义"，正义与效率之间的对立关系得以消解，而且认为功利原则能提供一个清晰明了的标准。④ 因此法律经济学的思想在利益衡量中具有重要的价值。⑤ 通过法律经济学的思维方式，能够克服既有利益衡量论里诸多模糊、复杂以及难以通约带来的困境，从而引导法官将精力投放到正确的方向，降低无效思考

---

① 梁慧星：《裁判的方法》，法律出版社 2003 年版，第 187 页。

② 李杰：《论民商事审判中的利益衡量理论》，《人民司法》2007 年第 1 期。

③ 张利春：《关于利益衡量的两种认识——兼行比较德国、日本的民法解释学》，《法治与社会发展》2006 年第 5 期。

④ ［英］约翰·奥斯丁：《法理学的范围》，刘星译，中国法治出版社 2002 年版，第 43—69 页。

⑤ 周林彬、董淳锷：《法律经济学》，湖南人民出版社 2008 年版，第 508—509 页。

而付出的沉没成本，形成更有效率的裁判。

1. 利益最大化原则

从法律经济学视角考量，法律可以被视为一个市场，其中存在着供求关系。① 司法中利益包括个体利益、群体利益、社会公共利益以及制度利益等多重利益关系，其目标就是追求总体利益的最大化，但利益最大化并不只是涉案主体的利益最大化，还包括群体利益、社会公共利益以及制度利益在内的整体利益最大化。根据帕累托改进的标准，如果一种变化在没有使任何人境况变坏的前提下，还可使其中至少一个人变得更好，则达到了帕累托最优设定的目标，帕累托最优是公平与效率的"理想王国"。② 在金融法律纠纷中，利益冲突的解决并不一定是"全有"或者"全无"的结局，在司法实践中，许多权利冲突都不是简易地以"你死我活""非此即彼"的排斥性思维方式决断的，而是以互相忍让、和平共处的方式在两种利益中进行衡量，使得互相冲突的利益都有所限制，这种解决方式更多是一种妥协。③ 正确的利益衡量并不总是在充分保护其中一种利益的同时完全舍却另外一种利益，而需要根据实际在保护各种利益上投入恰当的数量资源，以谋求利益保护所实现的不同利益主体效益总和的最大化。但是在促进社会福利最大化的时候不能采取牺牲弱者一方的利益，而应该保护在制度安排和现实生活中处于最不利地位者的紧迫性的利益，这也是金融法律实质正义的要求。

2. 损失最小化原则

损失最小化是利益冲突的不可调和损失产生无法避免退而求其次的最优选择，此刻利益衡量的目标在于把利益的牺牲或摩擦降到最低限度。④ "卡尔多—希克斯"效率观可为实现损失最小化打开思路。⑤ 这一原则背后的考量是对社会资源的珍惜，源于能够满足发展需要的社会资源是具有稀缺性这一肇因，有学者表示，法律供给计算的目的在于对不同的资源配

---

① [美]理查德·A. 波斯纳：《法律的经济分析》，法律出版社2012年版，第435页。
② 曾娇艳：《假释案件审理的帕累托最优》，《检察日报》2018年6月26日第3版。
③ 孔祥俊：《法律方法论》（第三卷），人民法院出版社2006年版，第1275页。
④ 沈岿：《平衡轮：一种行政法认识模式》，北京大学出版社1999年版，第245页。
⑤ "卡尔多—希克斯"效率观指的是受益者的得益必须大于受害者的损失，只要受益者有这个能力并虚拟地补偿受害者之后，还有一定的获益，就增加了社会财富的总量，社会资源的配置也是有效率的。参见钱弘道《法律的经济分析》，清华大学出版社2006年版，第13—14页。

置方案进行比较和权衡，发现其中能以最小的资源消耗使需要得以最大限度满足的方案。① 在具体的法律评价中，权利的安排应当促使人们创造财富而不是掠夺财富，应该让能以更低成本预防事故发生或能以更低成本为损失保险的一方承担事故责任。② 申言之，当损失确定会发生，则应当由预防发生意外损失成本较低的一方承担损失，这样可以降低社会总成本，从而能够促进社会福利最大化。比如在信用卡被盗刷案件中，法院通过利益衡量的方式比较银行机构和持卡人双方的能力和优势，认为银行机构具有更强的经济、技术和法律能力向责任方追偿，也可以通过增加服务成本等途径在大量持卡人中进行分散所造成的损失，同时发卡银行还可以通过采取各种交易技术升级创新措施，降低损失带来的经济负担，为此最终判决由银行先行承担损失。③ 这就是损失最小化原则在利益衡量中最具体的应用。

3. 成本效益比较原则

汉德公式通过比较采取足够预防措施将给当事人带来的负担（B）与发生损害的概率（P）与损害的实际损失（L）的乘积之间的关系确定衡量结果，如果 B>PL，则当事人不需要采取预防措施，因为不符合效率原则，而如果 B≤PL，当事人却未采取足够的预防措施而应承担过失责任，法院可以判定当事人因没采取成本优化措施而负有责任。④ 毫无疑问，利益衡量在此过程中是奉行的经济理性的决策原则，它需在法律程序正当的基础上，对相关利益保护进行成本效益比较分析。在决定利益保护和取舍时，依照"两害相权取其轻、两利相权取其大"的原则，考虑被保护利益与牺牲利益之间的成本效益关系。⑤ 因之，在金融法律纠纷司法裁判的利益衡量中，不能只注重利益最大化而忽略为取得相应利益所承担的社会总成本，也不能只虑及损失的最小化，而忽略对社会整体福利的增进，还要比较成本与效益之间大小，确保净收益最大化。

---

① 钱弘道：《经济分析法学》，法律出版社 2005 年版，第 189 页。
② 张伟强：《利益衡量及其理论的反思——一个经济分析的视角》，《法学论坛》2012 年第 4 期。
③ （2013）沪一中民六（商）终字第 152 号。
④ ［美］罗伯特·考特，托马斯·尤伦：《法和经济学》，施少华等译，上海财经大学出版社 2002 年版，第 267—268 页。
⑤ 杨素云：《利益衡量：理论、标准和方法》，《学海》2011 年第 5 期。

4. 边际效用择优原则

通常情况下，边际效用会因主体不同而异。在边际效用存在差异的情况下，将争议之利益分配给边际效用更大的一方，无论是对个人还是对社会来说，都是更有效率的利益配置方案。在利益分配最终难以明确的疑难案件中，通过利益最大化、损失最小化以及利益成本相抵净收益最大化等原则仍无法确定衡量结果的，则可以考虑选择能使该项利益的边际效用更大的分配方案，亦即"边际效用最大化准则"。需要强调的是，边际效用最大化准则是一条补充性准则，其运用的前提条件至少应同时具备以下两个方面：首先，存在利益权属最终难以明确的情况；其次，在不同的当事人之间必须存在明显的边际效用的差别。判断一项受益对当事人产生的边际效用，不能只看双方的资产多寡，而是要根据这项受益的可能用途及其实际效用来判断。① 在相关金融法律纠纷案件中，如果无法判断过错方，利益权属难以明确，则通过利益衡量比较金融消费者和金融机构对损失的敏感度，确定二者分别获得相应利益分配的边际效应，而根据边际效用最大化确定衡量结果。

(二) 金融法律纠纷裁判利益衡量的焦点

1. 促进金融领域实质正义的实现

利益衡量是在反思法律形式主义过程中，特别是针对概念法学僵化现象批判而形成的一种法律方法，追求法律的实质正义，要求实现法律效果与社会效果的有机统一。将利益衡量引入到司法裁判中，可以克服成文法固有的缺陷，并且突破形式法学的束缚，实现形式合法与实质合理之间的兼顾与平衡。法官对纠纷双方当事人利益的关系进行识别、评价，进而确定涉案利益的衡量和分配，实际上就是在法律框架下凝练特定社会领域的社会共识进而实现公正、得到社会普遍认同的利益配置方案，从而实现特定社会关系领域的实质正义。②

金融领域的创新特质以及我国金融市场参与主体的特殊构成，使得司法裁判对实质正义的坚持和追求尤为必要。对形式正义的追求会强调法律适用严格的程序性，问题在于有时相关主体会利用程序正当性作为规避责

---

① 陈毅群、李赏识：《司法裁判中利益衡量方法运用之规范进路——以民事疑难案件的处理为思考维度》，《海峡法学》2016年第2期。

② 杨素云：《利益衡量：理论、标准和方法》，《学海》2011年第5期。

任的手段，在金融交易中就曾出现过通过信息披露等方式来规避法律责任的具体行为，而这与法律正义是背道而驰的。比如"套路贷"中贷款公司构建完整的证据链，表面上类似于民间借贷，而实质上是为了强占借贷人房屋等合法财产，在这过程中，常常披着金融工具合法的外衣，如果不在具体案件审理中采用利益衡量的方式揭示其本质，追求实质正义，而只是浮于纠纷表面，则可能造成偏离实质的公平正义。为此，法院在司法裁判中应当严格审查借贷发生的原因、时间、地点、款项来源、交付方式、款项流向以及借贷双方的关系、经济状况等事实。在金融深化的背景下，直接投融资形式日益丰富，金融中介功能不断发展，① 金融产品交易结构愈加复杂性，这些都呼唤在必要时要通过穿透式思维以把握交易目的而非局限于交易外观，穿透识别真实权利人或者是最终投资者、定位底层资产以全方位分析金融业务本质和法律关系，明确相应的权利和义务，这样有助于刺破综合化的主体结构与技术泛化的产品特质，化解金融权利异化风险，② 以实质正义的理念衡量意思自治与金融治理的要求，从而推动利益衡量抵达实质正义的殿堂。

2. 兼顾金融公法与私法的属性

金融交易常以契约的形式出现，体现为私法主体的自治原则，很多情形下金融产品本身就是契约，平等主体间的金融法律纠纷属私法调整的范畴。金融交易主体作为市场主体，缔结金融契约以谋求在其认知能力范围内的利益最大化，应属其在有限理性、有限控制和有限自利情形下的真实意思表示，司法裁判中要尊重当事人的意思自治与契约自由。金融监管法虽然并不一定会为契约双方当事人规定相应的权利和义务，但对于违反法律强制性规定，影响金融秩序稳定和金融健康稳定，甚至可能形成外溢风险，则会对契约效力进行审查并明确契约的效力，同时对其作出法律上的评价。就我国金融发展阶段而言，正从行政性金融向普惠性金融转变，其

---

① 分析金融的历史演进可以发现，金融业从起源到发展，贯穿其中的核心职能是中介服务，主要包括两个方面：一是作为"钱"的中介，金融业经营管理的直接对象是"钱"，在任何时代，金融活动都是货币流通的中介；二是作为金融活动参与主体的中介，无论是早期简单的支付，还是承兑、借贷亦即资金融通功能乃至现今的财务管理功能，金融都是联结经济活动不同参与主体的纽带，是联络和推动经济活动运行的中介。参见肖远企《金融的本质与未来》，《金融监管研究》2018年第5期。

② 郑丁灏：《论金融科技穿透式监管》，《信安金融》2021年第1期。

所代表的利益从国家利益与社会公共利益朝国家利益、社会公共利益与个人利益并重方向发展,从严格管制到加强监管转变,其所折射出是对不同利益主体保护的完善。

根据通说,金融法又属于经济法。① 中国的金融法根植于计划经济体制,初始更多地是以公法规制的面貌出现。当时的金融立法更多是通过授权政府依法干预市场,目的是限制金融风险、协调金融运行,最终促进经济社会发展。政府干预的早期形式表现为对于金融欺诈行为和金融危机现象的遏制,后来逐步演变为在遏制金融风险的同时,通过金融法制建设促进经济、协调发展。② 金融在发展演进并促进其功能变化的同时,法律属性也在应变,逐步形成了公私法耦合的属性。特别是随着金融深化的推进,金融交易的私法属性得到肯定,但在金融市场规模不断扩大过程中,国家常常遁入私法,管制中有自治,自治中有管制,形成了公私法交错、性质耦合的态势。在此状态下,金融私法与金融公法需要相互为用以更加充分实现金融法适用的整体价值,因此在利益衡中不能一味地推崇私法自治,也不能坚持公权力管制的绝对化,否则无法将公私法属性有效融合到金融法框架下并形成体系化解释,也会因此忽略客观存在的制度利益。

3. 鼓励金融创新促进金融发展

金融创新是当前金融发展最鲜亮的底色。鉴于法律稳定性的要求以及金融创新发展中很多领域尚未定型等特点,因此金融司法裁判需要为金融创新发展预留相应的空间,也是呼应金融抑制向金融深化转向的需要。在金融创新与依法治理方面,对二者所代表的利益需要结合个案予以衡量,继而选择是保护代表创新的利益还是要保护代表个体的利益。但司法中要防止利用金融创新的幌子实施不法的行为,侵犯金融交易参与者的合法权益。比如"租金贷"中,长租公寓企业勾连金融机构或互联网金融平台,通过资产证券化的方式来推动租赁市场的融资活动,而当资金链条断裂的时候,租户与长租公寓企业之间就会形成纠纷,已经突破了房屋租赁常规的合同形式,其间因为金融机构等组织的介入以及资产证券化金融工具的运用,被冠以金融创新之名而行利益掠夺之实。金融创新利益不仅涉及到金融法律纠纷中具体一方当事人,还会因此涉及到以一方当事人为代表的

---

① 杨东:《金融消费者保护统合法论》,法律出版社 2013 年版,第 44 页。
② 蓝寿荣:《论金融法的市场适应性》,《政法论丛》2017 年第 5 期。

群体利益以及由于金融创新而获益的不特定群体。以网贷评级不正当竞争案件为例，在网贷评级方面无直接相关的法律，法院适用法律的逻辑为：网贷评级作为新兴行业，鉴于过去十年来网贷一直是互联网金融领域风险高发的行业，从新兴市场良性竞争秩序的建立、权益保护等角度进行衡量，来判断企业主体开展网贷评级活动的正当性与合法性。因此专业机构对网贷平台进行合理评级，提供给市场判断，避免非专业投资者在缺少外部评价的条件下仅仅依靠网贷平台自身宣传而作出决策。为此，司法机关通过利益衡量认为合理的评级有助于弥补法律的不足，尤其是在金融监管不足的情形下，更加弥足珍贵，对于进一步促进网贷评级事业的发展和网贷平台的有序运行具有重要意义，采取了司法包容的态度对新兴行业进行了认可。① 在法律适用过程中，法院没有因为法律的缺失而简单否定评级的正当性，而是基于网贷的健康发展和金融创新的需要，考虑法律自身的因素和信贷评级的功能定位以及相应金融市场的发展作出了利益衡量。

（三）金融法律纠纷裁判利益衡量的操作步骤

1. 查明金融法律纠纷所涉利益并予以类型化

金融法律纠纷中利益衡量相较于传统的民事法律纠纷中利益衡量，具有更为宽泛的内涵和外延，利益主体并不限于诉讼两造，多涉及群体利益、社会公共利益、制度利益，乃至国家利益；既包括直接利益，也包括间接利益。法官作为中立的裁判者，首先应当发掘案件所涉及的各方利益，不能以当事人利益的表象来进行直接利益衡量。鉴于涉及金融安全，所以金融领域里社会公共利益甚至国家利益的属性更为突出。与此同时，需要关注的是金融的普惠性必将与社会中众多家庭相连接。通货膨胀的发生与社会福利体系的不健全迫使我国很多家庭将家庭储蓄转以权益类投资等形式，因此也赋予了金融交易一种民生属性。② 所以个体利益的诉求在此也非常明显，由此形成的社会公共利益等与个体利益的冲突就更为突出，需要区分利益的侧重点，明确利益冲突的类型，直面多元化利益冲突的现实，运用利益衡量处理各种利益诉求。③

---

① 邓建鹏：《通过司法为互联网金融指引新秩序——"网贷评级第一案"引发的思索》，《中国法律评论》2017年第3期。

② 王锐：《金融机构适当性义务司法适用的实证分析》，《法律适用》2017年第20期。

③ 刘作翔：《权利冲突的几个理论问题》，《中国法学》2002年第2期。

为此，在适用利益衡量查明所涉利益并进行具体类型化的实践过程中，首先要根据利益衡量的正面清单和负面清单确定在审的金融法律纠纷是否适用利益衡量的法律方法，包括对法律纠纷进行定性，确定是属于常规的金融法律纠纷领域还是属于新兴的金融纠纷领域。其次，法官通过司法体系内的各种途径，包括诉讼程序、媒体报道、上级法院指引以及相关法律政策等，进行信息的搜集和甄别，对冲突利益的状态进行描述，包括利益的内容、种类、性质、大小、指向等内容。再次，对金融法律纠纷的中所涉的冲突利益解构和类型化，确定案件所代表的各种利益，以及这些利益背后的各种利益群体，据此对利益形成合理分类。最后，判断相互冲突的利益是否同属于同一法律关系，并且对于所冲突利益的合法性进行评价。

2. 金融法律纠纷所涉利益之比较与取舍

法国学者富朗索瓦·惹尼指出，法官应当努力在符合社会一般目的的范围内最大可能地满足当事人的意愿，实现这个任务的方法应当是"认识所涉及的利益、评价这些利益各自的分量、在正义的天平上对他们进行衡量，以便根据某种社会标准去确保其间最为重要利益的优先地位，最终达到最为可欲的平衡。"① 在金融法律纠纷中进行利益比较和取舍需要注重四个环节：首先，分析金融法律纠纷中各种利益诉求，厘清案件中核心的利益与附属的利益之间关系，并且剔除无法在本案中实现的利益诉求；其次，寻找和发现不同利益之间的共同点与冲突点，确定比较的维度和方向；再次，在利益衡量中需要明确不同类型利益之间是否存在着位阶次序且是否为恒定；最后，法官根据内心确信进行利益衡量，对各种利益进行价值判断，进而对各种利益进行取舍、协调和平衡。

在具体取舍过程中具体衡量方法包括平衡法、兼顾法、选择法、位阶法或者效益分析法等，比较分析金融法律纠纷利益冲突中可能出现的零和博弈、正和博弈甚至负和博弈的结果。当个人利益与公共利益发生冲突时，司法者不能不加区分地保护公共利益而置个人利益于不顾。考虑到金融法的公法属性，通常情况下，利益衡量中公共利益会优先于个人利益予以考虑，但是以损害个人利益来保障公共利益的做法，并不具有法律上的

---

① [美] E. 博登海默：《法理学：法律哲学与法律方法》，邓正来译，中国政法大学出版社2004年版，第152页。

优越性，它应该是穷尽其他可能手段之后的无奈选择。而以司法宽容的态度审视金融深化进程中的公共利益与个体利益，在赋权时可以突出公共利益的考量，而在限权时，不能以相对宽泛的公共利益保护而否认金融领域的交易和创新，这样过多侵占了私法领域的自主权。需要关注的是，法律原则之间权衡常须求助于法律之外的实质性判断标准，亦即个案中具体的利益衡量才能产生最终具有确定性的结果。这就需要将具体案件中法律原则之间的冲突再还原成不同利益之间的冲突，在法律技术上，抽象的法律原则之间的冲突常须转化为个案中当事人之间具体的利益衡量，才能提供一种更强的利益，从而在冲突的法律原则之间建立起一种有条件的优先关系。①

3. 金融法律纠纷利益衡量的法律论证

所谓法律论证是指法官对利益取舍进行合法化的过程，重点从规范、逻辑等角度对利益取舍的正当性、可接受性等进行论证。法官初始作出的利益选择只是基于法社会学上的论证，致力于能让当事人和社会公众能够接纳该取舍。但行至于此，依然缺少法律的外衣，并未有对放弃或保护的利益作出适当性论证，这可能会使司法裁决等同于一般的纠纷解决手段，缺少了法律的因子，也就不能堪当司法裁判之重任。能够用法律的理由加以解释是法律对司法裁决最低限度的要求。② 故而，法律论证是利益衡量不可或缺的环节，通过联结法律规范与衡量结果，赋予利益衡量合法性。

法律论证是一个动态的过程，需要采用"立法回归""合理目的性考评"等方法，对冲突胶着状态下的金融法律纠纷中的利益衡量予以合法化，法官要立足于"想象性重构"，通过不断回溯立法的本意以发现初始规则制定之本真价值取向，并观照当下金融运行的现状、趋势和特点，适应金融创新发展的内在需求，充分结合裁判时的金融运行情境和基础，并以立法者的视角加以衡量和选择，这样才能既延续法律的意蕴也完成了法律论证。利益衡量既要在实然法律精神、法律目的以及法律原则中进行法律论证，也要在应然的法律规则、法律规范中进行法律论证，不仅要延续

---

① ［德］卡尔·拉伦兹：《法学方法论》，陈爱娥译，台北五南图书出版公司1993年版，第313页。

② 桑本谦、纪建文：《司法中法律解释的思维过程探析——就审判利格斯诉帕尔默案与德沃金的对话》，《法学论坛》2002年第3期。

既往，适应现实，还要面向未来。

4. 金融法律纠纷利益衡量的展示

在金融法律纠纷利益衡量中，法律论证为其披上了合法的外衣，但由于利益衡量是法官的自由裁量，对于利的取舍和法律论证角度的选取依然存在规制的空间。这一外化过程不是对法律论证的简单重复，而是要使得利益衡量中的一些内隐性标准尽可能地展示给当事人和社会公众，对取舍过程进行反思和批判，从而强化利益取舍和选择方法的正当性。通过这一行动，将金融法律纠纷司法裁决中利益衡量的恣意予以最大限度的约束并且赋予利益衡量更加强化的正当性，这是解决利益衡量合法性的重要保障。

哈佛大学法学院道森教授曾指出，法院撰写并宣布法官意见是抵御专断行为的最主要的保障，也是对公务人员权力的最重要的限制，因而为了约束衡量的任意性，法官应对其衡量予以论证并公开这种论证。① 为此，金融法律纠纷利益衡量的论证需要完成内在逻辑的论证和对法律依归的阐述，而这一理想图景的有效达成需要通过司法文书将利益衡量的过程进行外化和宣示，"没有公开则无所谓正义"，② 接受外部监督，以防止利益衡量的滥用和不当，以此检验并规范利益衡量的过程。在具体操作中，改变传统司法文书裁判说理不足或者缺失的做法，特别是通过对利益衡量进行司法裁判的说理，更需要对利益衡量方法具体运用的过程进行详细阐明和深入剖析，对法意基础的论证予以充分说明，将说理依据和裁判依据进行外化，通过法律文书的公开接受外部监督来约束利益衡量的恣意和方法运用的慎重，还原利益衡量的本意并真正实现利益衡量的价值追求。其实通过利益衡量的展示还只是法官在金融法律纠纷中开展利益衡量的事后监督，这样依然存在其不足，还应该加强事前的约束与规范，比如可以考虑建立诸如《金融法律纠纷利益衡量规则》等相关规章制度，为法官启动利益衡量、过程控制利益衡量以及利益衡量纠错机制等提供制度保障，从而使得通过法律方法运用为司法主张金融法剩余立法权的正当性与合理性不断增强。需要强调的是，利益衡量只是司法通过非文本法律形式对金融法剩余立法权进行司法主张的一种选择，并不能涵盖所有的法律方法，但

---

① 龚德培、张坤世：《判决书的法理分析》，《中国律师》2000年第6期。
② [美]伯尔曼：《法律与宗教》，梁治平译，三联书店1990年版，第48页。

通过非文本法律的行使以司法途径主张金融法剩余立法权，利益衡量之于金融法这一领域显然更具有代表性。

第二节　金融领域指导案例的优化与发展

司法主张金融法剩余立法权并不只局限于法律方法等非文本法律的形式，事实上还有很多其他值得探索途径。比如指导案例的适用、司法解释的运用、个案答复等等，都是司法主张金融法剩余立法权的具体形式。如果说利益衡量尚属于剩余立法权行使的非文本法律形式，那么指导案例、司法解释则属于司法主张金融法剩余立法成果刚性不断增强的表现形式。所以在司法主张金融法剩余立法权的时候，各种司法主张形式各异，刚性不断增强，其间有所联系，也有所区别。金融司法裁判在解决个案问题的同时，应该自觉地遵循、维护乃至充实、发展法律规则，努力通过个案裁判实现社会引领功能，推动完善金融法律制度。在此需要明确的是，指导案例的价值并不仅仅在于运用司法的个别调整以解决个案问题，更大的价值在于通过司法的个别调整努力转化为具有普遍意义的调整。我国指导案例和司法解释在实践中已经对金融法剩余立法权的行使作出了积极尝试，在补充、补足、补强金融法律之漏洞进行了探索，但依然存在需要持续优化并且可以完善的地方。

一　拓展金融指导案例功能，明确金融指导案例的法律地位

通常情况下，法律不完备所带来的剩余立法权归属问题，大陆法系国家多是由获得法定授权的行政机关来行使，普通法系国家，则多由行政机关与司法机关共同分享这一剩余立法权，而且司法机关的作用与行政机关的作用相比绝不是无足轻重的。[①] 反观我国司法机关在金融法剩余立法权行使中的角色，主要是通过出台司法解释开展了一部分剩余立法行为，事实上，指导案例也应是法院进行剩余立法的重要途径之一。2010年《关于案例指导工作的规定》出台标志着司法案例对司法审判的指导作用在制

---

① 黄韬：《公共政策法院——中国金融法治变迁的司法维度》，法律出版社2013年版，第306页。

度层面得以正式确立。① 实际上也在一定程度上改变了条文式的司法解释缺乏时效性和针对性等不足之弊端。通过考察成文法系国家和地区可以发现，大陆法系国家和地区的司法解释方式多用案例方式，唯独我国采用了条文式的司法解释方式。② 事实上，这对于充分发挥司法主张金融法剩余立法权形成了一定的窒碍，未能充分发挥司法主张在剩余立法权中应有的功能。

实行指导案例制度的初衷是"总结审判经验，统一法律适用，提高审判质量，维护司法公正"。③ 在此，我国指导案例没有被称为判例，固然有与英美判例法相区分之意图，此外不容回避的一个现实状况就是我国的指导案例并不是原生判例的直接呈现，往往为了使得其中的裁判规则具有更大的实用度和更强的参照性，对原生案例的某些情节或事实会做不同程度的删减或增改，④ 所以是经过一定程度人工雕琢过的案例，并非完全自发的，而是在判例基础上经过法官或者法院加工后所形成具有指导性目的的案例。职是之故，既然是有加工的空间和现实操作的可能，那么指导案例的拓展空间就能有更多的探索，而不只是囿于司法实践中案例的原貌，还可以作一定程度的修整甚至概括，将具体和抽象相结合，更好地实现案例指导的功能。

梳理既有的指导案例可以发现，裁判要点要么直接体为现实体性法律适用，要么体现为程序性法律适用，抑或是体现为对事实或行为的性质认定，实际上就是将特定的行为、事实或情节认定为法律法规所指涉的行为、事实或情节，故而依然是法律适用的方法，因此，指导案例的参照意义还是聚焦于法律适用上。⑤ 指导案例的裁判要旨中要注重说理，特别是要明确所依据的金融法律规则，说明对其具体理解，发展出基于案例前沿所蕴含的规律，或者得出裁判要旨的理论，也就是说裁判要旨要紧扣法律条文，而不能脱离法律之根本。明确指导案例在司法审判中的地位，可以立足于金融司法审判的特点，以金融领域为试点，以行业或者业务领域而不是特定的地理区域作为划分标准建立司法特区，最高人民法院制定《金

---

① 顾培东：《案例自发性运用现象的生成与效应》，《法学研究》2018年第2期。
② 江勇：《关于案例指导工作的若干思考》，《法律适用》2017年第12期。
③ 《最高人民法院关于案例指导工作的规定》（法发〔2010〕51号）。
④ 朱芒：《论指导性案例的内容构成》，《中国社会科学》2017年第4期。
⑤ 顾培东：《案例自发性运用现象的生成与效应》，《法学研究》2018年第2期。

融法律纠纷指导案例适用规定》，弥补金融法律制度供给不足，同时统一金融法律制度的适用标准，也规范金融司法自由裁量权。

二 以金融指导案例为试点，法定化金融指导案例基本效力

要提升指导案例在金融剩余立法权行使中的功能，需要对指导案例的效力予以明确并增强。美国的法律职业者习惯于将法律资源分为首要法源与次要法源，前者是法院必须遵循的先例以及制定法等，后者则是学说以及外国法等，并且对法院具有当然拘束力。[1] 事实上，我国的法律也可区分为原生性立法、次生性立法甚至还有辅助性立法，以此突出次要法源适用的效力位阶以及拘束力强度等因素，赋予指导案例法律渊源的地位，并且形成明确的适用规则。据此，可以以金融领域的司法改革为试点，尝试赋予金融类指导案例的相应的法律效力。其一，确立金融类指导案例的法律效力试点政策，因应金融类法律纠纷的特殊性以及地方金融法院的建立等客观现实因素，给予先行先试的机会，也符合金融法律制度渐进式的建构模式。其二，在宪法层面确立指导案例的法律渊源地位。比如可以在宪法关于法院职权部分里通过条文规定：人民法院在法无明文规定或规定不明确，或出现与经济社会发展不适宜法律规定的时候，应该根据宪法和法律原则，按照公平正义实现立法旨意和立法精神，对案件进行裁判，并以此弥补制定法之不足。[2] 事实上，指导案例具有法源地位也不是不可能，《中华人民共和国民法总则》第 10 条就规定在处理民商事纠纷的时候，法律没有规定的情况下可以适用习惯，但是不得违背公序良俗，首次将习惯的法律地位上升到民法正式的法律渊源，并将习惯以法律条文的形式确立为裁判依据。[3] 2020 年 5 月 28 日出台的《中华人民共和国民法典》也保留了本条规定。这在事实上也为指导案例谋求相应的法律地位提供了可能努力的方向。其三，明确指导案例的效力位阶。在律例并存的法律体系中，指导案例无论是从其产生之初还是从其未来发展之动向，要么是为了填补法律之漏洞，要么是在成熟之后转化为相应的法律规范。故而，在与

---

[1] 林彦：《美国法律重述与判例》，《法律适用》2017 年第 8 期。

[2] 刘珊：《当代中国判例制度的构建》，《中南民族大学学报》（社会科学版）2009 年第 7 期。

[3] 陈建华：《习惯在民商事案件调解中的价值、困境与出路——基于司法实践视角》，《法律适用》2017 年第 20 期。

其他法律渊源发生冲突的时候，指导案例的效力应该居后，也是指导案例补充、补足、补强金融法成文法律制度之不足的实际体现，同时呼应了次生性立法的定位。亦即只有当制定法没有明确规定的时候才能够适用指导案例。① 其四，明确指导案例在金融法律纠纷裁判文书中引用范围，鉴于指导案例只是释法工具而不应是续造的成果，因此只是作为说理依据进行引用，而不能作为裁判依据进行应用。但是，对于应当适用指导案例而没有适用的，则可以其违背指导案例所适用的法律规则或法律原则而被推翻。②

三 赋予金融法院相应权力，优化金融指导案例的生成机制

应该说目前我国指导案例的建设还处于起步探索阶段，根据相关统计，已经发布的指导性案例总量就比较少，而涉及金融领域方面指导案例更显得稀少，在162个指导案例中，涉及金融领域的只有16个；同时对司法实践的指导作用还非常有限，这显然是不符合当前金融法律纠纷解决的实践需求与迫切期待，也不利于金融法剩余立法权的有效行使。与此同时，指导案例的生成对于司法解释的文本形式会形成有效的补充，极大地拓展了司法解释的形式和可以覆盖的领域，让司法解释从静态的单一性转向兼具静态和动态的双重性特征。而就金融法剩余立法权而言，指导案例并不是无所不包，根据最高人民法院发布的有关案例指导方面的规定，明确要求指导案例要经过特定程序筛选并经过权威发布的五种类型案件，而这恰恰能与金融法剩余立法权对金融法律漏洞填补的运行机理相吻合，能对金融法的不完备性形成有益的补充。事实上，案例指导制度并不是随意对待的范畴，而是体现着法制完善新的努力方向，甚至有学者认为，指导案例正逐步成为我国法律渊源中除法律法规、法律解释以外的"第三种规则"。③

通过梳理可以发现，当前的指导案例生成路径还主要是自上而下的体系脉络，基于最高人民法院的权威形成了特定的生成规则。但金融法律纠纷中法律的不完备现象频现，需要更为广泛且更具有代表性的指导案例以

---

① 王东义、黑小兵：《论我国案例指导制度的完善》，《法律适用》2017年第4期。
② 胡云腾：《案例是什么?》，《法律适用》2017年第6期。
③ 陈兴良：《案例指导制度的规范考察》，《法学评论》2012年第3期。

为司法实践提供更为有效的参考。实践中自上而下的生成路径环节多、速度慢，不利于指导案例功能的发挥。尤其值得注意的是，制度的权威不仅来自于权力主体的授权，更重要的是在于对规则和普遍认同和遵守。因此，在肯定指导案例既有的生成机制的同时，需要深入挖掘自下而上的指导案例生成机制，这才更加符合目前金融法律纠纷以及金融法院的运行现状，要充分利用信息化时代信息技术的优势，发挥法官和其他法律职业共同体的作用，通过"自下而上"的路径探索指导案例的生成机制，① 这样可以增强指导案例的前沿性、基础性和适切性，为指导案例的筛选和生成提供更为广泛的动力和资源。在此，可以充分考虑金融法院等专业机构在指导案例生成中的主体地位，发挥其信息获取真实便捷、专业性强等优势，能为指导案例体系的构建提供更加专业、更加前沿、更具有代表性的案例资源，特别是在弥补金融法制不足方面，金融法院等专门机构具有天然的优势，能在金融法律纠纷一线司法裁判中感知到金融法律的不足和疏漏，有利于更加有效地弥补金融法的不完备。事实上，最高人民法院作为指导案例的唯一发布主体，只是为了统一指导案例，而不是效力来源的依据。其实金融法院在处理金融类法律纠纷的时候，会积累相对充分的经验，拥有更加专业的优势，更有利于形成相对及时和专业的判断，也有利于将专业性金融法院的审判经验及时推广，形成可复制的经验，还能在更为广泛的范围内接受实践检验，最终为金融法律规则的生成发挥应有的作用。为此，可以探索金融领域的指导案例的生成机制，可以由金融法院提请发布，在金融指导案例的类型选择、金融指导案例的事实修正以及具体法律适用创新方面赋予金融法院更为充分的自主权限，而最高人民法院则主要负责合法性审查工作，确保指导案例生成的程序合法，并且法律适用的创新需要在现有的法律框架之内，赋予金融法院更大的能动性，促进金融类指导案例生成机制更为顺畅，运行效果更加凸显。

四 明确法律纠纷参照规则，提升金融指导案例适用的刚性

指导案例参照的"应当性"应作如何解释？如果不为"应当性"所约束，指导案例参照比附只是为了保持法律适用的统一性、统一裁判尺度

---

① 杨治：《困境与突破：刑事案例指导制度的实践运行样态及功能实现》，《法律适用》2017年第6期。

以及坚持"同案同判"这一朴素原则,那么究竟能在多大程度上能弥补金融法的不完备性?如果指导案例的参照太过于随意性,不仅会弱化指导案例制度设置的初衷,显然也不利于统一司法尺度。当金融法律纠纷被提交到司法机关,说明案件当事人已经将金融法律纠纷的是非曲直交由公权力裁决,而公权力在此显然应有权威的依据而确保司法的公正性,而不应是或有或无的选择。如果司法主体真能任意裁判,那么法律的严肃性荡然无存,也会严重削弱金融法乃至整个法律体系的权威性。将金融指导案例置于如此境地,那么显然无法发挥指导案例统一法律适用的功能,当然也不能有效填补金融法的漏洞。

根据最高人民法院对案例指导工作的相关规定,要求在审判类似案例时候"应当参照",这就明确了两个问题:一是指导案例只能适用于类似案件,而其他案件并不能以此作为推理或者法律解释的依据,就此而言,指导案例是以个案调整为其作用场域的,以案件事实作为比较的维度,而不是以案件中所蕴含的法律原理作为类比适用的基础;二是鉴于我国的法律传统,将先前的判决作为具有实际有拘束力的法律规范于法无据,所以指导案例在司法运用中只能定位于在法官履职过程中形成内心确信时对同类或类似案件所产生的影响,也正是基于这一理由,指导案例的实质功能就会有所减损,只是具有事实上的拘束力。由于非强制性适用,导致统一法律适用的目的可能会落空。就此而言,指导案例的有效适用不仅要求其具有指导性功能,而且要对指导案例的适用形成有效的约束和激励机制。事实上,如果对指导案例的参照适用的标准作出制度性规定,那就为我国成文法体制下援引案例的常态化和合法化提供了依据。[①] 对于指导案例的参考与适用,法官负有相应的义务,也是法官对自身职业安全和自身保护的心理需求。但是对于应当参照的前提是案例必须相似或者相同,而对于案例相似或者相同的判断,是法官能够予以自由裁量的内容。同样,也是基于金融这一领域建立指导案例适用的特区,在适用刚性上予以增强,提升指导案例在填补金融法空白与漏洞中的效果。

五 建立案例偏离报告制度,完善金融指导案例的适用规范

指导案例的效力始终是需要面对的问题,尤其是当出现下级法院对于

---

① 顾培东:《案例自发性运用现象的生成与效应》,《法学研究》2018年第2期。

不确定是否应当遵循指导案例的疑问的时候，如果没有解释或答复通道，制度设计层面的缺失导致下级法院即便是在适用指导案例时也不情愿主动援引和对比说明，更不必说当法官在持有与指导案例不同的法律观点或者无法确定是否适用指导案例的情况下，此时往往就会通过消极的方式而回避了争议。① 从指导案例的性质来看，不同于判例制度，不是通过司法创制法律经验法则，实际上是起到解释、细化和明确相关法律的作用，达到补充法律疏漏的目的，因而就性质进行判断，指导案例制度更多是释法而不是造法，从本质上而言是司法解释的一种形式。②

从近年来的司法实践来看，案例指导制度的效果离当初预设的目标还是有一定距离，主要表现在法官在进行司法裁判时，运用指导性案例的情形并没有形成自觉，当然也不具有普遍性，甚至有法官表示，指导案例有时还不如最高人民法院公布的典型案例以及公报案例等所产生的参照功能。聚焦到金融法现行的法律框架，指导案例尚存在很多需要完善的地方，不仅在于指导案例本身存在数量少、指定性不强的情形，金融领域指导案例的数量与当前金融案件数量之间的比例显然存在失衡关系；而且指导案例的适用规则以及适用方法依然是语焉不详。建立完善规范的案例指导制度作为制定法的补充，目的是保持法律适用的协调性，维护了法律规则在不同法院间、不同审判组织间尽力追求适用结果的一致性，但对此依然需要予以形成约束规则，否则无法真正发挥并推动中国案例指导制度价值的实现。

为此，可以在金融领域试行指导案例的适用规则，不仅要从正面对金融类指导案例适用形成引导和激励，还要从反面对殆于适用金融指导案例的情形附加义务强化约束。鉴于指导案例的事实性拘束功能，对于金融法律纠纷中诉讼两造提出要参照指导案例，而在实践中未有参照指导案例精神和原则的司法裁判，借鉴德国的做法，建立偏离指导案例报告制度，对于偏离指导案例的司法裁决需要予以说明和报告，要承担论证义务，并且需要充分说理解析。指导案例由于具有事实上的拘束力而往往应当被遵守，诚如阿列克西所言："一般而言，遵循判例是义务、偏离判例只能作

---

① 高尚：《论德国法中偏离判例的报告制度》，《法律适用》2017 年第 2 期。
② 王东义、黑小兵：《论我国案例指导制度的完善》，《法律适用》2017 年第 4 期。

为例外。"① 在金融案件的司法过程中，如果当事人明确请求参照相关指导案例而在司法裁决中没有予以参照的，需要在裁判文书中需要将理由予以陈述，同时要将指导案例的适用例外向本级法院的审判委员会提供报告，指出指导案例与在审案件的异同，以此强化法官适用指导案例的意识，同时也为指导案例的未来发展奠定基础。基于以上考量，在制度上要完善金融指导案例的运行机制、监督机制和考评机制，同时充分利用信息化手段，加强指导案例的选取、生成对金融法律漏洞填补的贴合性，能够形成更高的匹配度，从而不断完善金融法律体系建设。

指导案例在实质上是追求类案类判的效果，事实上，我国在司法实践中也在不断探索基于案例完善法律适用的有效方式，最高人民法院和相关地方法院都在积极探索基于信息化和大数据应用的"类案智能推送系统"以及金融案件的"类案智能专审平台"，通过类案类判机制作用的发挥，都可以为指导案例功能的完善和指导案例制度体系的建立提供参考，并能为案例指导制度功能的进一步发挥的思想共识达成创造条件，这也是指导案例效用不断增强的现实基础和未来可能。

第三节 金融法造法性司法解释的发展与应用

古罗马的法学家尤里安在阐述法律时就数次公开申明："法律和元老院决议都不可能制定得囊括所有可能偶然出现的情况""……对于第一次被确定的法律，需要通过解释或者最优秀的皇帝的谕令而使之更加确切"。② 换一个视角，近年来金融的迅猛发展致使成文法难以及时应对，在此情形下，用足法律解释的功能是另一个合理的选择。实际上，凡法律适用均需要经过解释才能适用，法的解释当然需要遵循客观规律，还应该遵循宪法和法律的基本原则和法律的精神内核。司法解释作为独具中国特色的法律解释的产物，已经成为填补法律漏洞一条相对稳定的重要途径，通过法律文本的方式推动了法律的创制，为法律的有效运行提供了保障。

---

① Neil MacCormick & Robert S. Summers Edited, "*Interpreting Precedents: A Comparative Study*", Darmouth Publishing Company Limited, 1997, p. 30.

② [意] 桑德罗·斯奇巴尼选编：《正义和法》，黄风译，中国政法大学出版社 1992 年版，第 57 页。

但司法解释并不局限于文本形式，还有通过技巧、手段和法律方法的应用实现解释的目的，这其实也是西方国家法律解释的重要内涵。而在我国，司法解释除了体现为对文本法律规范的解释并形成相应的文本形式，还包括对法律文本规范表述的使用，通过社会交往和法律的理性思维将文本之规范转化为行动之规范。因此，可以说司法解释不仅是法律得以实施的重要依据，也是我国法律不断发展的重要途径；同时，司法解释也在立法和司法之间建立起了互动的桥梁，也是彼此之间作用发挥的有益媒介。但是，既然作为特色，并且应用到金融法领域，就应该更多地挖掘其潜藏的特点，更大限度地发挥其效用。涉及金融的司法解释也比较多，梳理金融领域现存的有关司法解释，涉及银行、证券、保险、信托、期货、票据、资产管理等诸多方面，坚持审判为市场经济服务的原则，坚持司法解释服务于审判，反映了司法诉求，也避免了脱离实际。司法解释在行使金融法剩余立法权过程中发挥了重要的功能，比如以 2015 年 9 月 1 日起在全国施行的《最高人民法院关于审理民间借贷案件适用法律若干问题的规定》为例，对利率的根据不同情形分别予以了规定，并且在具体案件纠纷的司法裁判中得到充分援用，根据相关数据统计表明，在该司法解释颁布不到一年期间，就有 6.6 万份司法文书引用了该司法解释，占同期最高人民法院汇聚 31.79 万份民间借贷一审判决书的 20.7%，[①] 足见其对民间借贷案件审理中所发挥的重要功能，并弥补了金融法的相关漏洞。在金融法不完备处于常态情形下，司法解释如果只是偏执适法性司法解释这一传统路径显然无法有效破解这一困境，为此，需要在保持原有特色的基础上进行深入挖掘并适时予以转向。

一 金融法造法性司法解释的发展进路

在金融法领域中，司法解释现象的存在与运行无可讳言，并且在司法实践中也已经反复出现而且发挥了重要的作用。但研究法律解释的内容，多是针对金融法现存的法律规范进行适用性解释，亦即在原有法律规则和法律条文的基础上进行解释，需要尊重金融法条原有的文义，从而维护法律的尊严及其安定性的价值。[②] 应该说这在一定程度上解决了金融法适用

[①] 徐隽：《大数据，如何让司法更智慧》，《人民日报》2016 年 11 月 02 日第 18 版。

[②] ［德］卡尔·拉伦茨：《法学方法论》，陈爱娥译，商务印书馆 2003 年版，第 74 页。

中的问题，为司法提供了推进的方向。但是在金融法尚处于因应经济社会发展不断完善的过程中，适法性司法解释所依存的金融法基本规则本身就可能处于不完备的状态，显然这一路径的推进也就难以总是能够达到周延性效果，因此传统的司法解释路径就会陷入困境，也就难以避免金融法剩余立法目的可能会出现落空的局面，所以金融法司法解释是否只能止于适法性司法解释？这是一个需要予以追问的问题。

深入研究司法解释运行的情况，有学者就提出，我国司法解释制度中存在行使司法权过程中的适法性司法解释和司法机关在法律阙如状态下作出的具有普遍规范意义的造法性司法解释。① 实际上造法性司法解释在我国全面取缔"旧法统"时期，就是以补充法律漏洞的姿态出现的，只是时至今日，其又主要作为对具体法律应用中的问题解决的措施。② 为此，结合金融法的实际状况，有必要将金融法司法解释基于其产生的基础和形成的效果差异，区分为造法性司法解释和适法性司法解释两种形式。

造法性司法解释作为一种权力配置方式，能够推动我国金融法律制度建设不断完善，表现为运用司法解释"代法而行"的过程。鉴于金融法立法的特点和立法工作所需的周期，同时考虑到金融司法在面对具体法律适用时对法律供给的需求具有急迫性等现实状况，承担金融司法职责的司法主体加强造法性司法解释也势在必行。造法性司法解释目的是为了适应社会转型维护司法公正的需要，最高司法机关根据法律的授权或者相关委托，对于金融司法裁决过程中出现的新情况、新问题，根据立法的指导思想和基本原则或者习惯法等所作出的具有创新性和普遍约束力的解释，并以规范性文件的形式予以呈现。③ 因而在金融法剩余立法权行使过程中，造法性司法解释具有更强的填补法律漏洞的功能。由于造法性司法解释侧重于针对类型化的问题在于法无据的时候而作出的抽象化的解释，因此一般不会针对个案进行法律释明，故而具有更为广泛的法律适用范围，并以法理为基础推进其逻辑展开。在立法出现局限性的时候，为满足社会转型

---

① 洪浩：《法律解释的中国范式——造法性司法解释研究》，北京大学出版社2017年版，第103页。

② 洪浩：《法律解释的中国范式——造法性司法解释研究》，北京大学出版社2017年版，第148页。

③ 洪浩：《法律解释的中国范式——造法性司法解释研究》，北京大学出版社2017年版，第4页。

时期对金融法的需求，造法性司法解释也就势所必然。① 解决金融法律纠纷的法律需求是金融司法解释的直接动因，虽然造法性司法解释不是基于个案进行解释，然而能缓解复杂多变的金融交易与成文法的局限之间在司法过程中所呈现的紧张关系，达到息诉止讼的目的，是造法性司法解释最显性的成效。

就造法性司法解释而言，具有中国本土性特征，既区别于大陆法系传统中严格禁止法官解释法律的模式，也不同于英美法系国家允许法官自由地解释宪法条文以审理具体案件的模式。② 我国司法解释的进路为解决立法权与司法权之间的矛盾而形成了第三条道路，应该说，造法性司法解释是司法功能的适度扩张，也是司法权功能不断发展的表现，亦即不仅具有司法的功能，还具有补充法律规范进行次生性立法的功能。

二 金融法造法性司法解释的生成原则

造法性司法解释区别于适法性司法解释，比较而言具有更大的解释空间，然而并不是任意而为之，依然具有明确的生成规则，并且因其具有造法性特征，所以应有更严格的生成规则。由于造法性司法解释可以关注金融法领域中比较微观的问题，并且不以具体个案为依托，而且更为及时，同时出台程序更为简便，从而更加有利于新型金融法律纠纷的解决和法律适用的统一。那么在此情境之下，造法性司法解释既可能以现存的法条作为出发点，也可能基于法律精神或者法律原则作出相应解释。

金融法造法性司法解释应立足于所处的次生性立法地位。无论是适法性司法解释还是造法性司法解释，以其在立法体系中的定位进行审视，显然还是属于次生性立法领域。作为次生性立法途径的司法解释不能僭越原生性立法主体所应行使的权限，否则当然会被归于无效。特别是对于金融法而言，还有其特殊性，根据《立法法》第 8 条规定，属于金融基本制度立法事项范畴的，只能通过原生性立法的方式予以行使，而不能通过司法解释的方式，也就是说即使是造法性司法解释也不能对金融基本制度方面的内容进行规定。

---

① 洪浩：《造法性民事诉讼司法解释研究》，《中国法学》2005 年第 6 期。
② 洪浩：《法律解释的中国范式——造法性司法解释研究》，北京大学出版社 2017 年版，第 133 页。

造法性司法解释应严格遵守金融法律精神和基本法理。造法性司法解释当然不是原封不动地对待法律，而是在恪守和维护法律的原旨基础上，将法律代入动态的运行过程中去适用，使得法律处于动态发展与完善中。作为司法解释的一种形式，因为是定位为次生性立法，在此所谓的"造法"，是针对某一具体法律事项创制具体法律规则，而不能创造或修正金融法领域的基本原则和具体原则。英国上诉法院大法官派克（Parke B.）认为：对规则的解释应当遵循"法律的意义"才能形成司法判决的正当理由；与此同时，法律解释应当能从权威的文本作者或者法律原则推论出来，这一推论的过程要符合正当理由和正当推理的要求。[①] 归结起来，司法机关通常必须以法律原则标准的含义为尺度来判决案件，就此而言，金融法造法性司法解释如果无法因循既有的法律规则作为解释的基础，就要立足于金融法的精神以及基本原则与具体原则，这是造法性司法解释的基本进路。因此，金融法造法性司法解释的自由度是有严格约束的，不能偏离金融法的法律精神和法律原则的基本框架而进行肆意解释。

金融法造法性司法解释不能随意延伸至新的领域。这并不是排除金融法造法性司法解释适用于金融立法时没有预见到的情形，而是要明确所要解释的内容究竟是属于立法或者修法的领域，还是属于次生性立法的领域。特别是在立法机关害怕踩踏的地方，一般也不适合司法机关横冲直撞。[②] 造法性司法解释不是基于具体个案解决而发起的，但也应是司法实践需要才能作出的选择，这也符合其在司法程序启动前所处被动定位。因此，法官在进行造法性司法解释的时候，不能随意去开拓一个新的领域，而要立足于造法性司法解释所处的定位和角色予以解释。与此同时，如果相关金融法律条文的字面含义明确，也不能随意将其排除例外。法条的含义是清晰的，其适用范围的类别也是清楚的，法官就不能予以排除，除非以另一个法条为依据作为裁判标准，否则不能以例外作为理由拒绝适用该法条，更不能在排除该法条后再通过造法性司法解释另行规定。

最高人民法院对金融法进行造法性司法解释具有现实动因，是基于相关因素的历史延续而形成的习惯做法，主要包括两个方面：一是我国的金融法属于新兴法律领域，并且在金融迅猛发展之下，部分金融法律或者相

[①] Egerton v. Brownlow, (1853) 4 H. L. C. 1; 10E. R. 359.

[②] Show v. Director of Public Prosecutions, (1961) 2 All E. R. 446.

关法律规则依然是长期缺位，或者是虽然进行了立法，但因受"宜粗不宜细"立法思想的支配或者是基于金融法本身的特点本土化尚显不足等原因导致立法过于原则或者呈现不相适应等情形；二是在我国现行的权力配置格局中，强调各个国家机关之间是分工合作的关系，最高人民法院作为国家权力运行中的一个具体部门，担负着将党和国家政策司法化、甚至为相关立法进行必要前期准备工作的任务，而这也是被最高权力机关认可甚至支持的。[①] 因此说，造法性司法解释的路径在金融领域予以进一步深化有其深刻的历史背景和现实条件，同时也具有正当性的基础，为此需要明确其生成原则，为其健康运行提供保障。

三 金融法造法性司法解释的权力配置

为了确保司法解释对金融剩余立法的有效行使，还需要对金融法造法性司法解释权进行有效配置。作为独立权力配置的司法解释权是我国司法解释体制特有的法律现象，司法解释不仅仅是司法过程中的一个技术操作性问题，它还关系到司法机关与其他国家机关之间的权力关系等问题。[②] 我国司法解释权在实然状态中得以单独运行，与具体案件办理人员相脱离，通过解释而形成具有普遍法律效力的权力，造法性司法解释也因此获得了对剩余立法权行使的可能。司法解释权在我国现行体制下，从本质上而言并不属于纯粹的立法权，也不属于纯粹的司法权，而是兼具立法权与司法权的双重属性，金融造法性司法解释也就应以实现原生性立法目的与发挥司法主张剩余立法权为导向。因而，对此具有特殊性质的权力需要进行效配置，才能保证其沿着合理的轨迹有序运行，而交叉领域的权力如果不予以合理限制，更容易发生脱轨或者异化。对于防止权力滥用的最佳途径就是分权和以公民权利制约权力，然而司法解释权本身就是作为分权的结果，进一步分权具有一定的难度，因而以权利制约权力应该是一条基本路径。应该说成文性司法解释已经不再是一种纯粹的技术，已经突破了对相应法律进行适用的技术或手段的传统功能，已经发展成为一种权力，特别是造法性司法解释而言，更应是如此，因此金融法造法性司法解释的权

[①] 王伟国：《最高人民法院司法造法的四种形态——以民商事类司法解释为对象》，《判解研究》2008 年第 4 辑。

[②] 陈春龙：《中国司法解释的地位与功能》，《中国法学》2003 年第 1 期。

力配置决定着司法解释的总体成效。

司法解释权的权力配置主要是以解释权的主体和解释权的运行范围作为考量视角。就司法解释权的主体而言，目前形成的认识主要包括一元多级司法解释体制、二元一级司法解释体制和二元多级司法解释体制。所谓一元多级司法解释体制，是指法院作为司法解释的主体，并且各级法院均可以享有司法解释权，这也是当前大多数国家所采取的司法解释体制模式，在此种模式中法院是唯一的司法主体，但是违宪审查则确定为由最高司法机关行使。二元一级司法解释体制则是由最高人民法院和最高人民检察院作为国家最高司法机关行使司法权，并且是具有普遍性拘束力的系统性法律规范出现，目前我国就是这种司法解释体制。我国的司法解释与域外司法解释有所区别，域外司法解释多表现为一种技巧、手段和法律适用方法，而我国的司法解释，不仅包括具体案件审理中对法律适用的理解和方法，还包括司法解释通过形成具有普遍拘束力的文本性规范对法律漏洞进行有效填补的形式。二元多级司法解释体制，顾名思义，就是审判机关和检察机关同时享有司法解释权，同时并不限于最高级司法机关，其他级别的司法机关在其辖区内也拥有独立的司法解释权。有学者就指出，我国应该实行二元多级的司法解释体制，当然在二元主体当中，人民法院应作为当然的司法解释主体，并且以其对司法解释权的行使为核心，除最高司法机关之外，其他各级司法机关都有权作出司法解释，但是不具有与最高司法机关同样的普遍拘束力，而只是对具体个案产生拘束力。[①] 从金融法剩余立法权的角度进行审视，需要明确的是，对于二元多级司法解释的主体而言，最高司法机关依法享有造法性司法解释与适法性司法解释权力，其他司法机关一般只能享有适法性司法解释。而行政机关不享有金融法造法性司法解释权，也不能与司法机关联合发布司法解释。但考虑到金融法院等专业司法机关的特殊性，在司法解释权的配置中，可以考虑授权针对具体类型的案件的造法性司法解释可以由其进行提起并提出相应的解释路径和解释方案，由最高人民法院予以确认并发布。而从运行范围角度衡量金融法司法解释权的权力配置，鉴于我国的司法解释是独有的法律现象，无法从域外寻找到直接的借鉴，只能结合自身特点做好本土化建设。司法

[①] 洪浩：《法律解释的中国范式——造法性司法解释研究》，北京大学出版社2017年版，第116—117页。

解释权是基于授权而衍生的权力。因为造法性司法解释由最高司法机关行使，同时考虑到金融的基本法律制度必须通过立法机关予以规定，金融造法性司法解释不应由此扩张司法权力，也不能规定金融的基本法律制度。金融造法性司法解释必须以金融法法律漏洞存在为前提，以金融法成文法的法律精神、法律原则和法律文本为解释对象，同时要符合推动金融领域创新发展的价值取向。因此，需要基于实践进行理论化，鉴于以上种种思考，对金融法造法性司法解释的权力配置主体和权力范围尝试作出如下概述：首先从金融法造法性司法解释的剩余立法权行使主体来看，最高司法机关独享金融法造法性司法解释权是保证法律权威的根本，不可动摇，但也要在造法性司法解释过程中注重发挥金融专门法院独特的功能；其次，从金融法造法性司法解释的范围来看，可以考虑针对特定地理区域内（比如自贸区、自由贸易港、一体化示范区等）的金融法适用作出专门解释，[①] 增强金融法造法性司法解释适用的针对性和匹配度；复次，从金融法造法性司法解释的内容来看，对涉及到市场主体基本金融权利和金融自由等内容，在遇到法律漏洞的时候，应通过立法机关以修法或者重新立法等方式予以填补；再次，从金融法造法性司法解释的形式来看，必须以文本法律的方式，而不能通过法律方法或者指导案例等途径实现对金融法漏洞的填补；最后，从金融法造法性司法解释的运行机制来看，最高司法机关要保持适度的能动，要根据司法实践中的需求及时回应现实需要。

四 金融法造法性司法解释的权力约束

当造法性司法解释成为司法机关填补金融法法律漏洞当然权力的时候，其不仅是作为法律适用的途径，同时也是相应法律规则生成和法律创制的结果。司法解释具有普遍约束力，金融法造法性司法解释也是如此。金融法造法性司法解释生成以后，自然就会要求各级法院都应予以适用，这也是统一法律适用的要求，这种统一适用的约束力也要求司法解释自身也要具备合法性，不仅是权力来源的合法性，还要在其制定的程序和解释的内容上具有合法性，因而对该权力约束也必不可少。

其一，金融法造法性司法解释在内容上必须符合金融法所蕴含或者体现的立法精神或者是金融法的基本原则及具体原则，是基于金融的创新发

---

① 迪拜金融司法实践的经验在此能够提供启示。

展而对金融法所开展的发展性和开放性解释。也就是说金融法造法性司法解释的对象是法律的指导性思想与原则性规定，所以所生成的造法性司法解释内容必须遵从金融基本法律制度，并且要契合金融法律规范所蕴含或体现的精神，不能脱离这一基本框架进行肆意解释和脱法解释。在造法性司法解释的条文制定过程中应以法律统一适用为导向，以金融法存在漏洞或者适用出现争议为前提，并且在文本中的体例只能重述金融法原有的精神，而不能创新新的理念和原则，因为司法机关并非代议机关，金融法中的基本原则、具体原则以及金融法律关系中所涉当事人基本权利等界定，属于金融法的基本制度事项，需要通过基本法律予以确认，金融法造法性司法解释无权对属于金融法基本法律制度范畴内的内容作出规定。如果金融法律规则中已经存在相关规定，造法性司法解释不能舍弃现有的法律规定而作另行解释，而应该提请立法机关予以修法。坚持金融法造法性司法解释是弥补金融法律漏洞而不是替代立法的基本功能定位，司法解释权也是属于公权力的范畴，作为公权力，无一例外，都要接受相应的监督和约束，否则无法保障其合法运行，也不具有正当性。作为规范金融法律关系合法化运行的金融司法解释本身也有合法化的问题。金融法造法性司法解释不能扩张金融法律的适用范围或者内在条件，不能使得金融法造法性司法解释与金融法律规范之间出现矛盾或者不相适应的情形。因为作为金融法剩余立法权行使的途径之一，造法性司法解释本身只是处于补充地位，属于次生性立法，而不是原生性立法，否则就不属于剩余立法权的行使范畴。

其二，金融法造法性司法解释在生成过程中要符合程序性规定。造法性司法解释一定程度上能更快契合和适应迅速发展的金融领域，指引性更强，为此会在实践中产生重要作用。所以保障金融法造法性司法解释谨慎出台，必须严格控制金融法造法性司法解释的生成步骤，防止造法性司法解释的权力扩张，在金融法造法性司法解释获得立项之后，需要明确相应的推进程序。首先，最高司法机关要组织相关成员组成小组对各级人民法院所涉及到的与拟将进行造法性司法解释内容相关的审判经验和教训进行总结，特别是要听取金融机构、自律组织和相关职能部门的意见；其次，在获得实践性经验的基础上，广泛征求金融法等相关法律领域法学专家的专业意见，从而获得相对专业性的理论依据，构建理论基础；复次，鉴于金融交易参与群体的广泛性、利益覆盖的涉众性、风险溢出的危害性等特征，需要通过网络等途径广泛征求社会公众的意见；再次，最高人民法院的审判委员会要对相关金融法造法性司法解释进行集体讨论，以全局性的视角和司法追求的法律效果与社会效果为考量，集中各方意见和智慧，并进行集体商讨；最后，在通过最高人民法院审判委员会集体讨论通过后还要报送立法机关备案，并颁布实施，在颁布的时候可以在形式上将金融法造法性司法解释与适法性司法解释作以区分。与此同时，还要对金融法造法性司法解释开展阶段性评估，从而确定其运行效果并及时把握法律规则的未来动向。

其三，适时推出金融法造法性司法解释法律规则，对金融法造法性司法解释进行规范。制定《金融法造法性司法解释规则》，规定金融法造法性司法解释的方法、原则和规则，界定造法性司法解释的主体和对象，明确造法性司法解释的启动条件和启动程序，突出金融法造法性司法解释要注重所涉金融法律问题的新颖性、典型性和冲突性，构造司法解释的理论基础、制度要件和权力范围，使其在现行的法律秩序中找到合适的定位。尤为重要的是，金融法造法性司法解释具有法定效力，特定机关以规范文件的形式予以公布，赋予其法律效力，同时也获得法律的形式渊源的地位；还需要明确的是，金融法造法性司法解释可以在判决书中被直接援引作为裁判和说理的依据。同时规定，对金融法造法性司法解释规定的解释权不能再由最高人民法院行使，防止作出损害其他主体利益而只有利于自身利益的解释。

其四，金融法造法性司法解释作为司法主张实现金融法剩余立法权的路径，一般只能由司法机关行使，不能与国家其他机关进行联合解释。在金融领域的造法性司法解释一般应以法院作为行使的主体，检察机关只是作为金融法造法性司法解释的必要补充。在此，还要对实然中的司法解释进行梳理，在司法实践中，并不是只有最高人民法院制定司法解释，包括地方高级人民法院和中级人民法院在内的地方法院也制定了一部分具有司法解释性质的指示或文件，并供特定范围内的法官予以遵循。1987年最高人民法院在相关批复中已经明确规定地方各级法院均不能制定具有司法解释性质的文件。[①] 需要明确，金融法造法性司法解释一般只能由最高人

---

① 洪浩：《法律解释的中国范式——造法性司法解释研究》，北京大学出版社2017年版，第193页。

民法院统一行使,① 并且必须按照严格的条件、严密的程序予以制定,最大可能确保金融法律的统一适用。但鉴于金融法院的功能定位和专业化水准以及对金融法律纠纷的前沿把握,可以针对金融领域的某一特定法律问题直接提请最高人民法院对相关造法性司法解释进行立项,② 金融法院也可以针对金融法律问题提出造法性司法解释的意见,提请最高人民法院予以确认并按照规定程序公开发布。为了保证造法性司法解释规范化运行,金融法造法性司法解释当以条文形式作为呈现载体。

其五,金融法造法性司法解释需要接受全国人大及其常委会包括其相关专门委员会事后常态化监督,要对金融法造法性司法解释运行效果进行评价,同时根据运行的情形和结果,在必要的时候,接受全国人大及其常委会包括其相关专门委员会对金融法造法性司法解释的效力审查和效果评价。全国人大及其常委会包括其相关专门委员会可以定期或者不定期对金融法造法性司法解释及其适用情况进行检查,对不符合立法目的的金融法造法性司法解释宣告无效。

在此需要明确的是,指导案例和司法解释二者之间是并行不悖的关系,而不是相互排斥的状态,均属于法律解释的表现形式。司法解释的普遍性效力与指导案例的个案指导、司法解释的抽象概括之特性与指导案例的具体指向这一特征都形成了互补。回溯历史,指导案例有助于实现司法和立法之间的良好互动与有效衔接。正如波塔里斯所述:"那些没有纳入合理立法范围内的异常少见的和特殊案件,那些立法者没有时间处理的太过于变化多样、太易引起争议的细节及即使是努力预见也于事无益的一切问题,均可留给判例去解决,我们应该留有一些空隙让经验去陆续填补。"③ 事实上,我国历史上所形成的法律传统是以"律例并行"为突出

---

① 有学者建议造法性司法解释的基础性主体为最高人民法院,而直接主体为最高人民法院审判委员会,因为其能够发挥对审判工作中根本性、全局性问题予以研究和指导的功能,这具有制度正当性。载洪浩《法律解释的中国范式——造法性司法解释研究》,北京大学出版社 2017 年版,第 196 页。

② 按照现行的《最高人民法院关于司法解释工作的规定》,最高人民法院司法解释的立法来源主要分为六种情形,同时还规定基层人民法院和中级人民法院认为需要制定司法解释的,应当层报高级人民法院,由高级人民法院审查决定是否向最高人民法院提出制定司法解释的建议或者对法律应用问题进行请示。

③ 郭建、王仲涛译:《英美法》,商务印书馆 2005 年版,第 152 页。

特征,从汉代至清末民国,基本都是"混合法"时代,即"有法者以法行,无法者以类举"。① 有学者就指出,在我国悠久的法律发展历程和法律体系中,例具有十分独特的地位,从先秦之"比",中经汉之"决事比"、晋之"故事"、唐之"法例"、宋元之"断例"、明之"事例"、清之"通行",直到民国大理院之"例",可以说判例之承续不绝如缕。② 就此而言,我国选择律例并行的格局在一定程度上实现了以例补律的格局,不仅支持了司法主张在此可能的作为,同时也能充分发挥成文法的优势,当然这其中依然有很大的拓展空间。法律在实施中得以获得生命,无论是法律方法的应用还是指导案例的生成抑或是司法解释制定,都需要具备高超司法技能、娴熟运用法律规范和法律精神能够有效裁决案件的法官,而目前符合这一条件的法官队伍以及与之相匹配的操作机制依然显得不足,而这又是最关键、最能动的因素。当然,法官队伍的专职化建设正在不断推进,特别是金融领域司法改革投入了更大的力度,但在这支队伍成熟之前,首先必须通过机制的完善和举措的探索保障并推动中国金融法治进程向前发展!

---

① 于同志:《中国案例指导制度向何处去?》,网易,http://dy.163.com/v2/article/detail/EOGIFNO70514CC4Q.html,2020年4月29日。

② 谢晖:《法律方法论:文化、社会、规范》,法律出版社2020年版,第2页。

余 论

金融法自产生以来，其发展始终与经济社会的变化密切相关，不仅具有国际共通性，也具有本土特性。根植于中国土壤所生成的金融法律制度，需要着力解决中国问题，因而应有其独特的品质与呈现。金融法剩余立法权行使的最终目的是增强金融法对现实世界中金融有序运行予以回应并对未来发展形成有效指引，而从司法主张这一角度进行选择正是在此目的推动之下所作出努力的尝试。美国学者 Orvill. C. Snyder 指出："司法过程不是逻辑的完美推演，而是一个在我们每天生活的世界中处理人类现实的利益纠纷的过程。"[①] 毋庸置疑，金融司法主张并不能解决金融法现存的所有问题，司法主张在金融法剩余立法权的行使过程中也有其边界，司法主张所形成的规则尽管是司法主体努力的结果，然而一经生成，其就会成为约束自由裁量权的规则。

事实上，在金融法不完备情形下行使剩余立法权首先受到其规范的对象即金融领域发展状态的影响。金融发展所处的阶段决定了金融领域所具有的特点，而这是需要给予重点关注的。正是因为其变动不居和非常规发展对实定法提出了挑战，造成该领域的法律热点问题接二连三出现，促使理论界和实务界不得不反思，究竟是什么原因促使产生了这样的法律困境？所以对于金融本质的把握和金融规律的深入研究是不可或缺的，但金融本身就是一个异常复杂的领域，非躬身研究难以了解其真相，更不用说抵达其内核了，就此而言，对于金融法的研究需要对金融有相对深入的了解和一定的把握，而这对于一个纯粹的法学研究者而言，显然并非易事。

即使就法律本身而言，司法主张的提出并进行充分论证进而予以合理

[①] Orvill C. Snyder, "*Justice by Means of State Law: Balancing the Interests*", Brook. L. Rev. 1960-61, p. 69.

架构这一过程也充满着挑战。此中需要厘清很多关联因素，需要抽丝剥茧般予以深入分析。法律规则内在不完备性导致司法降低了被动居中裁判的可能，而从根本上来看，司法作用不能充分发挥还不完全是制度供给不足或者不及时，而是受制于司法权在国家权力体系中地位和功能以及所处的经济社会发展环境。成文法系国家的立法多是落后于金融发展实践，产生金融法律纠纷时，不得不通过司法对个案进行调整和处理，但金融司法也会力所不逮。如果法律不完备仅靠被动式司法显然也不是最优选择，因此需要协同联动。金融交易是典型的商事活动，很多金融活动是通过类型化的格式合同的方式予以进行，一旦交易被否定效力，可能会引起连锁反应，波及金融市场运行秩序，而且金融交易的复杂性还体现在其不可逆性上。比如光大"乌龙指"事件，无论光大是否存在虚假陈述等证券违法行为，投资者只能通过事后的责任追究机制维护权利，不能否定二级证券市场的各种交易行为。① 从目的论的角度出发，无论是成文法还是判例法，都不是为了追求形式而追求形式，从一个侧面也说明，成文法与判例法之间存在共通性，所以应着眼于法律功能的实现为目标，让形式服务于实质。但是通过司法生成法律规则，并不能没有边界。法律的生成不是一个漫无目的、自在自为的过程，当然也需要受到相应的控制。司法机关行使金融法剩余立法权实践过程中也会存在非理性因素的影响，这就可能对其产生不利影响，法官自由裁量权的天然属性，决定它可能成为弥补成文法不足的"试金石"，也可能变成颠覆正义的"魔杖"。② 当通过司法主张行使金融法剩余立法权的时候，它就已经成为一项并非可有可无的权力，如果是必须实现的一项法定职权和义务，既不能随便放弃，也不能任意行使。在理性化的法律制度所蕴含的制度伦理中，立法者作为立法法的实施者，在制定法律规则的过程中受到民主政治的直接控制。③ 波斯纳就指出："如果独立性仅仅意味着法官按照他们的意愿来决定案件而不受其他官员的压力，这样一个独立的司法机构并不当然会以公众利益为重；人民

---

① 丁海湖、田飞：《当前经济形势下金融审判理念及相关实务问题分析》，《法律适用》2014 年第 2 期。

② 迟日大：《法律适用统一的障碍及其破解路径——一个关于建立中国特色案例指导制度的话题》，《河北法学》2011 年第 3 期。

③ 王爱声：《立法过程：制度选择的进路》，中国人民大学出版社 2009 年版，第 167 页。

也许仅仅是换了一套暴政而已。"① 在我国，司法权被滥用、误用所造成的损害一点不亚于行政权被滥用、误用所造成的损害。② 就此而言，不是无限放大司法在金融法剩余立法权行使过程中的权力而趋向另外一个极端，对于事物的评判，不能仅从褒贬两极的角度进行分析，这样容易陷入价值的误区，很多情形下，并非非此即彼的二元对立选择，而应在彼此之间有一个适度的权衡。③ 因此，更应追求司法主张能够恰如其分地发挥其在金融法剩余立法过程中应有的作用，是故，精巧的平衡技艺应是其功能有效发挥的基础和前提，而这恰恰也是金融法在解决相关法律纠纷的时候应该予以努力的方向。在此，还需要明确金融法剩余立法权司法主张的边界与约束问题。金融司法审判在风险分配和责任承担上，应当秉持"谦抑"的原则，保持对法律和行政法规没有限定的交易行为保持足够的开放性和包容性，而非将自身定位为行政执法的执法者角色，所以在规则的填补性生成中，不能越位。当然还要关注到司法主张形成过程中，同样具有其独立性，而这种独立性不是说其可以脱离金融法律体系而毫无约束地生成相应的规则，而是指在此过程中不能对金融监管产生一种依赖甚至迷信。司法的角色本应是保守的，而非是创新的，这应该是绝大多数领域司法功能发挥时应该保持的底色。然而金融领域中基于其风险的多重性和不同时间维度上风险的共时性，从某种意义上而言，金融交易也可以说是交易附着在未来现金流上的权利义务，也就是说金融使得过去、现在和未来并存，并让不同时间维度的矛盾汇聚到当下时点，而专注于现实矛盾化解的金融司法导致其功能逐步式微，在此，金融司法的保守与被动应有新的阐释。故而，一方面要在交易创新中保持司法的开放性和包容性，不替代监管机构进行立法，另一方面还要针对金融交易法律中存在的漏洞进行及时填补，此即为司法创新的应有之意。因为在普通法系中，法律适用自身

---

① ［美］理查德·A. 波斯纳：《法理学问题》，苏力译，中国政法大学出版社 1994 年版，第 8 页。

② 王申：《"千年之交司法改革"国际学术研讨会综述》，《法学》2002 年第 2 期。

③ 对于事物价值评判秉持非黑即白的观点在我国具有其历史根源性，黄仁宇曾指出："中国人重褒贬，写历史时动辄把笔下之人讲解成为至善与极恶。这样容易把写历史当作一种抒情的工具。如康熙是圣明天子，万历是无道昏君。这在旧时代伦理道德和社会秩序大致一成不变，勉强可以解释得通。同样的办法要放在今日，不仅不恰当，而且有时几乎滑稽。"参见黄仁宇《大历史不会萎缩》，广西师范大学出版社 2004 年版，第 73 页。

预设了一套明晰的司法对法律（先例）的纠错机制，在此机制作用之下，即使法律（先例）出现问题，也能够在法官裁判（创制新先例）的不断发展和不断纠错过程中，维持一种可矫正的、动态的、且能够把形式理性与实质理性两者巧妙协调的，在逻辑上自洽圆融、自圆其说的法律。[①] 为此，司法主张在突出能动性的同时，必须强调是在规范前提之下的能动性，亦即是受到规范保障和制约的能动性，否则将陷入司法放任主义的泥淖。同样不能忽视的一个问题是，在司法主张金融法剩余立法权的过程中，如何通过合法性保障以实现其法律效果？按照通识，如果司法主张在运行的时候本身就没有合乎法律精神和法律原则，其所生成的法律规则又何来产生相应的法律效力？但这其中存在悖论，如果司法主张完全在既有的法律体系中运行，就无法对既有的法律体系的不足进行有效弥补，这与司法主张金融法剩余立法权的初衷是背道而驰的。所以司法主张的合法性不仅在于其一头连着合法性要求，而且在另一头连着合事实性的要求，司法主张就是用来解决法律根据不足或者根据存在问题的案件，抛开合事实性要求一味的在原有的法律框架中寻找依据，那就没有必要转向司法主张，恰恰是因为既有的法律规范中无法提供充分的依据，才通过事实和法律的有机连接，发挥司法主张的功能，进而达到裁判的目的和法治的效果。

所有目标的实现最终都有赖于人的行为。埃里希申认为："从长远看来，除了法官的品格外，没有其他任何东西可以保证实现正义。"[②] 从普通法系的法律实践来看，判例法的有效运作依托一支经验丰富、深谙判例法精髓而能够娴熟地"找例"的职业法官队伍，也就是说，需要培育法官们尊重先例的司法伦理和思维方式，同时能够深刻领悟法的精神，且熟练掌握法律规则，能够正确评价各类案件的性质，并且能够正确理解与运用指导案例所宣示的原理和原则。就此而言，我国金融法剩余立法权的有效行使，法官队伍的建设显然具有至关重要的作用。法律虽然从未明文规定赋予法官自由裁量权，但鉴于法律法规规定的粗疏、抽象，法官在处理具体案件中的自由裁量权一点也不亚于普通法系国家和地区的法官，加之

[①] 谢晖：《法律方法论：文化、社会、规范》，法律出版社2020年版，第2页。
[②] 吴庆宝：《避免错案裁判的方法》，法律出版社2018年版，第16页。

不受先例的约束，法官的自由裁量权反而有被无限放大的危险。① 但法官的自由裁量"不自由"，需要通过规则将法官的能动性限制在特定范围之内，因为法官不能用自己的法律政治观念代替立法者的决定。在司法过程中，无论是对案件事实的认识确定，证据的审查判断，还是对所适用的法律的选择，都不能不受到审判主体自己的世界观、社会政治见解、价值取向、文化水平、专业修养、思维能力、审判经验、禀性情操、情感意志以至生活经历、生理状况等诸多因素的影响和限制。② 也就是说在"律例并行"制度推行的时候，对法官的素质要求更高，同时对于司法独立的保障要求也很严格。面对复杂疑难的金融案件，法官如果通过司法主张行使金融法的剩余立法权并作出司法裁决，所需要负担的论证义务更大，特别是在当前法官工作量普遍满负荷情形下，需要耗费更多的时间成本并且需要投入更多的精力，而这对于法官而言，显然是一个比较艰难的选择。问题的关键还在于究竟是等待法官的职业素养和司法能力得到显著改善和提升之后再去推动司法过程中的剩余立法权之主张，还是要勾勒剩余立法权司法主张的路径，推动法官素养的不断提升？虽然法官的理性主义在剩余立法权行使中居于非常重要的位置，但是离开了能动的司法过程的历练又如何锤炼法官的品质？法律作为解决人类自身矛盾的一种工具，具有极强的应用性，而要提升法律的适用水准，需要加强法学理论与司法实践之间的相互交融，从而推动法官在增强实践经验的同时又增强法律学养，为法官更加科学地适用法律创造条件。因此，在建立相对完善监督和约束机制的基础上，逐步塑造法官在金融法剩余立法中的角色和职责，应是中国金融法剩余立法权司法主张进取之路，否则司法队伍整体素质的有效提升显然是缺乏丰厚的土壤。

此外，最后但并非最终的一个问题是，进入法典化时代以后，司法主张金融法剩余立法权是否还有必要？毫无疑问，法典的出现是我国法治进程中具有里程碑意义的一个大事件，但同样也要清醒地认识到，法典无法做到无所遗漏地包办和调整所有的社会关系，法律所固有的稳定性、滞后性、时效性等属性也无法做到能够随时、随地地跟进日新月异动态变化的

---

① 胡斌、夏立安：《地方司法"试错"的可能、路径与规制——基于地方司法回应民间金融创新的一种思考》，《浙江社会科学》2012年第5期。

② 蔡彦敏：《论市场经济形势下民事诉讼结构的调整》，《政法学刊》1994年第3期。

社会关系。恰恰相反,法典所存在的法律意义模糊、法律意义冲突乃至法律意义空缺等病弊端,是一个大概率事件。法律的漏洞既可能源于其疏漏,也可能源于其繁密,究其根底,还是在于我们所面对社会是过去与现在交汇、传统与未来交织,无法让稳定性的法典和人类的有限理性来调整无限动态发展的社会关系。那么,在法典化语境下,如何让律例并存的格局更具有协调性,或者说在法典之外,是否可以容许通过法律方法等途径进行补充立法,这也是与传统法律观念似乎不相容的地方。不仅如此,更进一步思考,能否建立"法治特区",而这种"法治特区"并非建立在特定地理区域上的法律规则,而是尝试在特定的法律领域比如金融法领域建立一套与常规法治路径相异的法律运行模式,显然这是一个更具有挑战性的话题,然而无论是对于现实难题的化解,还是未来社会发展趋势对法律提出的需求来看,这应该是一个可选项,只是实现这一步的进程快慢,则应取决于社会发展进程与法律人的努力。

参考文献

一 著作及译著类

［美］阿德里安·沃缪勒：《不确定状态下的裁判——法律解释的制度理论》，梁迎修、孟庆友译，北京大学出版社2011年版。

［美］本杰明·N.卡多佐：《法律的成长——法律科学的悖论》，董炯等译，中国法制出版社2002年版。

蔡定剑：《历史与变革——新中国法制建设的历程》，中国政法大学出版社1999年版。

崔建远：《民法9人行》（第1卷），金桥出版社（香港）有限责任公司2002年版。

［美］E.博登海默：《法理学——法律哲学与法律方法》，邓正来等译，华夏出版社1987年版。

［比］范·胡克：《法律的沟通之维》，孙国东译，法律出版社2008年版。

范愉：《纠纷解决的理论与实践》，清华大学出版社2007年版。

封丽霞：《中央与地方立法关系法治化研究》，北京大学出版社2008年版。

冯果、袁康：《社会变迁视野下的金融法理论与实践》，北京大学出版社2013年版。

［德］弗里德里希·卡尔·冯·萨维尼：《论立法与法学的当代使命》，许章润译，中国法治出版社2001年版。

［美］盖多·卡拉布雷西：《制定法时代的普通法》，周林刚、翟志勇、张世泰译，北京大学出版社2006年版。

葛洪义：《法与实践理性》，中国政法大学出版社2002年版。

［德］古斯塔夫·拉德布鲁赫:《法律智慧警句集》,舒国滢译,中国法制出版社 2001 年版。

管斌:《金融法的风险逻辑》,法律出版社 2015 年版。

［德］哈贝马斯:《合法化危机》,刘北成、曹卫东译,上海人民出版社 2000 年版。

黄茂荣:《法学方法与现代民法》,中国政法大学出版社 2001 年版。

黄韬:《"金融抑制"与中国金融法治的逻辑》,法律出版社 2012 年版。

黄韬:《公共政策法院——中国金融法治变迁的司法维度》,法律出版社 2013 版。

季卫东:《法律秩序的建构》,中国政法大学出版社 1999 年版。

蒋惠玲:《司法改革的知与行》,法律出版社 2018 年版。

［美］凯斯·R. 孙斯坦:《法律推理与政治冲突》,金朝武等译,法律出版社 2004 年版。

孔祥俊:《法律解释与适用方法》,中国法制出版社 2017 年版。

李有星:《银行风险防治的法律研究》,浙江大学出版社 2002 年出版。

［美］理查德·A. 波斯纳:《法理学问题》,苏力译,中国政法大学出版社 1994 年版。

梁上上:《利益衡量论》,法律出版社 2013 年版。

陆译峰:《金融创新与法律变革》(第 1 版),法律出版社 2000 年版。

［美］罗伯特·希勒:《金融与好的社会》(第 1 版),束宇译,中信出版社 2012 年版。

［美］罗斯科·庞德:《法理学》(第 2 卷),邓正来译,法律出版社 2007 年版。

［美］马丁·迈耶:《大银行家》,杨敬年译,商务印书馆 1982 年版。

［日］美浓部达吉:《法之本质》,林纪东译,台湾商务印书馆 1993 年版。

［美］诺内特、塞尔兹尼克:《转变中的法律与社会:迈向回应型法》,张志铭译,中国政法大学出版 1994 年版。

［美］帕特森:《法律与真理》,陈锐译,中国法制出版社 2007 年版。

戚渊:《论立法权》,中国法制出版社 2002 年版。

汪其昌：《发现内生于人性和金融本质的法律规则：司法审判视角》，中国金融出版社 2016 年版。

王爱声：《立法过程：制度选择的进路》，中国人民大学出版社 2009 年版。

王利明：《法学方法论》，中国人民大学出版社 2012 年版。

吴庆宝：《避免错案裁判的方法》，法律出版社 2018 年版。

吴晓求等：《中国金融监管改革：现实动因与理论逻辑》，中国金融出版社 2018 年版。

席涛：《法律经济学——直面中国问题的法律与经济》，中国政法大学出版社 2013 年版。

夏斌、陈道富：《中国金融战略 2020》，人民出版社 2011 年版。

谢晖：《法律方法论：文化、社会、规范》，法律出版社 2020 年版。

徐景和：《中国判例制度研究》，中国检察出版社 2006 年版。

袁康：《金融公平的法律实现》，社会科学文献出版社 2017 年版。

曾仕强：《中国式思维》，北京联合出版公司 2017 年版。

［美］詹姆斯·里卡兹：《谁将主导世界货币——即将到来的新一轮全球危机》，常世光译，中信出版社 2012 年版。

［美］詹姆斯·马奇：《决策是如何产生的》，王元歌、章爱民译，机械工业出版社 2007 年版。

张守文：《当代中国经济法理论的新视域》，中国人民大学出版社 2018 年版。

张维迎、盛斌：《论企业家：经济增长的国王》，生活·读书·新知三联书店 2004 年版。

张雄：《历史转折论》，上海社会科学院出版社 1994 年版。

二 编著类

陈金钊、谢晖主编：《法律方法》第 22 卷，中国法制出版社 2017 年版。

王保树编著：《中国商法年刊（2008）：金融法制的现代化》，北京大学出版社 2009 年版。

［美］威廉·N. 戈兹曼、K. 哥特·罗文霍斯特编著：《价值起源》，王宇、王文玉译，万卷出版公司 2010 年出版。

应勇主编：《金融法治前沿2010年卷》，法律出版社2010年版。

周旺生主编：《立法研究》（第4卷），法律出版社2004年版。

周旺生主编：《立法研究》（第6卷），北京大学出版社2006年版。

三　杂志类

陈金钊，刘青峰：《审判解释：法官最基本的法律方法》，载《法学论坛》2003年第1期。

陈金钊：《法律如何调整变化的社会——对"持法达变"思维模式的诠释》，载《清华法学》2018年第6期。

陈金钊：《法律如何调整变化的社会——以"不变应万变"思维模式的诠释》，载《扬州大学学报》（人文社会科学版）2018年第9期。

陈毅群、李赏识：《司法裁判中利益衡量方法运用之规范进路——以民事疑难案件的处理为思考维度》，载《海峡法学》2016年第2期。

邓纲：《经济法视野下的政府权力和市场权力结构变迁》，载《西南政法大学学报》2017年第1期。

邓建鹏：《通过司法为互联网金融指引新秩序——"网贷评级第一案"引发的思索》，载《中国法律评论》2017年第3期。

邓建鹏、黄震：《互联网金融的软法治理：问题与路径》，载《金融监管研究》2016年第1期。

丁冬：《金融消费者法律保护的理论与实践》，载《上海政法学院学报》2016年第6期。

冯果：《营造与国际金融中心地位相适应的司法环境》，载《法学》2016年第10期。

冯洋：《论地方立法权的范围》，载《行政法学研究》2017年第2期。

管斌：《论金融法的风险维度》，载《华中科技大学学报》2012年第4期。

胡斌、夏立安：《地方司法"试错"的可能、路径与规制——基于地方司法回应民间金融创新的一种思考》，载《浙江社会科学》2012年第5期。

黄文艺：《信息不充分条件下的立法策略——从信息约束角度对全国人大常委会立法政策的解读》，载《中国法学》2009年第3期。

［美］卡塔琳娜·皮斯托、许成钢：《不完备法律——一种概念性分

析框架及其在金融市场监管发展中的应用》,载《比较》第三辑,中信出版社 2002 年版。

蓝寿荣:《论金融法的市场适应性》,载《政法论丛》2017 年第 5 期。

李爱君:《互联网金融的本质与监管》,载《中国政法大学学报》2016 年第 2 期。

李慎明:《"互联网+"发展的最终结果必然引发资本主义生产关系大危机和社会主义生产关系大变革》,载《中国人大》2017 年第 7 期。

刘俊海、徐海燕:《论消费者权益保护理念的升华与制度创新——以我国〈消费者权益保护法〉修改为中心》,载《法学杂志》2013 年第 5 期。

刘珺:《危机形态变异与危机管理重塑》,载《财经》2018 年 10 月 15 日版。

卢峰、姚洋:《金融压抑下的法治、金融发展和经济增长》,载《中国社会科学》2004 年第 1 期。

潘云波、周荃:《能动司法语境下金融创新对金融司法的新需求与回应——以金融创新"大众化现象"为视角》,载《金融理论与实践》2012 年第 8 期。

彭岳:《互联网金融监管理论争议的方法论考察》,载《中外法学》2016 年第 6 期。

任春玲:《我国金融创新中的金融安全问题研究》,载《长春金融高等专科学校学报》2019 年第 1 期。

任强:《司法方法在裁判中的运用——法条至上、原则裁判与后果权衡》,载《中国社会科学》2017 年第 6 期。

时文朝:《金融市场自律管理的作用和边界问题》,载《金融市场研究》2013 年第 1 期。

宋阳:《自治性商事规则法源地位否定论》,载《当代法学》2018 年第 3 期。

孙光宁:《案例指导的激励方式:从推荐到适用》,载《东方法学》2016 年第 3 期。

孙天琦:《美国次贷危机:法律诱因、立法对策及对我国金融立法警示》,载《中国社会科学文摘》2009 年第 6 期。

田林:《关于确立根本性立法技术规范的建议》,载《中国法律评论》

2018 年第 1 期。

王利明:《论法律解释之必要性》,载《中国法律评论》2014 年第 2 期。

王奕、李安安:《法院如何发展金融法——以金融创新的司法审查为中心展开》,载《证券法苑》2016 年第 2 期。

吴高庆:《金融改革的法律障碍与司法破解》,载《浙江经济》2012 年第 18 期。

吴汉东:《国家治理现代化的三个维度:共治、善治与法治》,载《法治与社会发展》2014 年第 5 期。

肖远企:《金融的本质与未来》,载《金融监管研究》2018 年第 5 期。

许多奇:《金融科技的"破坏性创新"本质与监管科技新思路》,载《东方法学》2018 年第 2 期。

宣顿:《金融法律调整的私法转向与理论建构》,载《郑州大学学报》(哲学社会科学版) 2016 年第 3 期。

杨志坤:《法的人性因素及其方法论意义》,载《江汉大学学报(社会科学版)》2017 年第 1 期。

于浩:《当代中国立法中的国家主义立场》,载《华东政法大学学报》2018 年第 5 期。

张婷婷:《论实质立法观及其中国适用》,载《政治与法律》2016 年第 10 期。

张雄:《金融化世界与精神世界的二律背反》,载《中国社会科学》2016 年第 1 期。

张志铭:《转型中国的法律体系建构》,载《中国法学》2009 年第 2 期。

张忠军:《金融立法的趋势与前瞻》,载《法学》2006 年第 10 期。

赵红:《上海金融法院:中国金融审判体制机制改革的新探索》,载《上海法学研究》2018 年第 4 期。

赵可:《浅谈利益衡量的若干基础问题》,载《湖北社会科学》2009 年第 2 期。

周海林:《金融监管法的价值:自由竞争与金融安全》,载《福建金融管理干部学院学报》2007 年第 4 期。

周旺生:《重新研究法的渊源》,载《比较法研究》2005 年第 4 期。

周赟：《论法律的实际作者》，载《华东政法大学学报》，2017年第6期。

周仲飞、李敬伟：《金融科技背景下金融监管范式的转变》，载《法学研究》2018年第5期。

朱大旗、危浪平：《关于金融司法监管的整体性思考——以司法推进金融法制为视角》，载《甘肃社会科学》2012年第5期。

朱文杰：《立法技术在地方立法中的运用研究》，载《北京人大》2012年第6期。

左卫民：《如何通过人工智能实现类案类判》，载《中国法律评论》2018年第2期。

四 报纸类

彼得·J.麦西特：《普通法系的几个特点》，载《法制日报》1999年3月24日第4版。

陈皓：《埃利希：法律强制与活法之治》，载《人民法院报》2018年10月19日第6版。

冯玉军：《推进立法精细化 让每部法律都成为精品》，载《法制日报》，2018年11月6日第11版。

李婕：《人工智能中的算法与法治公正》，载《人民法院报》2018年5月23日第2版。

王和：《金融监管改革的基本逻辑：为了谁》，载《21世纪经济报道》2018年4月3日第4版。

武树臣：《从成文法、判例到混合法》，载《检察日报》2017年7月18日第3版。

张田田：《宋人如何论"法意"》，载《人民法院报》2018年12月7日第5版。

五 中文网站类

洪磊：《资本市场创新资本形成能力严重不足》，载《2018·径山报告——现代金融体系中的资本市场改革》，网址：http://www.sohu.com/a/254092985_257448。（2018年12月1日访问）

"金融业'驱动'之变：从规模到科技"，https://baijiahao.baidu.

com/s？id＝1603216325248098288&wfr＝spider&for＝pc。（2018 年 11 月 26 日访问）

田书华：《券商行业 2017 年回顾与 2018 年展望》，搜狐财经，网址：http：//www. sohu. com/a/222256657_473382。（2018 年 8 月 28 日访问）

吴晓求：《中国金融改革与开放：历史与未来》，网址：http：//sf. ruc. edu. cn/info/1158/8346. htm。（2018 年 6 月 29 日访问）

信春鹰：《中国是否需要司法能动注意》，网址：http：//www. aisixiang. com/data/5767. html。（2018 年 5 月 6 日访问）

晏兵：《如何运用法治思维和法治方式化解社会矛盾、维护社会稳定》，重庆第五中级人民法院网，http：//cq5zy. chinacourt. org/article/detail/2017/01/id/2510411. shtml。（2018 年 12 月 1 日访问）

易宪容：《"租金贷"盛行》，载原子智库，网址：https：//finance. qq. com/original/caijingzhiku/yixianrong0904. html。（2018 年 9 月 26 日访问）

中华人民共和国法院网，http：//www. court. gov. cn/shenpan－gengduo－77. html？page＝2，中华人民共和国最高人民法院目前发布的指导案例共 96 个，其中涉及金融主体以及金融纠纷案由的有 12 个，占比 12.5%。（2018 年 8 月 20 日访问）

钟心廉：《确立"不得拒绝裁判"原则的思考》，网址：http：//www. lawtime. cn/info/xingfa/xingfalunwen/20101108/77703. html。（2018 年 8 月 25 日访问）

六 英文类文章

Administrative Law, by Kenneth Culp Davis, 3rd ed, West Publishing Co. 1972.

Bernanke, Ben S. (2012) "*Some Reflections on the Crisis and the Policy Response*," online <http：//www. federalreserve. gov/newsevents/speech/bernanke20120413a. htm> (last accessed on 5 January 2019).

Chenggang Xu and KatharinaPistor, "*Law Enforcement under Incomplete Law：Theory and Evidence from Financial MarketRegulation*", Columbia Law and Economic Working Paper No. 222.

David M. Olson, "*The Legislative Process：A Comparative Approach*",

Harper & Row, Publishers, Inc.

Gregory Scopino, "*Preparing Financial Regulation for the Second Machine Age: The Need for Oversight of Digital Intermediaries in the Futures Markets*", 2015 Colum. Bus. L. Rev. 510 (2015).

John C. Coffee, Jr., The Future as History: "*The Prospects for Global Convegence in Corporate Governance and Its Implications*", 93 Northwestern University Law Review, 1999.

Katharina Pistor and Chenggang Xu, "*Incomplete Law: A Conceptual and AnalyticalFramework and its Application to the Evolution of Financial Market Regulation,*" Journal ofInternational Law and Politics, Vol. 35, No. 4, pp. 931–1013, 2003.

Neil MacCormick & Robert S. Summers Edited, "*Interpreting Precedents: A Comparative Study*", Darmouth Publishing Company Limited, 1997.

Rafael La Porta, Florencio Lopez-de-Silanes, Andrei Shleifer and Robert W. Vishny, "*Law and Finance*", Journal of Political Econonmy, 1998.

Rechard Posner, "*Economic Analysis of the Law*", Little Brown, 1973; H. Merryman, "*The Civil Law Tradition: an Introduction to the Legal Systmes of Western Europe and Latin America*", Stanford University Press, 1985.

Robyn Caplan, Joan Donovan, Lauren Hanson & Jeanna Matthews, "*Algorithmic Accountability: A Primer*", Data Society Working Paper.

Samir Chopra & Laurence F. White, "*A Legal Theory for Autonomous Artificial Agents*", Ann Arbor: University of Michigan Press, 2011.

后　　记

　　天下之事皆有终期，唯有磨砺时有波折。无论是对于研究而言，还是对于所研究的问题终极价值而言，都是需要经受时间的洗礼和实践的检验，而这一过程才是几乎所有的意义、乐趣之所在，如果没有这一过程，很多过往的人生时光将黯然失色。

　　在汲取前人智慧和诸多学者成果精华的基础上，选择了一个既熟悉又陌生的话题：有关法律不完备的讨论是法学研习者时常涉及的话题，即使结合部门法进行分析也不少见，当然背后的因由向度可能有所差异；而有关司法解释和指导案例弥补法律的不足的思考也屡屡出现，只是将视角聚焦于金融法的剩余立法并通过司法主张作为努力的具体话题系统性论述就相对少了一些，盖因话题相对较小而未引起注意。而基于个人对金融法的兴趣和偏好，也是基于以为相对具体的问题驾驭难度要稍微小一些的初始认识，于是踏入了这一领域。然而在对问题痛点分析之后逐步推进时，方知要洞彻其中精要，需要的知识储备不仅跨学科，还要跨时空，"美第奇效应"一直是鼓励我坚持完成艰难之著的重要动力，总而言之，需要回应的问题林林总总超出了当初的预期，然而又不能视而不见听而不闻，否则将无法进行完整的论证，也就失去了其应有的价值。于是我结合答辩过程中胡鸿高教授、吴弘教授、罗培新教授、沈贵明教授、陈婉玲教授等诸位学者的引导和点拨，并求教于导师唐波教授，立足于论文选题的初衷，就如何继续予以深化和完善这一问题进行了持续的思考，并将所思所得的点滴化为系统的有机组成部分。在此过程中还获得了林圻博士、张华松博士等诸多师友的指导，也为论文的推进提供了不可或缺的帮助。

　　值得欣喜的是，有关金融司法和法律方法的理论与实践也在对这一问题不断跟踪和关注，涉及此类问题的讨论也愈益增多，并且有很多真知灼见，也为本论题的继续深入注入了信心和动力，众人的智慧与群体性参与本身就形成了重要民意基础。事实上，选题本身并非为了标新立异或者独树一帜，更多的是对现实问题的反思与和追问，依循的是问题牵引、未来导向。在破题的过程中也多有挣扎，一直停留在提出问题与分析问题层面，解决问题的思路却难以跳出陈规俗套进而落入窠臼。然而对于司法进路的选择其本身已经演进很多世纪并逐渐趋于稳定，当然在不同法系乃至不同国家进展可能有所差异。为此，只有转向司法环节内部进行求解。在从司法端进行入手的时候，当然不能盲动，需要建立在对金融法立法状况、法治环节进行深入分析比较的基础上，力求避免重复与冲突，从而形成填补和完善，进而真正趋近于达到命题提出的初衷。但是，尽管力图在体系上形成融贯、在内容上达到合理、在法理上实现支撑，也依然存在不少需要进一步阐述和细化的地方。特别是要先深入金融运行和金融创新机理本身，再以此为场域阐述相应法律规则的生成并测度相应的适用效果，这本身已经超越了纯粹法律知识和法学理论的范畴，对整体的驾驭能力提出了挑战，也由此对自身需要进一步努力的方向有了更为直接和深切的感受。唯变不变，"变"是这个时代最鲜亮的底色，法律虽然具有稳定性，但却不是僵化的代名词，其背后更是理性的体现与公平正义价值的追求，当然也不会忽略时代之"变"而独守陈规，只是要在"变"与"不变"中寻求一种精巧的平衡，这也符合法律的特性和本质，在调整社会关系的过程中，极化的思维和方式往往并不能收到预期的法律效果，于是最终选择了所呈现的框架和进路。

在此要感谢浙江省社科联，在其资助下使得本书作为浙江省哲社后期资助项目得以立项并最终获得出版。而著作最终得以呈现，更离不开中国社会科学出版社的支持和帮助，各位老师在出版过程中多次进行联系与沟通，倾注了大量的心血和精力，对此致以最诚挚的谢意。还需要特别感谢唐波教授在此过程中的所有关心与付出，并为拙著作序，也给我提出了新的要求和鞭笞，我将以此为动力不断前行，拓掘知识的边界和自身的视野，以此丰富人生的意义并点亮未来余光。

朱飞

2021年8月